张文台文丛

政治工作卷

中央文献出版社

图书在版编目（CIP）数据

张文台文丛·政治工作卷／张文台著.—北京：中央
文献出版社，2013.12

ISBN 978 - 7 - 5073 - 3963 - 5

Ⅰ.①张… Ⅱ.①张… Ⅲ.①张文台—文集②军队
政治工作—中国—文集 Ⅳ.①Z427②E22 - 53

中国版本图书馆 CIP 数据核字（2013）第 282240 号

张文台文丛·政治工作卷

著　　者／张文台

责任编辑／李庆田

出版发行／中央文献出版社

地　　址／北京西四北大街前毛家湾 1 号

邮　　编／100017

网　　址／www. zywxpress. com

销售热线／010 - 63097018　66880064

经　　销／新华书店

排　　版／北京方方照排中心

印　　刷／深圳市国际彩印有限公司

710×1000mm　　16 开　　总 159.75 印张　　总 1700 千字
2014 年 1 月第 1 版　　　　2014 年 1 月第 1 次印刷

ISBN 978 - 7 - 5073 - 3963 - 5　总定价：468.00 元（共 7 卷）

出版说明

    《张文台文丛》是张文台将军在五十多年戎马生涯中著述的精品。张文台将军著述十余部，这次将军事科学出版社出版的《来自实践的领导艺术》、《来自实践的思想政治工作艺术》，中央文献出版社出版的《哲语论修》、《讲堂文思录》，华夏出版社出版的《聊天心语》，中央党校出版社出版的《生态文明建设论——领导干部需要把握的十个基本体系》，中国环境科学出版社出版的《生态文明十论》，人民文学出版社出版的《中国百名书法名家书录张文台将军诗三百首》、《病中抒怀》等著作进行修订，与新作《和谐吟》、《修心养性话健康》汇集一并出版，内容涉及政治、经济、军事、文化、企业、生态等各个方面，反映了他在政治工作、领导艺术、人生修养、企业管理、生态文明建设、健康养生及诗词等方面深厚的理论功底、丰富的实践经验和高尚的人格修养。

本书编委会

二〇一四年元旦

张文台，男，汉族，中共党员，研究生学历，上将军衔。1942 年生于山东胶州，1958 年入伍。青年时就读于洛阳第八步校和解放军政治学院，中年时就读于国防大学和中央党校，曾担任过团副政委、政委，师副政委、政委，集团军副政委、政委，济南军区副政委、政委和中国人民解放军总后勤部政委等职务。中共第十三大、十六大代表，十六届中央委员。全国人大第八至十一届代表、第十届和十一届环境与资源保护委员会副主任委员。从事过军事、政治、后勤和环境资源保护等工作。

文台将军素有"军中儒将"之美誉，著书十几部、发表重要文章百余篇，多篇被主流媒体转载并被中组部、中宣部、中央党校、军事科学院等有关方面编入重要文献，在军内外产生了一定影响。

将军酷爱书法和诗词，先后三次获得全国全军书法大赛头等奖，并多次担任评委，发表过许多思想性和艺术性完美结合、有独特风格的诗词书法作品，还担任过备受关注的纪录片《毛泽东在 1949》、《天下为公》和《绿色大业》顾问。现任中国书画联合会和中国毛泽东书法研究院顾问、北京将军诗书画研究会和北京戎马情怀诗书画院院长等职务。他文化修养扎实，理论功底深厚，实践体会颇多，演讲风格生动幽默、实在管用，涉猎广泛，经常应邀到党政军机关、干部培训学院、科研院所、大型企业、著名大学等单位讲演。演讲富有哲理，贴近实际，可操作性强，很受广大官兵和干部群众的欢迎。

自　序

从士兵到上将，从小学到研究生，我军旅生涯半个多世纪，虽无过人之敏，但从不敢懈怠；虽出身贫寒，但从不放弃努力；虽身居要职，但从不主观武断；虽历尽坎坷，但从不怨天尤人；虽干群赞誉，但从不居功自傲。无论驻守海岛，锁钥渤海；还是经略中原，拱卫京津；无论沙场点兵，还是援建维稳；无论抗洪抢险，还是后勤保障；无论是政治理论研究，还是军事思想谋略学习；无论是环境保护、企业文化，还是古今养生、文化历史等，都能认真学习，周密思考；深入实际，调查研究；集思广益，探索规律；点滴积累，或编辑成文，或口头传授群众，共同提高，或写成文章著作，启迪后人。虽然内容形式不同、表达方法各异，但这些书稿都是来自于实践，集中群智，发自于内心，简明易记，操作性强，切实管用，在广大群众中广为流传和称道，也得到各级领导及专家们的一致好评和赞誉。

金杯银杯不如群众的口碑。群众的赞誉不是我学富五车、知识渊博，而是肯定我在现实生活中的深切感悟、体会，对实践调查与探索。由于工作忙碌，这些手稿多数形成于飞机上、旅途中以及集体学习讨论时，有的铭记在心，有的作为交流，并随时记录，日积月累，积少成多，便成此书。

应大家的邀请，我发表了不少的作品，也出版了一些专著。尽管内容涉猎广泛，也不是一个完整体系和风格，但其精神实质是完全一致的。这就是：一个人不管你职位高低，为人民服务的宗旨是一样的；不管你权力大小，集思广益的领导艺术是一样的；不管你从事什么行业，辩证思考的工作方法是一样的；不管你工作岗位如何变化，求真务实的工作作风是一样的；不管你待遇如何，艰苦奋斗的传统是一样的；不管你官位大小，身先士卒的要求是一样的；不管你工作中困难多少，改革创新的追求是一样的；不管你贫穷还是富贵，向往健康和幸福的目标是一样的；不管你文化高低，提高文化艺术修养的愿望是一样的等等。实践证明，万物一理，大道相通，一通百通。所以我们要努力做到古今贯通、中西贯通、文理贯通、文武贯通。任何人想在短暂的一生中要想干成几件事，做一个毫不利己专门利人的人，做一个有益于国家和人民的人，必须读万卷书，学习古人的知识，继承前人的优良传统，升华自己的思想境界；行万里路，学习实践的知识，不断与时俱进，跟上时代的步伐；拜万名师，学习群众的知识，把个人的经验与群众的智慧结合起来；历万般苦，形成自己的知识，提高自己的能力，指导工作实践。只有这样，才能做到像古人讲得那样："知天下之势，通天下之变，友天下之士，谋天下之策，求天下之利，留天下之名。"

　　愿本书能给您心灵上带来一些启迪，为实现中国梦尽一点微薄之力。

张文台

二〇一三年国庆节于北京

目　　录

夯实基础篇

育人树人篇

党性锻炼篇

序*

　　看了《来自实践的思想政治工作艺术》的书稿，很高兴。这是张文台同志继《来自实践的领导艺术》之后的又一本好看管用的书。我和张文台同志相识30多年，是两次同在一个大单位工作过的老战友，他让我作序，欣然命笔。

　　文台同志从士兵到将军，一步一个脚印。读了他的书，我仿佛又回到了阔别多年的军营，触摸到了那火热的生活，看到了政治工作中的那些熟悉身影。因为，无论是书中的"总论"，还是"专论"，都是来自一线，来自实践，来自一位老政治工作者近半个世纪的经验积累，来自心灵深处的呼唤！凝聚着部队思想政治工作的集体智慧。

　　政治工作是我军起家的法宝，看家的本领。可以说，没有思想政治工作就没有我军的成长壮大，就没有我军从弱到强、从胜利走向胜利的辉煌历史。建军80多年来，我军政治工作在毛泽东等老一辈革命家的开拓、倡导下，经过一代又一代的共产党人，特别是政治工作领导者的不断探索、躬身实践，使政治工作的统帅、保证作用得到了充分、完美的发挥，形成了我军有别一切剥削阶级军队的显著特征。文台同志刻苦努力、善于学习、勤于思考，紧密联系社会、部队、个人的实际，不断研究、探索。他随身带着理论书、笔记本，几十年如一日地向书本学、向周围的同志学、向实践学，总结出了学理论、抓基层、育人才、炼党性等四个方面的经验。尤其是联系新时期、新阶段我军的新使命，针对新情况、新问题，提出新思路，拿出新对策，紧贴现实、紧贴基层、紧贴生活，好懂易记，实在、管用、解渴。很好地体现了继承性与创造性，实践性与操作性，规律性与群众性，政治性与思想性，激励性与约束性的辩证统一。来自实践、高于实践、指导实践，称得上是思想政治工作的艺术，是一本难得的好书。我深信《来自实践的思想政治工作艺术》一书，像他的《来自实践的领导艺术》一样，不但是广大政工干部学习的好材料、好助手，而且是广大官兵和地方干部群众学习政治工作、钻研政治工作、做好思想政治工作及改造主观世界，提高自身素质的好读物，一定会收到良好的社会效益。

周克玉

2009 年 10 月 1 日

*此为 2010 年军事科学出版社出版的《来自实践的思想政治工作艺术》一书的序言。

灌输升华篇

工人中不可能自发地产生马克思主义，马克思主义靠灌输。这是理论学习的一般规律。用革命理论武装人是一个不断灌输的过程。在灌输中打牢理论根基，使思想认识不断升华，达到新的境界。灌输本身就是一门艺术，有漫灌、浇灌、滴灌，但绝不是强按牛头去喝水，也不是水过地皮湿，更不是发洪水。灌输是"随风潜入夜，润物细无声"，是"浇花浇根，教人教心"。因此，理论学习抓住了灌输升华就抓住了根本。

总　　论

一、提高认识学起来

理论学习一直是政治工作的老大难，要真学关键是真信，真信必须解决对理论学习的认识问题。一个单位的党委对理论学习的认识有多高，抓理论学习的力度就有多大；一个人对理论学习的认识有多高，学习理论的自觉性就有多强。真正把革命理论当成粮食、武器、方向盘，理论学习就有了高度的自觉性。抓理论灌输要始终抓住提高认识不放松，在提高认识中接受灌输，在灌输中进一步提高认识，实现认识——学习——提高认识——更好学习的良性循环。不断解决认识问题，理论灌输工作才能开展得卓有成效。对理论学习认识不到位的主要表现有：说起来重要，做起来次要，忙起来不要；工作是实的，学习是虚的，干好了就是学好了，搞好关系就是学好了；搞革命需要理论指导，搞建设、搞改革离开了理论指导问题不大；理论学习是上级的事、领导的事、别人的事，与自己关系不大；理论难懂、难记、难理解，费力不见效，学不学都一样，何必自讨苦吃等等。要解决理论学习中存在的学理论无用、以干代学及畏难情绪，不断提高对理论学习的认识，保持对学习的兴趣和对灌输的渴望，须努力做到：

（一）从时代的高度认识理论学习的极端重要性

这是从领导层面上讲的。政治路线确定之后，干部就是决定因素。要提高部队对理论学习的认识，领导的认识要先上去。能不能把革命理论学习好、领会好、贯彻好，真正进入思想、进入决策、进入工作，关键在于各级领导干部能不能充分认清新时代、新使命给各级领导提出的新要求，切实起到模范带头作用。领导干部对学习的认识高，才能带动部队掀起新高潮；领导干部理解得深，才能给官兵讲得准、讲得深、讲得实；领导干部贯彻坚决，才能带动官兵把党中央、中央军委提出的"两个武装"（"用革命理论和高科技知识"武装起来）真正落到实处，推动部队现代化建设。因此，各级领导，特别是主要领导要始终站在时代的高度认识理论学习的极端重要性，把抓理论学习作为书记的第一位职责，摆上突出位置。深刻认识加强理论学习是关系党、国家和军队事业发展的一个带根本性的问题，也是关系干部队伍建设的一个带长远性的问题。我们党历来重视学习。在革命、建设和改革的每一个重要时期，都明确要求领导干部加强马克思主义理论学习。这不仅有助于更好地履行职责，有助于更好地改造主观世界，而且还有助于更好地带动部属。各级领导一定要把加强学习作为一项长期的任务，作为一个终生的课题。要按照"两个武装"的要求，认真学习马克思主义基本理论，不断提高理论修养和政策水平，用理论上的清醒保证政治上的坚定和思想道德上的纯洁；认真学习以信息技术为主要内容的军事高科技知识，不断拓宽视野、开阔思路，用科学知识武装头脑，提高自身的领导水平、指挥才能和创新素质。要坚持全面学习,不能抓一漏万;要深入学习,不能浅尝辄止;要联系实际学习,不能无的放矢;要系统学习,不能零打碎敲;要长期学习,不能一蹴而就。切实做到,在学习中思考,在思考中学习,注意把部队建设中的重大问题带进学习,从理论与实践的结合上解开扣子、找准对策;注意把工作实践中的问题带进学习,在理论的指导下总结经验教训;注意把个人的思想实际带进学习,用党的理论创新成果校正人生坐标。要坚持学习制度,交流学习成果,树立学习榜样,形成学习光荣、学习进步、学习成才的良好氛围,努力使上级成为下级的模范,机关成为部队的模范,干部成为战士的模范。从领导干部的理论素质状况看,有相当一部分同志理论根底比较薄弱。起码有"三个缺乏":缺乏对马克思主义基本理论的系统掌握,对理论的学习了解比较零碎,还没有从科学体系上加以把握,在不少方面只知其一、不知其二,只知背几个词句、不知其精神实质;缺乏对党的新的理论成果的深刻理解,尤其是对社会主义市场经济理论的理解,还停留在较浅的层面上,直接影响到观念的更新、视野的开阔和对新情况新问题的研究解决;缺乏自觉的理论思维,分析认识问题凭经验、靠感觉、就事论事,不善于理论思考,抓不住事物的本质和规律,在回答解决部队反映的深层次思想理论问题,如"社会主义还行不行"、"马克思主义还灵不灵"、"改革开放的道路还通不通"等,显得力不从心。对各单位进行理论考核,通过现场答题、述职述学、群众评议,不同程度地反映出一些同志基本理论知识不足、运用理论解决实际问题的能力较弱等问题。现实中,一些同志思考问题的层次不高,决策朝令夕改,工作抓不到点子上,说到底就是理论素质不强。理论素质是领导素质的核心和灵魂。对一个领导干部来说，理论素养上的欠缺是很大的缺陷。没有理论上的坚定，就不会有政治上的坚定；没有理论上的成熟，就不会有政治上的成熟，没有深厚的理论功底，就不会有较高的领导水平。

（二）从革命理论一脉相承的指导地位和作用认识理论学习的极端重要性

这是从历史层面上讲的。"没有革命的理论，就没有革命的运动。"1848年《共产党宣言》的发表，标志着马克思主义的诞生。从那时起，科学社会主义就成为人类改造世界的强大思想武器。它的核心是：在揭示资本主义转变为社会主义的历史必然的基础上，阐明无产阶级作为资本主义掘墓人和社会主义社会创造者的历史使命。一部社会主义思想史，就是科学社会主义在两个不同时代（自由资本主义、帝国主义和无产阶级革命时代）三种不同类型的国家（西欧诸国、俄国、中国）的产生和发展，并从理论变为现实的历史。沿流溯源，究其尾首，可以看到，从科学社会主义到建设有中国特色的社会主义，理论之树常青，共产主义运动蓬勃兴起并改变世界格局，中国在苏东垮台后巍然屹立于世界东方，正是得益于从科学社会主义理论到科学发展观一脉相承的指导地位和作用。苏东垮台也从反面说明，抛弃了革命理论一脉相承的指导地位和作用，共产党执政的社会主义国家就会陷入绝境。党中央多次强调要有强烈的忧患意识，要掌握理论、研究历史、联系实际。从忧患出发纵观历史，一个国家存在着危、倾、覆、亡四种可能，危可以转为安，倾可以转为正，覆可以再生，唯有亡不可以再救。苏联已亡，无药可救。中国共产党要想长期执政，中国的社会主义要想兴旺发达，中国要想避免重蹈苏联的覆辙，真正实现国家的长治久安和伟大复兴，一刻也不能离开革命理论的指导。历史、现实、未来是紧密连在一起的，离开了从马克思主义到科学发展观一脉相承的理论指导就没有共产党和社会主义的未来。那种认为搞革命需要马克思主义指导，搞改革和建设是"摸着石头过河"离开马克思主义指导也行的认识是完全错误的。今后的一段时期内是中国改革开放的关键时期，高风险与高机遇并存，能不能战胜敌人"西化""分化"的图谋，能不能绕过暗礁驶入坦途，需要一脉相承的理论一以贯之地指导；建设小康社会，落实科学发展观，实现民主法治、公平正义、诚信友爱、充满活力、人与自然和谐发展的小康社会，需要用革命理论武装起来的人去把握规律、运用规律，发挥主观能动性和创造性。革命理论和改革开放的实践是须臾不可分的，理论指导实践，实践丰富理论，再反过来指导实践，才能确保中国这艘航船沿着正确的航线前进。否则，丢弃了革命理论，搞社会主义市场经济就犹如盲人骑瞎马，夜半临渊池，随时都会有灭顶之灾。

（三）从个人成长进步的过程认识理论学习的极端重要性

这是从做人、做事、做官的层面上讲的。人生下来到成为对社会有用的人才，唯一途径就是学习。通过向实践学、向周围的同志学、向书本学，获得两个方面的知识：自然科学知识和社会科学知识。马克思、恩格斯全面研究汲取了自然科学和社会科学的成果，创立了马克思主义的三个组成部分，即马克思主义的哲学、政治经济学、科学社会主义。马克思主义一经诞生，就成为人类改造主观世界和客观世界的强大思想武器。世界面貌也为之焕然一新。西方评千年思想家，马克思名列榜首。许多有作为的科学家都懂得马克思主义的哲学，如爱因斯坦、杨振宁、李政道等。有了马克思主义，才有了世界共产主义运动的蓬勃兴起，才有了社会主义从一国到数国的胜利。可以说，马克思主义指导革命运动的过程，就是培养人、教育人的过程，就是马克思主义理论灌输的过程。翻开我们党的历史，可以清楚地看到，是马克思主义和中国化了的马克思主义哺育了一批又一批的领导干部。毛泽东博览群书，躬身实践，学习马克思主义，发展马克思主义，创造出了从新民主主义革命到社会主义革命的一系列新理论，成为世界公认的革命导师。无论是在战争年代，还是在和平时期，为了造就革命事业接班人，毛泽东都反复要求各级干部认真看书学习，弄通马克思主义。理论素质对领导干部来说是最重要的素质，理论功底与干部的发展潜力紧密连在一起。只要你是马克思主义执政党的一员，那么，你的成长进步就离不开革命理论的武装。毛主席讲的理论学习"坚持数年，必有好处"，周总理讲的"活到老、学到老、改造到老"，都是至理名言。实践证明，加强理论学习是关系党、国家和军队事业发展的根本性问题，也是关系干部队伍建设和每一个人成长进步的根本性问题。一个持之以恒学习的人，知识掌握得多了，境界就会高起来，心境就会宽起来，脑子里功名利禄的东西就会少下去。要把学习的过程作为坚定理想信念的过程，通过科学的理论武装，确立强大的精神支柱，始终保持政治上的清醒；要把学习的过程作为"三省吾身"的过程，敢于在思想深处剖析自我，自觉抛弃一切私心杂念，始终保持思想道德纯洁；要把学习的过程作为自我超越的过程，不断汲取智慧和力量，激发与时俱进、开拓进取的动力，少犯错误、少走弯路，始终保持蓬勃朝气、昂扬锐气和浩然正气。

二、联系实际深下去

理论联系实际是党的三大作风之一，这是毛泽东等老一辈领导人，在用马克思主义指导中国革命的过程中做出的经验总结。只有把学习理论和实际紧密结合起来，理论学习才能深下去。一些单位存在的用理论学习装潢门面，学不进、记不住，"检查有笔记，心中无烙印"等问题，无不与理论学习空对空，没有很好地联系实际有关。有用就有动力，没用就没动力，联系实际就是最好的运用。要敢于、善于联系实际，在回答、解决现实问题，拉直心中的问号中推动理论学习不断向纵深发展。

（一）联系国际、国内的实际

这是宏观的实际。就是对学习的理论观点，既要放在历史大背景下来理解，又要放在目前的形势下来领会。"站在宏观、全局学理论，站在巨人的肩膀上看世界"，善于联系大的实际，对理论的解读就高一层，理解就深一步。其实，我们经常讲的学习理论使人"胸襟开阔，豁然开朗"，"站得高了，看得远了"，都是联系宏观实际得出的结论。对一些理论观点理解不了、理解不好，很重要的一个原因就是不能联系大的实际来把握。列宁说："在具体情况下，一切事情都有它个别的情况。如果从事实的全部总和、从事实的联系去掌握事实，那么，事实不仅是'胜于雄辩的东西'，而且是证据确凿的东西。"联系大的实际，站在全局上把握问题、理解理论是最好的实事求是。学习理论联系的宏观实际，国际方面就是要看到帝国主义对我"遏制"战略不会改变，"西化""分化"的图谋不会改变，我与其斗争是长期的；国内方面就是要认清建设小康社会要解决的问题很多，在思想道德、利益分配、司法公正、官民比例等方面不够和谐一致，消灭剥削、消除腐败是长期的，必须正视现实、解决矛盾。这样进行学习理论，就能对如何全面加强执政党建设和落实科学发展观有新的感悟。

（二）联系军队建设的实际

这是中观实际，也就是本系统、本单位的实际。具体地说，就是工作的实际。无论是作战部队、地方部队，还是后勤部队、武警部队，打赢高技术条件下的局部战争、反恐完成保证新时期社会稳定的任务都给部队工作提出了更高的标准、更高的要求。因此，做好理论联系实际这篇大文章，最重要的是按照做好军事斗争准备的要求，围绕军队建设的中心工作，着眼解决部队建设中的实际问题，切实拿起理论武器，深刻分析矛盾，找出办法措施，务求取得实效。要始终保持官兵政治坚定和思想道德纯洁。针对西方敌对势力"西化"、"分化"我们的政治图谋，针对深化改革、扩大开放条件下生活方式和思想文化的新变化，不断强化旗帜意识、军魂意识、首位意识，坚定官兵的政治信仰，坚定社会主义理想信念，树立科学的世界观、人生观、价值观，确保党从思想上、政治上、组织上牢牢掌握部队，确保部队永远听党指挥。要扎实做好军事斗争后勤准备。以"三个提供、一个发挥"的新世纪、新使命为指导，围绕军事斗争准备这个最现实、最紧迫的任务，按照信息化条件下一体化联合作战的保障要求，补齐"短板"，突破"瓶颈"，加强战备工程建设、后勤装备研发、战略物资储备、保障力量建设和应急保障训练，确保部队随时能够履行使命，遂行作战保障任务。要加快推进部队改革和建设步伐。深刻领会党中央关于中国特色军事变革的重要思想，研究探索信息化条件下局部战争的特点规律，进一步解放思想、转变观念，摒弃机械化战争的思维定势和落后的习惯做法，树立信息主导、科技先行、综合集成、人才为本的新观念，不断推进保障体制、保障手段和政策制度的创新，加速向信息化全面转型。要不断提高部队正规化建设水平。按照从严治军的要求，适应信息化条件下部队正规化建设的新形势，坚持以法规制度为依据、以纪律建设为核心、以从严治官为重点、以提高部队战斗力为目的，确保各项工作依法运转。要高标准建好"五支队伍"。按照军委总体部署和人才战略工程规划要求，采取超常措施，通过各种渠道，营造良好环境，抓实人才队伍建设的各项工作，努力形成立体型的人才群体，为部队现代化建设和打赢信息化战争，提供强有力的人才保证和智力支持。

（三）联系个人的实际

这是微观实际。"穿靴戴帽与自己不对号"，是理论学习的大忌。理论学习就像啃涩果，紧密联系实际，就越啃越有味道。联系这实际，那实际，最重要的是联系个人思想的实际。因为，改造客观世界的同时要改造自己的主观世界。改造客观世界的过程中改造主观世界，改造主观世界的过程改造客观世界，这个过程就是联系实际的过程。为什么检查一些同志的学习情况，时间有天数、时数，笔记有篇数、字数，收获却没有多少？这是因为联系个人的实际不够。不联系个人的实际，学的再多也没有成效！联系个人实际就是改造自己，就是使自己的思想合乎外界的客观规律，真正让理论入心、入脑，扎牢马克思主义的思想根子。那么，在理论学习中怎样做到紧密联系个人的思想实际呢？这里有一个想联系、会联系的问题。想是基础，会是能力。早在延安时期，我们党开展学习运动，就总结出了联系个人的思想实际搞好理论学习的四部曲：是什么、为什么、我怎么、怎么办。是什么，就是先从字面上弄明白理论观点的含义、指向、基本意思，内涵、外延，这是基础；为什么，就是从字面外弄清楚理论观点提出的历史背景、前提条件，前后联系，这是保证；我怎么，就是把自己摆进去，找到自己的方位在哪里，是半斤，是八两，处于什么水平，有什么模糊认识，有什么突出问题，有哪些差距，这是关键；怎么办，就是用革命理论之矢，射自己思想之的，进而射中国革命之的，针对自己存在的问题，找到解决的办法，制订出切实可行的措施，这是根本。个人联系思想实际还有真联系、假联系，深联系、浅联系之分。真联系、深联系，理论学习就真、就深；假联系、浅联系，学习的收效就少。"三讲"中的个人剖析，这次先进性教育中的党性分析，都需要在理论学习基础上，紧密联系个人思想实际才能写像、写好。当然，联系个人思想实际求得理论学习的深入，并不是"无限上纲"，而是以实求是，开展积极的思想斗争，有什么问题解决什么问题，有什么缺点就改正什么缺点。既提倡顺向思维出个叉，又提倡横向思维多找结，也提倡逆向思维多发掘。有独到、独立的见解才有碰撞。碰撞产生火花，火花产生光明。科学在疑问中发展，思想在探索中深化。

三、坚持制度经常化

既然理论灌输是一个系统工程，理论学习是一项很难落实的工作，那么，单靠一般号召、单靠自觉是不行的。在对待理论学习上，大多数人、大多数情况下还处于自在的"阶级"，很难成为自觉的"阶级"。这就需要有一套严格的机制。制度更具有根本性、长远性。用制度来保证理论学习的经常化，是不得已而为之，是势在必行、势在可行。应当承认，多年来，上上下下关于理论学习的规定下发了不少，要求提了很多，各单位也是反复建章立制，然而，理论学习在大多数单位还是处于落实不了、落实不好的状态，特别是基层单位。应付糊弄，时间、人员、内容、精力落不到实处；搞假学习，做假笔记，不以而足。对制度要讲两句话，一句，制度是带根本性的，好制度可以改造人，改掉人的坏毛病，靠制度管比单纯靠人管要靠得住；另一句，制度是人制订的，还要靠人执行，人变质了，不认真了，再好的制度也难以起到应有的作用。怎样才能使制度坚持下去，保证理论学习的经常化呢？

辨证地认识制度，使制度闭合起来，把漏洞减少到最低限度。要防止人钻制度的空子，在制定制度时要做到有规定怎么学的条文，还要有监督的规定；有如何监督的办法，还要有查出问题怎么解决的措施。制度闭合才过硬、可靠。各单位要依据三个《规定》，针对自己的实际制定制度。贯彻团以上干部在职理论学习《规定》，要着眼围绕"提高马克思主义理论素养和领导能力"的目的。坚持"为加强领导班子思想政治建设服务，为提高科学决策水平和领导能力服务"的要求；坚持党委中心组学习、集中轮训、课题研究、考察评学等基本制度；坚持"学习理论与研究工作相结合"的基本方法，每次学习都突出一个重点、解决一两个问题、总结一些经验、形成一套思路，以理论学习成果指导部队建设。贯彻基层干部理论学习的《规定》，要着眼增强群众性、扩大覆盖面。在抓好基层部队学习的同时，抓好科研院所、医院、军代室、干休所等单位的学习，使基层的理论学习进一步规范起来，切实做到"四有"：有具体内容，把总政下发的基层干部《精读本》和《通俗读本》揉在一起，拿出计划，一个时期学什么观点，联系什么实际，解决什么问题，一目了然；时间有保证，基层干部理论学习日每周固定半天，每年参加集中轮训一周；集训有办法，处理好工学矛盾，使基层理论骨干培训班真正办好，工作学习两不误；考评有标准，针对不同岗位人员的特点制定考核办法，把考评结果同评选先进和干部选拔使用挂起钩来，真正使软指标变成硬条件。贯彻院校政治理论课教学的《规定》，要着眼"保方向、出人才"。抓好院校政治理论课教学是理论武装工作的一项重要任务，是关系军队建设未来的基础工程，要紧紧抓住"基本理论""三进入"这个中心工作，深化教学内容改革，完善教学环节，改进教学方法，增强教学活力，确保马克思主义牢牢占领院校教育阵地。

善于变压力为动力，最大限度地调动人的积极性，把制度建立在自觉的基础上。理论学习有一个内在动力、外在压力问题。一些单位理论学习之所以学不起来，深不下去，时断时续，时有时无，主要是缺少动力和压力。球无压力不蹦，人无压力不动。用大庆石油工人的话说，"井无压力不出油，人无压力轻飘飘"。要把理论学习的制度变成外在的压力，再把这个压力变成每个人学习的内在动力，理论学习制度就建立在自觉的基础上了。列宁说过，奴隶主的纪律是建立在棍棒的基础上，资本家的纪律是建立在饥饿的基础上，无产阶级的纪律是建立在自觉的基础上。建立在自觉基础上的纪律是革命胜利的保障。规章制度虽和纪律一样都带有强制性，但它与纪律比起来更需要建立在自觉的基础上。理论学习的制度尤其要建立在自觉的基础上。理论学习的制度硬起来，才有足够的压力；压力变成动力，制度才能得到自觉落实。发扬民主定制度，就是改变以往理论学习规划、措施是个别人照葫芦画瓢写出来，然后打印下发的做法，通过让群众参与订制度的过程，变成要压力的过程，把理论学习软尺码成为硬指标的过程。督学、考评和激励机制得到广泛的认可，落实起来才顺畅。要结合半年、年终总结，组织各级干部尤其是团以上领导干部，个人述学、群众评学、上级查学。把考评学习与检查工作结合起来，定期考核、通报讲评，评价班子、单位评先、实施奖惩，都要把学习作为一项重要内容，特别是把述学、考学、评学纳入干部的教育管理之中，同干部的提升使用挂起钩来，切实把学多学少一个样、学好学坏一个样，变成学多学少不一样、学好学坏不一样。

抓头头、头头抓，通过落实责任制去落实制度。"计划计划墙上挂挂，规定规定放入桌洞"，这是一些单位理论学习制度形同虚设的真实写照。毫无疑问能有权力这么做的是这些单位的书记、副书记。往往是负责制定制度的人不愿意去执行制度，能维护制度权威性的人破坏了制度。我在一个集团军搞调查时发现，几乎所有理论学习制度不落实的团，责任非团长、政委莫属。有时候，是学习日团长领着一帮子人开会，政委只好"望洋兴叹"；有时候，是政委有事，一个学习日就黄了。说是过后补，其实过了就是了。无数事实说明，理论学习制度的落实尤其需要领导责任制，并且只书记不行，还要连带副书记。只有同时把板子打到一对主官身上，理论学习制度才能坚持下去。实行一对主官责任制的好处是：避免了"狐狸建鸡窝"，就是不留下日后破坏制度的"通道"。书记一人责任制，往往害怕不落实被追究，在制定制度时会千方百计地留"缺口"，"两长"责任制，谁也不准"开溜"，"通道"自然就堵死了；有助于一对主官配合工作，改变"抓学习是政委的事，与军事主官关系不大"的旧观念，树立理论学习是工作，并且是党委的一项重要工作的新理念。抓好这一工作是军政主官的共同责任，如果制度不落实，都有推卸不掉的责任，把理论学习作为工作来抓，军政主官配合的积极性就高了；加大了监督的作用，过去实行书记责任制，到了"打板子"的时候却往往雷声大、雨点小，有惩罚措施，又不去认真执行，其中很重要的一个原因就是都知道打了书记的"板子"也没用，该不落实还是不落实，现在不同了，双双有责任，一块挨"板子"，打下去能起作用，监督的力度就大了。

四、讲求方法收效大

理论学习要在"深"字上下工夫，在"新"字上求突破，在"实"字上见成效，采取行之有效的方法是非常重要的。方法是过河的船和桥。读、讲、记、交流是理论学习的四种基本形式，也是多年来学习经验的总结，改进方法就是在这四种基本形式的基础上进行创新。

先说读。古往今来，只要说到书，必然说到读。"读书破万卷，下笔如有神"，"读万卷书，行万里路"，"朗朗校园"，"吟诗作画"。读，有大声朗读，小声念读，有一人领读，众人跟读，还有默读。看书，实际上是默读。有的同志反映，"我一看理论书就打瞌睡"。为什么瞌睡？除了兴趣外，是因为你没有读，你要是读出声来，你要是念念有词，保准睡不着。你本来没有兴趣，又一目十行地扫一眼，随手翻一翻，眼皮能不打架？小学老师看见哪个学生想睡觉，就让他站起来朗读课文。书，是读，只要读，不管是朗读还是默读，就能学进去。理论书是有点艰涩、枯燥，特别是一些基础理论书。马克思、恩格斯称读理论书为"啃涩果"。"涩果"是越"啃"越有味道。列宁称好书为"枕头书"，称坏书为"垫脚书"。"枕头书"是读的，"垫脚书"是踩的。毛泽东一生酷爱读书，不管环境多么艰苦，没有一日不读书，并且极爱朗读。他提倡"认真看书学习，弄通马克思主义"，"对自己学而不厌，对别人诲人不倦"，要求反复读马列，连《红楼梦》也说"读五遍才有发言权"。读书成了他生命的一部分，晚年眼睛患白内障看不见，就让人读给他听。在他生命的最后一天，病危抢救的情况下，还让人读书11次，近3个小时。真是"尚有一息生存就要读书"！马克思主义著作很多，我们一辈子也学不完，要有选择地学。选什么？就是要选经典著作。讲精，并不是说学得越少越好。质的变化需要一定量的积累。那种不加区分，不问效果，不切实际地认为大本子读得越多越好的学风是不对。但是，学得越少越好的说法更不对。都必须加以纠正。要注意学习和掌握马克思主义的基本原理，学习和掌握马克思主义的立场、观点和方法，不能死搬本本，死套本本。小平说："我是读着'共产党宣言'参加革命的"。《共产党宣言》是启蒙书，许多同志却没有读过，怎么谈得上"要精，要管用"。革命领袖既给我们树立了读书的榜样，又教给了我们读书的方法。读书的要义是两个字，"苦"与"真"。要"苦读"，不畏难；要"认真"，用心去读，如痴如醉，能钻进去、跳出来；重要的是钻进去，更重要的是跳出来，有自己的心得。自己给自己订一个读书计划，时间、内容、要求具体化；先粗读，弄清历史背景、主要精神；后精读，重点文章、重点章节要记住；再研读，联系实际思考，读出自己的体会。重复是记忆之母。何况革命理论书籍随着时代的发展、形势的变化会常读常新的。只要我们是搞社会主义、建设马克思主义的执政党，革命理论就永远不会过时。因为马克思主义是指引无产阶级怎样埋葬旧世界、建设新世界，直至建成共产主义的理论。当年，毛泽东同志多次告诫全党，"我党真懂马列的不多"，他亲自圈定读书篇目，号召读原著，道理也在于此。

再说讲。讲，就是讲解、辅导。虽然，电化教学手段比较先进，多媒体课件图文并茂，但要搞好理论课辅导讲解还是不容易的。要充分备课。通过开座谈会、个别了解等办法，摸清大家读书的基本情况，哪些地方读懂了，需要引申一步；哪些地方没看懂，需要解释明白；提出了哪些问题，需要怎么解答；还有哪些模糊认识，需要如何澄清等等。然后，围绕理论著作的中心思想、精神实质、要把握的问题，联系实际列出比较详细的讲课提纲。现在，西方一些发达国家又返璞归真，提倡一块黑板、一只粉笔讲课。其实配合幻灯、投影和多媒体课件还是必要的。备好课是讲好课的前提，但要讲好课，表达能力和现场发挥是很重要的。各级领导抓理论学习，搞好理论灌输，讲好课是基本功。讲辅导课要学会运用逻辑思维和形象思维。逻辑思维是指讲的清楚明白，要层层递进，一环扣一环，外延内涵合逻辑；形象思维是指讲的生动活泼，精辟的语言概括，恰当的比喻，典型的事例都有助于对理论的理解记忆。20 世纪 70 年代，我听过一次老首长讲马克思主义基础理论课，到现在我还记得。他说，"马克思一生下来就一巴掌，一巴掌打的资本主义'呜呜地哭'，三十而立的时候，发表了《共产党宣言》，宣告了马克思主义的诞生"。当时，1000 多人坐在露天广场，听着他诙谐形象的语言，全场都笑了，大家在轻松的气氛中，记住了马克思生于 1818 年 5 月 5 日，1848 年发表了《共产党宣言》，《共产党宣言》是马克思主义诞生的标志。此后的近两个小时的讲课中，他不时地打着手势，声音忽高忽低，一会念段顺口溜，一会举个小例子，大家都跟着他的思路走。一般认为枯燥乏味的理论课讲得通俗易懂、深入浅出、生动活泼。

列宁、毛泽东是演讲（讲课）的大师。毛主席著作中的好多文章都是在讲课提纲的基础上整理的，特别是延安时期的著作，像《改造我们的学习》、《在延安文艺座谈会上的讲话》等。像他讽刺学风不实的对联，"墙上芦苇头重脚轻根底浅，山间竹笋嘴尖皮厚腹中空"，鲜活的语言、形象的比喻，谁听了能记不住？读毛主席的书，既可以学到理论，又可以学到讲课艺术。前些年，我在给部队讲坚持四项基本原则课时，就从8341讲起，使大家很容易就记住了毛主席活了83岁，任党的最高领导人41年，秋收起义是1927年9月9，逝世是1976年9月9，生于1893年12月26。讲自由与纪律的关系时，说"纪律是个圈，自由在里面，要想有自由，请你别出圈"。这样讲，官兵一听就能记得住。

后说记。好脑子不如烂笔头，写一遍等于看三遍。这都是读书学习的经验总结。"不动笔墨不读书"，多记是促进理论学习的好方法。人脑的遗忘率每年是30%，3年后所学的东西就忘得差不多了。记下后，经常翻阅，温故知新，强化了记忆。记，有多种方式，书上记，眉批、旁批，卡片上记，专用本上记。毛泽东读书是随时随地地记，创下了中国近代史的读写之最。一个领导干部的理论功底是基本的功底，读书学习的本领是看家的本领，没有这两条就很难长期立得住。这是我个人的体会。我从小跟着舅舅长大，吃了不少苦，没读多少书，入伍时文化程度不高，正巧赶上毛主席号召掀起学习文化的新高潮，我就把学理论和学文化结合起来，一边提高理论水平，一边提高文化水平。40多年来，无论是当战士，还是当干部；当基层干部，还是当机关干部；当师以下领导干部，还是当军以上领导干部，我读书学习的习惯始终没有变。我没有什么能力，但我有学习的能力；我没有什么水平，但我有读书学习的水平。我的身边一直放着三件东西：一本理论书、一个笔记本、一把小剪刀。理论书是常年、长期坚持读的；笔记本是常年、长期坚持记的；小剪刀是经常用来搞剪贴的。当团以下干部时，出门没有包，那时是床头放本理论书、抽屉放把小剪刀、兜里放个小本子。近些年来，这三件东西放在我的小包里，走到那，带到那。习惯成自然。多读、多记、多思已溶入了的我工作生活之中。我记的东西分两部分，一部分是读书、读报中的名言、警句、资料、知识，领导讲话、下级汇报中有新意的原话，聊天闲谈时听到的带思想性的言论；另一部分是受到启发后产生的思想火花、悟出的道理。长此以往，我积累的知识越来越多，综合、概括能力不断提高。结合上级的精神，翻翻本子，我可以很快列出讲话提纲。如果说我讲的东西有思想的话，这是在向书本学、向周围的同志学、向实践学中得来的。这个"得"主要源于记。

最后说交流。体会交流从范围上分，有小会交流、大会交流。小范围可以是几个人、十几个人、几十个人，大范围可以是上百人、上千人。从内容上分，有专篇交流，就是指定交流一篇文章的体会；专题交流，就是一组文章的体会；综合交流，就是一个阶段、一本书的学习体会。广泛的交流活动是理论学习深入、经常的"杠杆"。广泛的体会交流可以增加普遍的学习压力，普遍的压力变成动力，才有理论学习的真正高潮。要努力形成积极探索的风气，勤于思考、刻苦钻研，在实践中发现问题，在学习中寻找答案，在探索中找出对策，实现"学习、实践、研究、探索、总结、提高"的良性循环，没有体会交流是不可能的。

20 世纪 60 年代能兴起全国性学习毛主席著作的热潮，并能保持了较长时间，与广泛的群众性的体会交流是密不可分的。体会交流是"读了领袖的，听了别人的，拿出自己的"；是老牛反刍，消化得好一些；是开展学习竞赛，看谁学得更好一点，看谁学得更多一点，促进互相学习、共同提高。交流是学习工作化，工作学习化的好载体。即在学习中工作，在工作中学习，真正把工作的过程作为学习的过程，做到学习与工作一体化。通过学习交流，把上级的精神领会透，把部队的情况研究透，把学习成果转化为明确的工作思路；通过学习交流，互相启发，弘扬科学精神，运用科学方法，把学习成果转化为科学的工作方法，不断提高决策的科学性；通过学习交流，把工作中零碎的东西系统化，感性的东西理性化，把学习成果转化为管用的工作经验，努力把握工作的特点和规律，实现由必然王国向自由王国的飞跃。同时，有利于防止和克服学习上的四重四轻：即重时事政策的学习，轻基本理论的学习；重集体学习，轻个人自学；重急用先学，轻长期坚持；重改造客观世界，轻改造主观世界的问题，促进全体人员在努力提高学习质量上下工夫。领导和机关还可以针对体会交流中反映出的问题搞好分类指导，即针对不同类型的单位，制订不同的计划方案；针对不同层次的人员，提出不同的学习标准和要求；针对存在的不同问题，采取不同的解决办法，切实增强理论学习的针对性和实效性。

专　　论

一、完整准确学

用完整准确的毛泽东思想指导全党，确立了毛泽东思想的历史地位；同样，完整准确地学习邓小平理论，才能确立邓小平理论的历史地位。那么，如何全面理解邓小平理论的精神实质，完整准确地把握其科学体系呢？

（一）反思改革开放的过程，问题和失误在于未能完整准确地理解邓小平理论

可以说 30 多年改革开放的巨大成功是用中国特色社会主义理论指导的结果；问题和失误恰恰是没有完整准确地理解小平理论造成的。一些人把社会上出现的暂时倒退和丑恶现象与有中国特色的社会主义理论对接，是不正确的。事实雄辩地说明，没有完整准确地理解贯彻邓小平理论，是改革开放中出现重大失误和挫折的根源所在。正确的理论为什么会被割裂、被歪曲、被误导呢？

一是理解上的差异。理论解释世界、改造世界的两大功能的实现有个转化过程，这一环节要由人脑来完成。同样的理论每个人理解却不同，以下几个方面容易偏离正确的轨道：（1）把手段当成目的，如社会主义的本质是发展

生产力、消灭剥削、消除两极分化，达到共同富裕。有的同志往往把发展生产力这一手段当成目的，得出经济为中心＝发展生产力＝想方设法捞钱。（2）把全局当成局部。如保护"傻子瓜子"，是从全局上表明我们的改革开放路线不变，一些地区把全局和他们的局部划等号，去保护不法个体户，支持容忍偷税漏税。（3）把特指当泛指。把邓小平针对某一种倾向或某一事件发表的看法，当泛指。如对特区的指示，就不能照搬到全国。

二是政策法律还不完备不配套。小平的理论要通过党的政策、国家的法律贯彻下去。理论所涉及的范围很大，很难一下子制定完备的政策、法律。像坚持四项基本原则、坚持公有制主体地位、消灭剥削、消除两极分化、共同富裕的法律等都没有出台，这就容易出现打擦边球，或上有政策下有对策的情况。

三是形而上学的思维方式。毛主席说过，形而上学最省力。这种思维方式的显著特点是非此即彼，说一大二公不好，他就走到一小二私上去；说纯而又纯不好，他就搞混而又混；要发展多种所有制并存，他就抛弃公有制这个主体，翻烧饼，把好端端的理论推上极端。

四是自私自利的诱惑。极端个人主义是建设有中国特色社会主义理论的大敌。私字是万恶之源。再好的理论到了私欲膨胀的人手里，也变了形、变了味，与己有利的就执行，不利的就推诿。一位经营书刊的百万富翁就曾露骨地说，"按上边的规定办，你能办成什么事？他说不准请客，你不请客谁能来进货？他自己就请吃；他说书审查后才能发，等他批了你还能发得动吗？他说不准买卖书号，谁听了，你不买书号印书能赚大钱吗？这年头发了胆大的，饿了胆小的；富了违法的，穷了守法的；发了富了是英雄好汉，饿了穷了是狗熊傻蛋。"还是马克思在资本论中说的，为了百分之三百的利润就会践踏人间一切法律。

（二）认识严峻现实，解决问题的出路在于完整准确地学习邓小平理论

我们正处于改革开放的关键时期，要解决好改革、发展、稳定三者的关系，有赖于用完整准确的建设有中国特色的社会主义理论来理清思路，披荆斩棘。要增强忧患意识。摆在面前的是社会不稳定因素增长，治安状况严峻；民族矛盾上升，敌人"西化"、"分化"的阴谋加紧进行；社会腐败加深、丑恶现象有增无减，有的已到了鬼魅狰狞，上帝无言的程度；国有企业陷入困境，国有资产大量流失，失业率提高，生产相对过剩渐露端倪，贫困人口增加；工农之间、城乡之间、脑力劳动体力劳动之间、贫穷富裕之间、沿海内陆之间的差距呈扩大趋势。对这些问题概括为三句话：问题与改革同在，越改问题越多，最终解决问题靠改革。又可以概括为一句话：完整准确地用好邓小平理论，真正搞社会主义的改革，问题就会迎刃而解。

一要全面理解以经济建设为中心的思想。经济建设为中心并不是不注重政治；并不是金钱物质高于一切；不是讲经济效益不讲社会效益；要工业、农业、国防、科技、商贸、社会环境齐改善，同发展。在强调政治保证经济这个中心的同时，要充分认识经济是基础，政治是统帅、是灵魂、是一切工作的生命线。人的发展是社会发展的根本。

二要准确理解一部分人先富起来的思想。（1）先富是

为了共同富裕，不是以妨害别人为代价；（2）先富论不是非法致富的通行证、挡箭牌，失去了共同富裕，先富就失去了意义；（3）贫富的差距应越来越小，暴发户应受到遏止，暴发户越多，贫困户就越多；（4）贫穷不是社会主义，少数人富裕也不是社会主义，共同富裕才是社会主义，两极分化就走到邪路上去了。

三要完整理解公有制为主体的思想。公有制是社会主义的命根子，是无产阶级国家政权存在的基础，是广大人民群众的根本利益所在。公有制为主体是数量和质量的统一，改变了主体的提法，减少了主体的内容，就动摇了社会主义的根基，共同富裕就是一句空话；发展多种经济成分要有利于巩固和发展社会主义的基本经济制度，不能成为公有制经济的祸害。

四要系统理解建设精神文明的思想。建设精神文明包括基础、内容、方法、目的，是一个系统工程，包括思想、政治、文化等方方面面；精神文明最根本的是人的思想进步，社会风气的好转，它与物质文明是相辅相成、同步提高、互为作用的；物质文明上去了，精神文明垮了，物质文明就失去了意义。社会存在决定社会意识，社会主义的物质文明决定社会主义的精神文明；社会主义的精神文明又推动社会主义的物质文明，精神变物质，物质变精神。代表剥削阶级的没落思想蔓延开来，必然极大地毒害社会风气。社会风气坏下去，经济建设非但搞不上去，甚至会出现经济危机、社会危机。要抓住教育人这个龙头，用辩证唯物主义教育好党、人民、军队、青年，打击各种犯罪活动，要和改造世界观结合起来，精神文明建设才能真正有抓手，用私字调动积极性，"一切向钱看"，对我们的基本制度是破坏性的。古代就有去私之说，搞社会主义、共产主义，去私是核心、"两个决裂"是根本。不限制私欲，不批臭"极端个人主义、拜金主义、享乐主义"，社会主义精神文明就是一句空话，是培养不出四有新人的。

（三）展望未来走向，完整准确地学习邓小平理论，社会主义才有希望

回顾历史，看看现实，可以预测未来，外国人称邓小平以后的中国是个谜。我们往哪里走、怎么走，小平同志1989年的"6·9"讲话、1992年的南方谈话回答了这个问题。邓小平讲没有改革开放北京政治风波这一关闯不过来。应该看到，离开了邓小平理论，改革开放的中国一个关口也难闯过。要防止返回去和变过去，就必须坚持邓小平理论，坚持邓小平理论就是坚持社会主义。社会主义市场经济的建立直接关系到中国社会主义的成败，而社会主义市场经济能否建立好，在于完整准确理解邓小平同志的理论。怎么才能完整准确地把握邓小平理论并坚持下去呢？

一是要用对待马克思主义的态度来对待邓小平理论。邓小平讲，要把毛泽东没有办好的事办好，没有做完的事做下去。邓小平是马列主义、毛泽东思想的继承者，不能把中国特色的社会主义理论和马克思主义割裂开来，另立门户。要像对待马列主义、毛泽东思想那样来对待邓小平理论，当作指南，深钻细研、融会贯通，而不能搞实用主义，打着旗号另搞一套。

二是要站在正确的立场上防"左"反"右"。在斗争中形成和发展起来的邓小平理论，一个最鲜明的特点，就是反右与防"左"并举。对"左"要否定，对右也要否定。

要完整准确地把握它，一定要站在正确的立场上。学了理论能更好地站稳立场，站稳了立场能更好地学习理论。在对毛泽东的评价问题上，面对"左"的和右的思潮，邓小平强调指出，这"不只是个理论问题，尤其是个政治问题，是国际国内的很大的政治问题。"邓小平以实事求是的方法，科学地评价了毛泽东，维护了毛泽东思想的历史地位，统一了全党和全国人民的思想。同样，在坚持四项基本原则、反对资产阶级自由化问题上，在打击经济犯罪、建设社会主义精神文明问题上，在"一国两制"、实行祖国和平统一问题上，在发展科技教育、培养社会主义接班人问题上，在推进改革开放、实行家庭联产承包责任制、发展乡镇企业、创办经济特区、引进外资、提出社会主义初级阶段和社会主义市场经济理论等一系列问题上，邓小平都是既警惕右、又防止"左"，不但维护了马克思主义理论的科学内核，而且大大推动了马克思主义理论的发展。因此，我们学习邓小平理论，要把握解放思想、实事求是这个理论精髓，把反右和防"左"联系起来理解思考，有右反右，有"左"反"左"。一般来讲，务虚的容易"左"，务实的容易右；利益得到少的容易"左"，得到多的容易右。站在"左"的立场上，往往把正确的看成右；站在右的立场上，往往把正确的看成"左"。邓小平提出三个有利于时，讲要害是姓"社"姓"资"问题，从"左"的方面理解，认为就是不问姓"社"姓"资"，要搞资本主义，有利于社会主义生产力的社会主义一词是招牌；从右的方面理解，认为还不够，社会主义一词也不必要了，有利于生产力的发展就行了。防"左"反右是一个长期性、普遍性的问题，已为我们党的历史所证明。"左"和右是相互转化的，"左"

的可以变成右，右的也可以变成"左"。在讲"左"是主要危险的时候，要警惕右逐渐变成主要危险。在自由化泛滥，社会风气变坏，理想、信念动摇的情况下，要特别注意反右。防"左"反右要根据不同的场合、不同的时机、不同的人群有所侧重，从而始终沿着正确的轨道健康发展。

三是要用理论的眼光看待邓小平理论。邓小平著作短文多，重复的观点多，容易产生不是理论是指示，不管长远管眼前。要用理论的眼光，把零散的文章系统读，把重复的观点反复学，才能平中见奇、淡中出味、小中见大、少中见多。如社会主义本质的论述细嚼后才觉得道理深邃。

四是要用实事求是的方法学习实事求是的理论。解放思想，实事求是是邓小平理论的精髓，可以说邓小平理论就是实事求是的理论，实事求是的理论要用实事求是的精神来贯彻执行。离实际越近的理论愈难实事求是，容易变成实用主义。现蒸现卖烫了手，直来直去折了杆。实事求是说起来容易做起来难，不用说对苏联、东欧剧变这样的大事能做出截然相反的见解，就是对一件事一个人也会各有各的看法。建立社会主义市场经济的每个环节、每个步骤都会存在着不同的看法，因此，坚持实事求是地学习小平理论就要全面理解理论，不篡改、不曲解、不钻理论的空子；全面把握实事，了解事物的全貌，把握事物的联系，不但要知道事物的现在，还要知道事物的历史演变和未来的发展走向；理论与实践结合时要具体情况具体分析，不搞简单对号，穿衣戴帽。只有用实事求是的方法去学习实事求是的理论，才能真正做到实事求是，把握运用社会规律，推动社会沿着正确的方向发展。

二、把握实质学

一是把理论与实践统一起来思考，在理论与实践的结合中全面把握精神实质。马克思主义理论是共产党人的灵魂和指南。我们党从创建之日起，就确立了马克思列宁主义的指导地位。但在对待马克思列宁主义的态度上，究竟是采取教条主义态度，还是采取创造性态度，一开始就出现了两种世界观、两条思想路线的斗争。毛泽东坚持马列主义必须同中国具体实际相结合的创造性态度，不但领导中国的革命取得了胜利，而且创立了毛泽东思想。邓小平以创造性态度对待马列主义、毛泽东思想，在总结我党自1957 年以后近 20 年实践经验的基础上，从解决什么是社会主义、怎样建设社会主义这个问题根本入手，逐步形成了建设有中国特色社会主义的理论。一部中国共产党的发展史，就是一部理论与实践结合的历史。什么时候结合得好，党的指导思想就端正，党的事业就发展；反之，就遭受挫折。坚持科学理论，又不拘泥于现成的理论，是新的科学理论创造者的基本思想风格。对中国特色社会主义理论精神实质的全面理解，也只有在理论与实践的结合中思考才能真正把握。

二是把继承与发展统一起来思考，在继承与发展的结合中全面把握精神实质。社会主义运动史上，对待马克思主义的态度有两种：一种是只讲继承不讲发展的假继承和貌似发展实乃背叛的假发展。这样的事例屡见不鲜。另一种是真正意义上的发展，就是建立在继承之上的发展，即：既不能丢掉"本本"，又要不断超越"本本"，突破"本本"，丰富

"本本"。继承为了发展，发展根植继承。"老祖宗不能丢"、"要讲新话"，是邓小平继承、发展马克思主义的真实写照。纵观邓小平理论体系，之所以能够用新的思想新的观点把马克思主义发展到新阶段，很大程度上在于把马克思主义的世界观和方法论统一起来，在坚持其基本立场、观点、方法的前提下，勇于寻找新的路子，创建新的理论。比如关于社会主义本质的理论、社会主义改革的理论、"一国两制"的理论、社会主义初级阶段的理论、建立和发展社会主义市场经济的理论等等，这些理论确实开拓了马克思主义的新境界。中国特色社会主义理论是当代中国的马克思主义，却不是顶峰和终结。只有在继承与发展的统一中全面理解和把握邓小平理论，继承才能感悟统一性，发展才能把握本质性，也才能不断发展和丰富邓小平理论。

三是把改造主客观世界统一起来思考，在主客观改造的结合中全面把握精神实质。在改造客观世界的同时改造主观世界，是马克思主义的基本观点。所谓改造客观世界，就是用邓小平理论中的世界观和方法论认识客观事物，把握事物发展规律；所谓改造主观世界，就是让科学的世界观和方法论进入改造和完善自我。邓小平理论的精神实质，只有在这"两个改造"的有机统一中，才能切实做到全面理解和把握。否则，即使学了，也不会真正弄懂。理解和把握邓小平理论的思想内核，并内化为自身的世界观和方法论，是一个理论思维锻炼的过程。这就是要求进一步学习邓小平运用马克思主义世界观，研究新情况、解决新问题、创建新理论的境界和实践品格，真正把这个理论的精髓内化为自己的世界观和方法论，转化为领导干部自身的理论素质、政治素质。这样，才算全面理解了邓小平理论的精神实质，达到了改造主客观世界内在统一的理论境界。

四是把不同领域的论述与一贯思想联系起来思考，从科学体系上全面把握精神实质。邓小平理论将马克思主义的三个部分贯穿起来、融为一体，很难分出哪是哲学，哪是政治经济学，哪是科学社会主义，这不仅不是它的缺陷，而恰恰是这一理论的优势所在。正因为邓小平理论具有上述鲜明特点，全面理解邓小平理论的精神实质，必须注意从体系上去把握。既要注意从这一理论论述较多的若干重要领域进行系统的学习和理解，又要注意从总体上和科学体系上连贯起来理解，领会基本内容、基本观点和基本精神。如理解有中国特色社会主义，必须明确它是不断解放和发展生产力的社会主义，贫穷不是社会主义，发展太慢也不是社会主义；它是实现共同富裕的社会主义，两极分化不是社会主义，平均主义也不是社会主义；它是改革开放的社会主义，封闭保守不是社会主义，照搬外国也不是社会主义；它是民主法制的社会主义，压制民主不是社会主义，搞无政府主义、极端民主化也不是社会主义；它是两个文明共同发展的社会主义，精神匮乏不是社会主义，光物质富有也不是社会主义；等等。这里的每个方面都是互相关联、互相依存、互相渗透的，有些还是互相制约的，从而形成了一个整体。因此，全面理解邓小平理论的精神实质，必须将其不同领域的论述与其一贯思想统一起来思考，从科学体系上去把握。

三、融会贯通学

就如何把学习党史和学习邓小平同志南巡谈话结合起

来，提高学习教育效果的问题，我曾结合某师进行党史教育的实践作了一些调查，联系起来思考，深感结合好，大有益。总的认为，围绕坚持党的基本路线这条主线，着眼解决官兵在信念方面的现实思想问题，把学习谈话和学习党史联系在一起，用谈话统领和指导整个党史学习，提高观察分析历史的起点，联系历史事实和历史经验学习谈话，加深对谈话基本观点的理解，使干部战士走有中国特色的社会主义道路的信念建立在对历史规律的把握上，扎根于理论的沃土之中。如何结合好，概括起来就是四个联系，加深对四个基本观点的理解，解决好四个现实思想。

一是联系党的历史上"左"、右倾错误给我国革命和建设造成严重危害的事实，学习领会邓小平关于"中国要警惕右，但主要是防止'左'"的观点，克服怕变的思想。教育前了解到，部分官兵看待改革开放政策还没有完全脱离"左"的思想的束缚，喜欢打上姓"社"还是姓"资"的问号，担心办经济特区，发展"三资"企业，搞证券、股票市场，借鉴和吸收外国包括资本主义国家一些发展经济的手段和办法，是不是发展资本主义，会不会走到资本主义道路上去。为了解决这个问题，我们引导干部战士分析了党的历史上四次"左"、右倾错误给革命和建设造成严重危害的事实，用邓小平同志提出的"三个有利于"统一大家对改革开放的认识，清除老本本、旧观念和思维定势等"左"的东西在头脑中的影响，树立一切从实际出发的观念，使大家认识到，资本主义国家的一些先进经营方式、管理方法和经济手段等，并不是资本主义的专利品，而是人类社会的文明成果，资本主义可以用，社会主义也可以用。只要符合"三个有利于"，就应当大胆地拿来，为我所用。坚信我国在坚持四项本原则前提下的改革开放，绝不会走到资本主义道路上去。

二是联系十一届三中全会以来改革开放的巨大成就，学习领会邓小平关于"要注意稳定协调，但发展才是硬道理"的观点，克服怕乱的思想。针对部分同志担心加快改革步伐会导致经济过热、通货膨胀，影响稳定协调；打破"三铁一大"，会引起失业人数增加、不安定因素增多等问题，组织大家畅谈十一届三中全会以来的巨大成就，走访了地区改革开放搞得好的 8 家大型企业和 6 个村镇，请企业负责人作了 6 场改革开放形势报告，组织来自经济特区和沿海开放地区的官兵联系家乡变化论改革，使大家对邓小平谈话中关于稳定与发展的思想有了清醒的认识。看到近些年来，我们党和国家之所以能够在国际风云变幻，国内一度出现暂时困难的情况下，处变不惊，从容应付，实现政治和社会稳定，关键是经济建设有了很大的发展。如果经济上不去，想稳定也稳定不了。

三是联系党在改革开放中驾驭复杂局面的事实，学习领会邓小平关于"改革开放胆子要大一些，看准了的就大胆地试，大胆地闯"的观点，克服怕偏的思想。针对部分同志存在的解放思想，会不会引起自由化抬头；扩大开放，资本主义腐朽思想会不会大量涌入；改革步伐加快，会不会重犯"大跃进"的错误；拉开分配档次，会不会引起两极分化等疑问，我们引导大家回顾改革开放以来的实践，列举了我们党有效地控制通货膨胀、惩治腐败、打击经济领域犯罪、打破西方经济制裁等事实，使大家清楚地看到，我们党完全有能力把握改革开放的正确方向，解决改革，开放中出现的各种问题，保证我国的改革开放和经济建设健康地向前发展。

四是联系改革开放给广大人民群众带来巨大实惠的事实，学习领会邓小平关于允许一部分地区、一部分人先富起来，最终达到共同富裕的观点，克服怕亏的思想。针对部分官兵对地方在深化改革中破"三铁一大"搞优化劳动组合存在忧虑，担心军人待遇、复员转业安置和亲属切身利益受影响的问题，组织干部战士认真学习十一届三中全会以来的改革开放史，联系家乡、家庭这些年来吃、穿、住、行、用的巨大变化和军人待遇不断提高的事实，领会小平同志关于共同富裕的构想，使大家认识到，共同富裕不是同步富裕，地方的某些改革措施，暂时可能给部队建设和军人切身利益带来一定影响，但随着改革措施的完善和经济的发展，终究会给部队建设和军人带来更多的好处，应以大局为重，正确对待改革中利益关系的调整。

四、针对问题学

（一）关于当前形势下如何更好地坚持解放思想、实事求是的问题

实事求是是毛泽东在延安时作为思想方法提出来的。把解放思想与实事求是统一起来，并作为党的思想路线，是邓小平的贡献，是建设有中国特色社会主义理论的精髓。解放思想就是勇于冲破落后的传统观念的束缚，一切从实际出发，使思想和实际相符合，主观和客观相一致。解放思想是实事求是的前提，实事求是是解放思想的基础。解放思想从本质上讲就是实事求是。我国改革开放的实践证

明，没有解放思想、实事求是，就没有十一届三中全会以来的路线方针政策，也就没有今天的巨大发展。

对解放思想、实事求是的问题，应当说，这些年来，随着学习教育特别是随着实践的发展，我们的思想认识是在不断深化、不断前进的，思想解放的状况总体上比较好。但是也必须看到，解放思想、实事求是是一项长期的任务，不会也不可能一劳永逸，改革开放每前进一步，都必将伴随着思想的进一步解放。目前我国的改革开放已经进入了整体推进与重点突破相结合的新阶段。面对新的形势，我们绝大多数同志的思想还是能够适应的，但也存有一些值得注意的问题。比如，有的对当前经济形势中存在的某些问题看得过重，对改革前途存有一些忧虑，信心不是很足；有的对发展社会主义市场经济在理论上感到困惑，担心偏离方向，走错道路；有的对实行新的人事制度、劳动保险制度，思想不够顺茬，对后路忧虑较多；还有的对"先富后富"等原来已经解决了的问题，又产生疑虑。这些问题的产生充分说明在一些同志的头脑中，解放思想、实事求是还没有真正扎根，思想还没有彻底从旧观念、老框框中解放出来，"左"的思想影响和旧的思想观念又有所回潮。应当看到，发展社会主义市场经济是一场广泛而深刻的社会变革，它对每个同志来说都是一个崭新的课题，没有全新的思想、全新的观念是很难认识它、理解它的。在新旧体制转轨时期，必然会遇到许多新的矛盾和问题，必然会涉及人们利益关系的调整，在这种情况下，如果我们的认识仍停留在原来的水平上，对一些新政策、新规定思想上就难以理解，感情上就难以接受，以往认识不够坚定的问题就容易发生动摇，已经解决了的思想认识问题也就会出现反复。所以，在发展社会主义市场经济的新形势下，解放思想的任务还远远没有完成，仍然是摆在我们面前的一项十分紧迫的政治课题。如果说建立社会主义市场经济体制是改革的一场攻坚战，那么，要打好这个攻坚战，首先就要过好更新观念、解放思想这一关。做到这一点，也就是最好地坚持了实事求是。

围绕建立社会主义市场经济体制解放思想，就是要彻底冲破阻碍市场经济发展的旧的思想理论、传统观念和思维方式，真正把"三个有利于"的标准在头脑中确立起来。在这方面，当前尤其要注意破除八种思想观念：一是破除计划经济姓"社"，市场经济姓"资"的观念，认清计划和市场都是经济手段，不是社会制度的本质区别。二是破除只有发展国营、集体企业才姓"社"，发展个体、三资和股份制企业就姓"资"的观念，认清社会主义条件下，以公有制经济为主体，多种经济成分并存，是现阶段我国的基本经济制度，只有坚持这一制度，才有利于生产力的发展和人们生活水平的提高。三是破除国有资产只有国家占有、经营、支配和使用才姓"社"，搞租赁、兼并、拍卖、破产等就姓"资"的观念，认清采取这些形式只是资产形态的变化、流动和重新组合，是国有企业组织结构的一种调整，不是搞私有化，也不是国有资产的流失，这样才更有利于转换国有企业经营机制，建立现代企业制度。四是破除只有按劳分配才姓"社"，其他分配方式就姓"资"的观念，认清当前我国的分配制度必须坚持以按劳分配为主，多种分配形式并存，这体现了效率优先、兼顾公平的原则，是完全符合社会主义初级阶段经济发展客观实际的。五是破除共同富裕才姓"社"，一部分人先富起来就姓"资"的观念，认清让一部分人靠诚实劳动先富起来，有利于打破平均主义，充分调动人们的劳动积极性，只有让一部分人先富，先富带后富，先富帮后富，最终才能达到共同富裕。六是破除国家统一分配的劳动人事制度才姓"社"，发展劳动力市场就姓"资"的观念，认清发展劳动力市场是建立社会主义市场经济体制的必然要求，它并不影响工人阶级的性质和主人翁地位。七是破除国家统一管理金融才姓"社"，发展资本市场、证券市场，搞股票交易就姓"资"的观念，认清发展资本、金融市场能够更合理地利用资金，有利于提高经济效益，促进生产力的发展。八是破除坚持国家一包到底的社会保障制度才姓"社"，发展医疗保险、失业保险、养老保险等制度就姓"资"的观念，认清改革社会保障制度是深化经济体制改革的必然要求，只有采取多种形式的社会保障，才能减轻企业负担，增强企业活力，促进经济更快地发展。要破除这些旧观念，树立新观念，首要的是要加强对建设有中国特色社会主义理论的学习，掌握解放思想的理论武器。要进一步清理"左"的思想，切实从传统的社会主义观念中解放出来。要坚持一切从社会主义初级阶段的实际出发认识和分析问题，用"三个有利于"的标准判断是非得失。当前，要特别强调辩证地看待形势，要善于看本质、看主流、看长远、看发展，不被眼前的局部困难所影响，坚定建立社会主义市场经济体制的信心。还要注意加强社会主义市场经济知识的学习，不断丰富头脑，开阔视野，使我们的思想更好地适应发展社会主义市场经济的新形势。

（二）关于如何正确认识发展与稳定问题

抓住机遇，深化改革，扩大开放，促进发展，保持稳定，这是全党工作的大局。坚持和把握这个大局，核心的问题是要正确处理好改革发展与稳定的关系。对这个问题尤其是对稳定的问题，当前大家议论比较多，担心也比较多。正确地认识和解决好这个问题，对于我们统一思想，坚定信心，更加自觉地贯彻执行党的基本路线，都具有特别重要的意义。

如何正确地看待发展与稳定的关系呢？我看主要应讲三句话。一句是，发展是硬道理；另一句是，稳定是大道理；再一句是，要以发展促稳定，在稳定中求科学发展是好道理。

"发展才是硬道理"。这是邓小平同志建设有中国特色社会主义理论中最重要的思想。他对中国当今发展的问题最关心、最着急，他把发展看成是"决定中国命运的一招"，是"使人睡不好觉"的问题，深刻指出"中国解决所有问题的关键是要靠自己的发展"。从国际斗争的实际看，发展是世界各国面临的共同课题，谁坚持发展，谁发展得快，谁就赢得了主动。苏联的解体，东欧的演变，说到底就是没有解决好社会主义如何发展的问题。我国过去长期处于封闭状态，经济建设起步晚、基础差，如果不加速发展，必然会在国际竞争中处于被动地位，就有被"开除球籍"的危险。所以，这主义，那主义，不发展什么主义也没有，只有社会主义才能发展中国，只有发展才能建设社会主义。发展是硬道理，"硬"就硬在这里。目前，我国的经济发展既面临着严峻的挑战，也面临着一个难得的机遇。

抓住机遇，推进改革，加速发展就显得更加紧迫而现实。无论在什么时候，无论遇到什么情况，只要不发生举国迎敌的大规模战争，都不能动摇发展的思想，都要始终扭住经济建设这个中心不放，能发展多快就发展多快。这样，中国的一切问题，包括稳定问题，最终才能得到根本解决。这一点我们应当非常明确。

保持稳定，为改革和发展创造一个良好的社会政治环境。没有稳定的环境，什么事情也搞不成。像我们这么大的国家，如果一年到头都有人游行示威，到处乱哄哄，人民就无法安下心来搞建设，改革开放也就无从谈起。在这方面，大家对"文化大革命"的教训，都是记忆犹新的。当前我国在国际事务中采取冷静观察、沉着应付的方针，对周边国家采取积极发展睦邻友好关系的政策，目的也是为了努力创造一个稳定的外部环境，争取时间发展我们自己。没有稳定的内外环境也就没有经济的高速发展。这个道理也是很明白的。

由此可见，发展与稳定是相互依存、互为条件的，稳定是发展的前提，发展是稳定的基础。发展是目标，改革是动力，稳定是条件。只有保持高度的稳定，才能促进经济的高速发展，只有确保经济的高速发展，才能从根本上解决稳定问题。当然，在不同时期，不同地区，稳定与发展的侧重点又会有所不同。在正常情况下，发展始终是主要的，是矛盾的主要方面；在特殊情况下，稳定也可能成为矛盾的主要方面，成为事关全局的问题。正确处理发展与稳定的关系，就要坚持唯物辩证的观点，科学地判断形势，坚持两手抓，两手都要硬，妥善处理各种社会矛盾，正确处理人民内部矛盾，化消极因素为积极因素，把可能发生的问题解决在萌芽状态，以发展求稳定，以稳定促发展。

军队作为国家政权的柱石，在维护社会稳定中负有重要责任。应以高度的政治敏感性，积极做好各项工作，为维护社会稳定做出自己应有的贡献。

（三）关于发展市场经济与坚持社会主义道路问题

建立和发展社会主义市场经济是我国经济体制改革的总目标，是对过去传统的计划经济体制的根本性变革。但由于建立社会主义市场经济体制是一个前所未有的新事物，不少同志思想上仍有一些这样那样的疑虑，突出的表现是担心发展市场经济会偏离社会主义方向，怕走到资本主义道路上去。对这个问题应当怎么看？

首先，我们搞的市场经济和社会主义的本质是一致的。社会主义本质最核心的内容是解放和发展生产力。看一种体制和政策是否优越、是否先进，最根本的是看它能否促进生产力的解放和发展，以及促进和解放之大小。我们国家从社会主义改造完成后就建立起计划经济体制，应该肯定，这种体制在历史上曾起过重要的积极作用。但随着社会主义建设的不断发展，则越来越暴露出它统得过死、浪费资源、抑制企业活力、经济效益低下等弊端，确实束缚和制约了生产力的发展。因此，这种体制很难再延续下去了，我国的实践说明了这一点，前苏联、东欧一些国家的情况也说明了这一点。实行社会主义市场经济体制，从宏观上讲，它可以从根本上避免计划经济本身的缺陷，能够有效地促进社会资源的合理配置，使有限的人力、物力、财力发挥最大的效益。从微观上讲，它可以充分运用利益驱动机制，最大限度地调动企业和劳动者的积极性，促进企业技术进步、改善经营、提高经济效益。这就是说，建立社会主义市场经济体制，可以比较好地运用经济规律来促进生产力更好更快地发展，创造出比计划经济更高的劳动生产率。正是在这一点上，市场经济所具有的作用和社会主义的本质要求相一致，实行这种经济体制就能够更加充分地体现社会主义制度的优越性。

其次，我们搞的市场经济是和社会主义基本经济制度联系在一起的。社会主义的基本经济制度的核心是以公有制为主体的所有制关系和以按劳分配为主体的分配关系。建立和发展市场经济体制，不仅不会动摇和削弱公有制的主体地位，不仅不会丢掉按劳分配的基本原则，恰恰相反，这种体制正是建立在公有制和按劳分配基础之上的。社会主义条件下的市场经济虽然也同样存有一般市场经济的缺陷，但由于我们的市场经济是以公有制为基础的，是在社会主义国家计划经济与资本主义市场经济比较基础上作出的选择，因而它既可以吸收借鉴资本主义市场经济的经验，又可以发挥计划经济的长处，通过法律的、行政的、经济的等各种手段进行有力的宏观调控，从而能够避免资本主义市场经济发展过程中走过的弯路和周期性危机，使市场经济的缺陷限制在最小的范围之内。因此说，我们实行的社会主义市场经济是计划经济和市场经济最佳结合的产物，它应当而且能够比资本主义市场经济运行得更好、更稳定、更健康。要充分认识发展社会主义市场经济与坚持社会主义道路、巩固社会主义制度的一致性，切实消除顾虑，坚定信心，自觉地支持和投身于发展社会主义市场经济的伟大实践，为加快我国经济发展贡献力量。

（四）关于适应地方深化改革做好部队政治工作问题

国家出台的劳动人事、价格、工资、住房、招生分配等制度的改革，使各种利益关系的调整的步子加快，同时，社会上各种消极因素，也通过各种渠道向部队中渗透，致使官兵的世界观、人生观、价值观遇到了新的挑战，部队的思想政治工作面临的情况更加复杂。在这种形势下，思想政治工作究竟怎样做，的确是一个重大课题。面对这些问题，一方面，要正视变化，处变不惊；另一方面，要研究这些变化，适应这些变化，用新脑筋、新思想寻找对策和措施。

首先，对涉及官兵切身利益的改革政策和措施，要引导大家转变观念，积极适应。国家出台的一些改革措施，是从适应建立社会主义市场经济体制的要求，从解放和发展生产力的需要，从全国人民的根本利益出发提出来的。这些新的改革措施，必然是对旧体制、旧政策的否定，有些改革的实行就个人来讲不一定很快得到实惠，有的甚至还可能对部分人的利益暂时产生一些不利影响。要站在全局上，从长远利益出发来认识，用新观念、新思路来看待。如果我们的思想还是停留在以往的认识上，用过去的老眼光、旧框框来看待和衡量现在的新政策，势必会这也不理解，那也不适应，也就很难保证不产生抵触情绪。比如说，对军队转业干部的安置问题，党中央、国务院历来非常重视，各级也都做了很大的努力，可以相信，今后对军转干部的安排，国家仍会给予特别的关照。但是就我们个人来讲，也必须随着形势的发展，不断转变思想观念。要看到，发展社会主义市场经济，本身就要求人才必须走向市场。

从发展趋势看，军队转业干部的安置，也必然会与人才市场接轨，采取多条腿走路的办法，不可能再由国家全部包起来。现在就有转业的，有复员的，有自谋职业、自己开办公司的，等等。如果我们还是抱着"只能靠国家分配"、"必须进党政机关"这样一些观念不放，就必然会在市场经济的大潮中陷入被动。所以，对国家出台的一些新的改革措施，一定要转变观念，积极适应。只有真正确立起新思想、新观念，才能遇事想得开，想得通。

其次，对官兵在人生观、价值观方面反映出的问题，还是要坚持先进思想理论的灌注，讲牺牲、讲奉献。由于市场经济通行的是等价交换和利益驱动原则，这和我们军队倡导的全心全意为人民服务和无私奉献精神，确实存在着一些矛盾。不少同志面对这个问题产生了困惑，感到思想工作不好做，大道理不好讲。对这个问题应当怎么看？我认为，发展市场经济，讲求物质利益原则是必要的，但这种原则只能通行于经济领域，而不能浸染到政治领域特别是党内生活中来。我们的市场经济之所以要加上"社会主义"，其中重要的一点也就在这里。资本主义发展市场经济，往往是以道德沦丧为代价的。对这一点，就连资产阶级的开明人士都给予了深刻的批判。我们绝不能再走这条路。我们党提出在发展社会主义市场经济中要大力加强社会主义精神文明建设，其中的意义也就在于此。我军作为党领导的人民军队更应该是这样。军人的事业是奉献的事业。不要说在战场上要经受血与火的考验，就是在平时，也要随时准备执行急难险重的任务，这些都是无法用金钱来衡量的。所以，在市场经济大潮冲击面前，还是要理直气壮地讲理想、讲牺牲、讲奉献，没有这一条，很多问题就讲不通，不但无法凝聚部队，而且也不可能保持人民军队的性质。要大力加强部队的思想政治教育，坚决反对和抵制拜金主义、享乐主义和极端个人主义，引导官兵弘扬主旋律，树立远大的理想追求、高尚的道德情操和无私的奉献精神。

再次，对地方的改革经验既要学习又要鉴别，对社会上出现的消极因素，要积极做好化解、抵制的工作。大量事实告诉我们，地方改革开放和社会主义市场经济的发展，也为部队政治工作提供了许多值得借鉴的经验。他山之石，可以攻玉。把这些经验引进过来，对增强政治工作的活力是很有益处的。各级领导要打开思路，开阔视野，注意适应新的形势，把部队的政治工作做得更好。但是，我们还要明确，国有国情，军有军情，借鉴地方的经验，军队必须从"特殊武装集团"这个实际出发，不能盲目照搬。在现实生活中，有些东西在地方是可行的，在军队则是不可行的；有些东西允许在地方存在，并不都允许在部队存在。比如说，炒股票、从事第二职业等，在地方是可以的，在部队则不行；再如，运用罚款等经济手段进行管理，在地方是可行的，在部队则是不允许的。所以，我们学习地方的改革经验，必须要有鉴别、有选择，切不可盲目、盲从。我们还应当看到，当前社会上确实存在不少消极腐败现象。对这些问题，作为各级领导干部一定要保持清醒的头脑，该堵的要坚决地堵住，绝不能让那些消极腐朽的东西在部队中蔓延，以保持我军政治上的高度纯洁性。同时，还要认真做好引导、疏通的工作，坚持用健康向上的军营文化占领部队的思想阵地，经常不断地抓好拒腐防变的教育，从根本上增强官兵抵制腐朽思想侵蚀的免疫力。

（五）关于中国要警惕右，但主要是防止"左"的问题

右可以葬送社会主义，"左"也可以葬送社会主义。中国要警惕右，但主要是防止"左"。1992年邓小平南方谈话中的这一重要观点有很强的针对性。

在社会主义运动中，以及在改革开放过程中，始终存在着"左"和右两种错误倾向。"左"的错误主要表现在思想僵化，不敢放开手脚，大胆地搞改革开放。这种错误倾向如果任其蔓延，就会阻碍我国社会生产力的发展，社会主义就难以获得活力，在同资本主义的竞争中就会败下阵来。正如邓小平所指出的，不改革开放，不发展经济，不改善人民生活，只能是死路一条。右的错误主要表现为资产阶级自由化思潮。这股思潮反对四项基本原则，妄图把中国引入资本主义，沦为西方帝国主义的附庸，彻底葬送社会主义，使中国成为第二个苏联。可见，这两种错误倾向都会葬送社会主义。因此，我们必须坚持两条战线的斗争，既要反右又要反"左"。

为什么主要是防止"左"呢？因为在我们党内，"左"的东西比右的东西更根深蒂固。新中国成立以来，我们党在一段时间内主要是犯了"左"的错误，"左"的东西在一些同志的思想观念中影响较深。具体来讲，有五个客观情况容易导致犯"左"的毛病：一是我们是在经济基础比较差的条件下进行社会主义建设，赶队的意识比较强，容易急躁冒进。比如，1958年的"大跃进"、1978年的"洋冒进"，从上到下都想把经济建设搞得快一点，缩小与发达国

家的差距，尽快赶上别人，不顾当时的客观条件，提出了不切实际的指标和速度。二是我们进行了几十年的社会主义建设，有些同志对于改革开放和发展商品经济中出现的新事物，习惯于用老本本套，老本本里没有的，就以为偏离了马克思主义基本原则，偏离了社会主义原则。三是我们是在帝国主义的包围下进行社会主义建设的，人们头脑中始终紧绷着反"和平演变"斗争这根弦，害怕被演变了。不分方法、手段与本质属性，认为资本主义采取的东西我们就不能采用，甚至认为改革开放就是引进和发展资本主义，"和平演变"的主要危险来自经济领域。四是长期以来在人们的心目中形成了"左"是方法问题，右是立场问题，"左"比右好的思维定势。五是"左"的东西往往带有"革命"的色彩，不容易被识别和纠正。一个好好的东西，一下子就被"左"的东西搞掉了。而右的东西则比较露骨，容易被识别和纠正。因此，要警惕右，但主要是防止"左"。

　　强调当前主要是防止"左"，"左"是主要危险，这是针对一个时期内党和国家建设的全局来讲的，应当与具体地区单位区别开来。时间、地点、条件发生了变化就不一定主要是防止"左"，应当从实际出发，有"左"反"左"，有右反右。反对"左"的干扰时，要防止用右反"左"；反对右的干扰时，要防止用"左"反右，防止一种倾向掩盖另一种倾向。"左"、右是可知的，但也不是一下就能掌握的。对"左"和右的认识程度，与我们的理论水平、思想水平世界观的改造、工作经验都有着直接的联系。作为领导干部，要想在工作指导上防止"左"和右的干扰，必须从以下五个方面努力；（1）要树立实事求是的唯物主义思想，一切以实践来检验；（2）要掌握辩证思维的科学二分法，始终"讲两句话"、"两手抓"；（3）要坚持为大多数人谋利益的原则立场，跳出本位主义、个人主义等狭隘的小圈子；（4）要学习历史知识，以史为镜，学史明理；（5）要提高把握事物发展规律的驾驭能力，任凭风浪起，自有主心骨。只要做到了这五条，就能保持清醒的头脑，站稳立场，而不至于"左"右摇摆，犯大的错误。不论是反"左"，还是反右，都要以"两个基本点"为准绳，以推进改革开放，发展生产力建设有中国特色的社会主义为目的。

（六）关于服从国家经济建设大局谋求部队发展问题

军队建设服从国家经济建设大局，是必须长期遵循的一个根本方针。应当在服从大局的前提下，牢固树立积极谋求部队建设新发展的思想。如果只讲服从大局，不讲发展自己，那么，我们本来落后的状况就会更加落后。所以，积极谋求部队建设的发展，是客观形势给我们提出的必然要求，是加强部队建设的迫切需要。当前军队建设面临着不少矛盾和问题。其中最主要的是我军现代化建设的水平与现代高技术条件下作战的需要不相适应。具体表现为，经费短缺，装备落后，各方面建设欠账很多，等等。受国家整个经济条件的制约，这种状况在短期内不可能有根本的改变。我们要谋求部队建设新发展，就必须立足当前，着眼未来，面向实际，积极进取。在这方面，作为各级领导干部，要特别注意强化以下几个思想：

一是勇于开拓、有所作为的思想。现在不少同志对部队建设目前的现状一方面着急，一方面又感到无能为力，不同程度地存在埋怨情绪、等靠思想。这是要不得的。首先应当看到，部队的发展与地方相比虽然存在着一些制约因素，但有利条件也是很多的。从大的方面讲，国家经济建设正在飞速发展，为我们提供了一个很好的外部环境；中央军委为加快部队建设制定了许多切实可行的方针原则和具体措施，给了我们发展的政策；这两年部队的思想观念有很大转变，谋求发展的思想在各级领导干部中开始形成共识；许多单位在推进军事训练、培养人才、生产经营等方面，都积累了一些经验，培养了一批骨干，打下了良好的发展基础。其次还要看到，发展也是多层次多方面的。有的问题要靠党中央和中央军委解决，但更多的问题还是要靠我们自己来解决，如果只安于现状，等靠上级，部队建设就永远也发展不起来。为什么在同样的条件下，有的单位发展快，有的则发展慢呢？根本的问题就在于能否充分发挥自己的主观能动性。所以，一定要以对部队建设高度负责的精神，树立强烈的发展意识，坚定信心，振奋精神，努力进取，有所作为，带领部队不断攀登新台阶，取得新成绩。

二是立足现有条件、以劣胜优的思想。新时期军事战略方针的确立，给我们的军事训练和各项工作提出了很高的要求。我们要战胜强敌，打赢高技术条件下的局部战争，就必须立足现有条件，树立以劣胜优的思想。如果说要有所作为，我看首先要在这方面有所作为。应当承认，我们的武器装备同发达国家相比明显处于劣势，但我们不会也不可能等到有了先进装备再来打仗。我军历来就是有什么武器打什么仗，历来都是以劣势装备战胜优势装备之敌。要牢固树立以劣胜优的信心和决心，切实把军事训练摆到战略位置，摆在部队各项工作的中心。要大力加强高科技条件下以劣胜优的训法和战法的研究，从实战需要出发，从难从严，扎扎实实地搞好训练。要大力加强高科技知识的学习，尤其是中高级干部，要不断增强高科技意识，带头搞好学习，为打赢高技术条件下的局部战争做好充分准备。

三是从严治军、加快正规化建设的思想。建设一支强大的现代化、正规化的革命军队，是新时期我军发展的总目标。正规化是三化中的重要一化。如果说，武器装备的现代化是军队和国防现代化的主要标志，需要随着国家经济实力的增强来逐步解决的话，那么正规化建设则是现在就有条件搞上去的。一定要把正规化建设，作为加快军队建设发展的一项重要内容，切实下大力认真抓起来。加强部队正规化建设就要认真贯彻从严治军的思想，严格要求，严格管理。和平时期，部队经常的、大量的工作就是管理。因此，一定要坚持以条令条例为依据，严格组织纪律，加强作风培养，扎扎实实地做好管理工作。搞好部队的管理当前很重要的一点，就是要认真研究探讨新时期如何带兵的问题。在新形势下把兵带好，关键是抓好带兵人，要紧紧抓住教育战士树立正确的价值观人生观这个核心，同时还要努力为带兵创造一个良好的内外环境。目前管理工作带倾向性的问题是要求不严，纪律松弛。要高度重视，下大力抓出成效，不断地促进部队的正规化建设。

四是尊重知识、培养人才的思想。军队的现代化建设，除了先进的武器装备和科学的编制体制外，最重要的是要有一大批掌握现代化知识的人才。我们要加快部队的发展，必须高度重视对人才的培养。大家知道，未来战争，从某种意义上来说，就是科技的较量，知识的较量，人才的较量。地方经济建设的经验也充分说明了这一点。深圳、珠海的崛起，沿海经济的发展，乡镇企业异军突起，无一不是以重视人才、招揽人才为前提的。所以培养人才、造就人才是一项带有全局性的战略任务。从当前的情况看，有些同志人才意识不是很强，有的单位还存在着不尊重人才、浪费人才的现象。在对待人才问题上，不客气地说，我们远远不如地方。所以，每个领导同志都要大力强化人才观念，把组织干部战士学习现代化、钻研现代化作为一项经常性工作来抓，在部队努力造成一种浓厚的学习空气。要善于发现、选拔和培养各行各业、各个层次的专业人才，关心人才的成长，采取各种措施，创造拴心留人的环境，充分发挥各类人才在军队现代化建设中的作用。

五是埋头实干、艰苦创业的思想。现在部队各方面条件比较差，要改变这种状况，说到底，还是要靠实干、靠创业。不干，一切问题都解决不了。大家经常讲，为官一任，振兴一方。振兴一方，靠空喊是振兴不了的。要谋求部队建设的新发展，就要发扬这种实干精神，靠实干取得成绩，靠实干改变面貌。同时，埋头实干与艰苦奋斗又是联系在一起的。现在有些同志艰苦奋斗的意识淡化，比享受、讲排场、图安逸、摆阔气的思想有所滋长，这是值得警惕的。

（七）关于坚持党的基本路线一百年不动摇的问题

邓小平关于"基本路线要管一百年，动摇不得"的思想，指出了长期坚持、贯彻执行党的基本路线的极端重要性。党的基本路线经过实践检验证明是一条符合中国国情的正确的路线。30年来，我国国民经济生产总值以每年

9%左右的速度递增，超过了我国历史上任何一个时期，在世界上是增长最快的国家。国家政治稳定，社会安定，经济发展，给人民群众带来了巨大实惠。适国情、得民心、顺民意。谁想变也变不了，变了人民不答应，变了也要变过来。党的基本路线是贯穿于整个社会主义初级阶段的路线，是根据我国社会主义初级阶段的具体实际制定的，目的就是要在这条路线的指引下，建设有中国特色的社会主义，最终把我国建设成为富强、民主、文明的社会主义现代化强国。完成这一伟大而艰巨的任务，需要一个相当长的历史过程，这个历史过程属于社会主义初级阶段，这段时间至少需要几十年、上百年，所以，这条基本路线要坚持上百年。党的基本路线规定了社会主义方向，是我们抵制资产阶级腐朽思想、防止"和平演变"的锐利武器。敌对势力害怕我们坚持这条路线，也希望我们改变这条路线，实现他们搞"和平演变"、复辟资本主义的企图。可见，这条路线关系到国家、民族的前途和命运，必须长期坚持，动摇不得。发展经济需要一个稳定的环境，而基本路线的稳定就是最大的稳定。"一变就人心不安"。党的基本路线提出来不容易，经过了几代人的艰苦探索，可以说，是在挫折中，在同"左"和"右"的斗争中，找到的一条正确路线。既有立国之本，又有强国之路。我们不能把在具体执行过程中出现的失误归咎于这条路线，不能一有风吹草动就怀疑这条路线。

五、抓住重点学

深入学习贯彻科学发展观，必须紧紧围绕军队中心工作，紧密结合部队建设实际，突出抓好新时期国防和军队建设思想的学习贯彻。要针对西方敌对势力"西化"、"分化"我们的政治图谋，针对深化改革、扩大开放条件下生活方式和思想文化的新变化，不断强化旗帜意识、军魂意识、首位意识，坚定官兵的政治信仰，坚定社会主义理想信念，树立科学的世界观、人生观、价值观，确保党从思想上、政治上、组织上牢牢掌握部队，确保部队永远听党指挥。

学习贯彻新时期军队建设思想，要紧紧抓住"打得赢、不变质"两个历史性课题，和"三个提供一个发挥"的新使命，围绕建设什么样的军队和怎样建设军队、未来打什么样的仗和怎样打仗这一基本问题，在系统学习掌握的基础上，要重点领会好以下几个方面：其一，关于从国际战略全局和国家发展大局谋划国防和军队建设，为维护国家安全统一和全面建设小康社会提供坚强有力保障的思想；其二，关于把思想政治建设摆在首位，贯彻落实革命军人核心价值观，永远保持人民军队性质、本色和作风，始终坚持党对军队绝对领导的思想；其三，关于积极推进中国特色军事变革，建设信息化军队、打赢信息化战争的思想；其四，贯彻军事战略方针，增强军事斗争准备针对性、有效性的思想；其五，关于坚持依法治军、从严治军，不断提高军队正规化建设水平的思想；其六，关于坚持科技强军、人才兴军、质量建军，走中国特色精兵之路的思想；其七，关于实行三军联合保障、综合保障和军民一体化保障，大力提高信息化条件下一体化联合作战后勤保障能力的思想。对这些重要思想和观点，要一条一条地深钻细研，一个一个地学懂弄通，着力掌握蕴涵其中的马克思主义立场、观点、方法，进一步增强用中国特色的国防和军队建设思想指导军队建设的自觉性和坚定性。

学习贯彻新时期国防和军队建设思想，要和深入学习有中国特色的社会主义理论紧密结合起来，重点解决以下问题：

（一）进一步坚定理想信念

理想信念是共产党人的最高境界，是拒腐防变的强大思想武器。理想信念一旦出现偏差，必然带来政治上变质、道德上堕落、生活上腐化。透视近年来一些人犯错误的深刻教训，无非是两条轨迹：一条是从政治、思想上被打开了缺口；另一条是从经济、生活上被打开了缺口。这两条轨迹的交汇点，就是理想信念发生了动摇。有的同志对党的路线、纲领、方针、政策理解不深，当改革遇到新矛盾、新问题特别是触及个人利益时，信念容易发生动摇；有的领导干部言行不一，形象不好，与党员先进性的六条标准差距很大，其根子也在于理想信念不坚定。我们要引导广大官兵深入学习有中国特色的社会主义理论，充分认清这一科学理论是我们党必须长期坚持的指导思想，是我们团结奋进的伟大旗帜，切实打牢理想信念的理论基础；准确把握党的十七大提出的思想理论、奋斗目标和大政方针，坚定对中国特色社会主义事业的信念，坚定不移地沿着十七大指引的方向前进；始终保持"两个务必"，把谦虚谨慎、不骄不躁、艰苦奋斗的优良传统和作风，贯穿到为实现崇高理想而不懈奋斗的具体行动中。

（二）进一步铸牢军魂意识

军队贯彻"科学发展观"，最根本的是要始终坚持党对军队绝对领导，确保党指挥枪的根本观念、根本原则、根本制度在部队深深扎根。我们一些单位党的生活不正常，个人行为多于组织行为，个人权威高于组织权威，行政作用大于组织作用。这些问题的存在，不仅会削弱党委的集体领导，造成党委决策失误，而且会败坏党内风气，影响党组织作用的发挥。因此，一定要把强化军魂意识作为首要任务，教育官兵自觉抵制"军队非党化、非政治化"和"军队国家化"等错误思潮的影响，确保党的路线方针政策的贯彻落实，做到任何时候、任何情况下都坚决听从党中央和中央军委指挥，确保政令军令畅通；要始终把加强各级党组织建设摆在突出位置，切实增强党组织的创造力、凝聚力和战斗力，充分发挥党委的核心领导作用、党支部的战斗堡垒作用和党员的先锋模范作用，从思想上政治上组织上牢牢掌握部队。

（三）进一步更新思想观念

回顾改革开放30多年来部队建设的历程，一条深刻的启示就是每一项创新成果的取得，都是思想观念更新的产物；每一次思想观念的更新，都会促进部队建设的跃升。同时也要清醒地看到，面对层出不穷的新情况、新问题、新矛盾，不少同志不能自觉地用新的眼光、新的视野去看待，始终走不出"新语言，老套路"的怪圈。特别是面对以信息技术为核心的世界新军事变革，一些同志思想观念严重滞后，总是固守习惯性思维模式和工作方法。实践证明，观念一新，遍地黄金；观念滞后，面貌依旧。一些单位改革迈不开步子，建设水平长期在低层次徘徊，党委领导决策水平不高，都与观念滞后、思路陈旧有直接关系。因此，我们一定要注意引导大家深刻领悟党的十七大的思想精髓，坚持用党的最新理论成果武装头脑，坚决冲破一切妨碍发展的思想观念，坚决改变一切束缚发展的做法和规定，坚决革除一切影响发展的体制弊端。

（四）进一步振奋精神状态

领导干部经常想一想"参加革命为什么，现在当干部做什么，将来身后留什么"。这"三个想一想"，核心就是要求我们发扬艰苦奋斗的优良传统，始终保持共产党人的世界观，保持战争年代那么一股劲，保持开拓进取的精神状态。现在有一种现象，就是少数同志工作标准随着任职时间延长而降低，工作态度随着个人仕途变化而波动，工作政绩随着职位变迁而起落，自我要求随着在职时间的缩短而放松。领导干部的精神状态决定部队进步的幅度，关系部队思想、工作和生活作风的培养。各级一定要进一步增强践行"党员先进性"要求的自觉性，不断强化"无功就是过，平庸就是错"的观念，防止和克服不思进取、无所作为的思想，大力弘扬共产党人的蓬勃朝气、昂扬锐气和浩然正气，努力做到忘我工作、真抓实干，始终保持旺盛的革命斗志；积极进取、百折不挠，始终保持永不止步的开拓精神；立党为公、清正廉洁，始终保持上不愧党、下不愧兵的崇高境界。

（五）要进一步推动工作

解决认识问题是前提，落实行动是关键。要紧密联系改革开放特别是近十多年的伟大实践，紧密联系军队建设和改革的现实，紧密联系个人和部队的思想实际，把着眼于改造思想、指导实践、推动工作，开创部队建设和改革的新局面。要围绕军事斗争准备这个最现实、最紧迫的任务，按照信息化条件下一体化联合作战的保障要求，补齐"短板"，突破"瓶颈"，加强战备工程建设、后勤装备研发、战略物资储备、保障力量建设和应急保障训练，确保部队随时能够履行使命，遂行作战保障任务。研究探索信息化条件下局部战争后勤保障的特点规律，进一步解放思想、转变观念，摒弃机械化战争的思维定势和落后的习惯做法，树立信息主导、科技先行、综合集成、人才为本的新观念，不断推进后勤保障体制、保障手段和政策制度的创新，加速向信息化后勤全面转型。按照从严治军的要求，适应信息化条件下部队正规化建设的新形势，坚持以法规制度为依据、以纪律建设为核心、以从严治官为重点、以提高部队战斗力为目的，确保各项工作依法运转。按照军委总体部署和总后人才战略工程规划要求，采取超常措施，通过各种渠道，营造良好环境，抓实总后人才队伍建设的各项工作，努力形成立体型的人才群体，为后勤现代化建设和保障打赢信息化战争，提供强有力的人才保证和智力支持。真正使理论成果变成实践行动，使精神力量变成物质力量。

一要转化为观察形势、把握大局的科学方法。从今天部队建设面临的形势看，主要特点是大事多、任务重、要求高、思想活跃。面对国内外政治斗争的复杂局势，面对世界新军事变革的严峻挑战，面对军事斗争准备的紧迫任务，面对军队体制编制调整改革的现实考验，各级一定要密切关注形势的发展变化，善于从政治上分析和处理问题，从全局上谋划和开展工作。首先要强化政治意识。做到分析形势要具有政治眼光，一事当前要认清政治意义，实施决策要坚持政治原则，处理问题要考虑政治影响，进一步增强政治敏锐性和鉴别力。其次要强化服从意识。深刻理解国防建设与经济建设协调发展的战略意义，自觉拥护和支持国家与军队深化改革的一系列重大举措，坚决做到局部利益服从全局利益，眼前利益服从长远利益，个人利益服从整体利益，进一步增强在大局下行动的自觉性。第三要强化服务意识。充分认清积极推进军队现代化建设，是为全面建设小康社会提供安全保证的必然要求，紧紧围绕"打得赢"、"不变质"两个历史性课题，努力提高部队战斗力；充分认清为全军提供优质可靠的服务保障，是后勤建设的根本目标，始终坚持一流的服务质量和标准；充分认清为国家经济建设服务，是我军的一项重要职责，进一步发挥部队知识、人才和科技优势，积极为科教兴国和西部大开发提供智力支持。

二要转化为谋划建设、推进改革的工作思路。思路对于推动部队建设和改革太重要了，思路一转变，工作就有新局面。在相同的政策、相近的条件下，有的单位进步快一些，变化大一些，有的单位进步慢一些，变化小一些，一个很重要的方面就是差在思路上。学习贯彻"科学发展观"和十七大精神，一定要紧密结合本单位实际，切实把学习成果转化为具体的工作思路。这个思路，一条要体现先进性。与时俱进是全部理论和工作的基础。充分考虑工作思路是否有利于促进部队建设跨越式发展，是否有利于满足广大官兵的愿望，是否有利于提高部队战斗力，是否有利于保持部队高度稳定和集中统一，使工作思路始终建立在保持先进性的基础上。另一条要注重系统性。善于运用系统的观点思考和谋划工作，防止和克服搞"单打一"、顾此失彼，"抓住一点，不及其余"等做法，使工作思路始终建立在推动部队建设全面发展、整体提高的基础上。再一条要着眼长远性。牢固树立"前人栽树，后人乘凉"的思想，决不能以牺牲长远利益为代价，搞"应景工程"、"门面工程"，更不能搞破坏性开发，吃"子孙饭"，真正使工作思路建立在"当一任领导，负几代责任"的基础上。

三要转化为与时俱进、改革创新的强大动力。改革创新是富有开拓性、挑战性的事业，需要强大的动力来推进。动力从何而来？从一定意义上讲，是形势"逼"出来的，矛盾"压"出来的，也是从困境中"闯"出来的。换句话说，有心才能创新，敬业才能创业，无畏才能有为。如果安于现状守摊子，消极等待图安逸，四平八稳怕风险，什么改革创新也搞不成。各级一定要以时不我待的紧迫感，在改革创新上迈出更大的步伐。第一要搞好理论创新。积极探索适应中国特色军事变革要求的新理论，力求形成一套实在管用、贴近实战要求、具有长远指导意义的军事理论，充分发挥理论创新在部队现代化建设中的推动和先导作用。第二要搞好科技创新。紧紧围绕未来军事作战急需，集中精兵强将，努力攻克重点难点课题，力争多出快出高精尖成果，为提高部队战斗力提供强大的科技支撑。第三要搞好体制创新。按照军委关于体制编制调整改革的要求，反复调查论证，广泛听取意见，研究制定科学合理的调整改革方案，力求走出一条三军联合作战、综合保障和军民一体化的新路子。第四要搞好机制创新。不断完善深入了解基层实情、充分反映官兵意愿、广泛集中群众智慧的决策机制，推进决策科学化、民主化；不断完善广纳群贤、人尽其才、能上能下、充满活力的用人机制，把优秀人才聚集到军队的各项事业中来；不断完善结构合理、配置科学、程序严密、制约有效的权力运行机制，确保公正用权；不断完善对领导干部特别是主要领导的监督机制，把对人财物的管理使用纳入有效监督之中；不断完善定量与定性、过程与结果、投入与产出、形式与内容相统一的评估机制，建立公正、客观、科学的政绩评估标准。

四要转化为狠抓落实的实际行动。学习教育不能坐而论道，要真正落实到具体工作中。各级领导一定要充分认清抓落实的责任，努力提高抓落实的素质，真正成为抓落实的表率。要盯着问题抓落实。立足自身，不等不靠，切实增强解决问题的能动性，对重点难点问题要集中解决，对新出现的问题要探索解决，真正在解决问题中谋求部队建设的新发展。要着眼实效抓落实。牢固树立求真务实的工作作风，做到思想求实，工作扎实，坚决不搞欺上瞒下的虚假政绩、劳民伤财的表面文章和沽名钓誉的形象工程，真正使各项工作经得起上级的检查，经得起群众的监督，经得起历史的检验，经得起战争的考验。要坚持原则抓落实。本着对党的事业、对部队建设、对官兵利益高度负责的精神，强化党性观念，自觉做到感情服从政策，面子服从程序，关系服从原则，努力塑造领导机关为部队真诚服务、公道办事的良好形象。

（六）要注重科学指导

一是坚持分类指导。部队有多种类型，有野战部队、地方部队、后勤部队；人员文化层次差别大，既有院士、博士，也有中小学学历的；所在驻地环境各异，既有驻沿海开放地区部队，又有驻内陆偏远地区部队。如果用普遍性要求代替分类指导，不加区别地搞"一刀切"、"一锅煮"，就很难保证教育的针对性和实效性。各级在指导上，既要注意抓共性，搞好统一部署，更要针对不同类型单位和人员的特点，搞好分类指导，因地、因人制宜，具体情况具体分析，具体问题具体解决。

二是搞好理论辅导。总的要求是按照中央提出的"六个为什么"、总政提出的"五个认清"，一个部分、一个部分地学习，一个专题、一个专题地教育，一个观点、一个观点地领会，进一步深化认识。各级领导要针对官兵在一些理论上的模糊认识，面对面地解疑释惑。重点围绕深化对"科学发展观"的理解，运用自己的学习体会，引导官兵在充分认识"科学发展观"的指导地位上求深化，"科学发展观"不仅是国家建设的理论，而且是治党治国治军的总方略，是一切工作的指导方针；在全面掌握"科学发展观"科学体系上求深化，"科学发展观"是涵盖经济、政治、文化、军事、外交和党建等各个领域的完整理论体系；在深刻理解"科学发展观"的创新品质上求深化，"科学发展观"绝不是简单地继承，而是对毛泽东思想和中国特色社会主义理论的创新与发展，是我们党的最新理论成果。

三是加强典型引导。善于运用典型经验指导教育，以典型的示范导向作用，促进教育活动向深层次发展。近年来，宣扬表彰了一大批先进典型。这些先进典型，都是模范实践"科学发展观"的突出代表，是我们开展教育活动的活教材。各级要通过多种形式，大力宣扬他们的先进事迹，使官兵学习工作有榜样，立身做人有标杆，形成学先进、赶先进、创先进的浓厚氛围。

四是抓住领导带头。抓好"科学发展观"重要思想的学习贯彻，关键在领导。首要的就是要做学习贯彻"科学发展观"重要思想的模范。各级领导干部特别是高中级干部，一定要进一步认清自己的政治责任，在组织领导部队学习贯彻"科学发展观"重要思想中切实发挥表率作用。

带头坚定对"科学发展观"重要思想的政治信仰，坚决抵制"军队非党化、非政治化"和"军队国家化"的影响，始终坚持党对军队绝对领导的一系列根本原则和制度；要正确对待和使用手中的权力，时刻牢记我们的权力是党和人民给的，只能秉公用权，绝不能以权谋私，只能依法用权、绝不能搞权钱交易，只能用权尽责，绝不能用权享乐，切实为党和人民掌好权、用好权；牢固树立为党和人民事业长期艰苦奋斗的思想，艰苦创业，实干兴业，励精图治，锐意进取，自觉抵制腐朽思想文化和生活方式的影响，始终保持崇高的人生追求，永葆共产党人的政治本色。

带头提高能力素质。领导干部学习实践"科学发展观"重要思想，必须把提高能力素质作为重要课题。要进一步增强讲政治、把方向的能力，善于从政治上观察处理问题，能够在复杂形势面前明辨是非，始终用军魂意识凝聚部队，确保党始终从思想上、政治上、组织上牢牢掌握部队；要进一步增强战略思维的能力，善于从国际斗争复杂形势、履行"三个提供、一个发挥"新使命的高度，分析观察形势，思考筹划建设，指导推进工作，努力提高宏观决策水平；要进一步增强运用科技的能力，牢固树立科技强军、科技兴后勤理念，强化体系意识，抓紧学习以信息技术为核心的高技术知识和现代军事知识，切实提高谋划和领导后勤信息化建设的科学性；要进一步增强现代战争中组织后勤保障的能力，始终坚持思变革、抓建设、谋打赢，带头想信息化、钻信息化、干信息化，在完成各项任务、组织重大战备行动、应对突发事件的过程中，增长指挥才干，着力提高谋略水平、心理素质、判断能力和决断意志；要进一步增强抓落实的能力，针对问题做工作，盯准关键抓落实，善于创新工作方法，妥善化解复杂矛盾，恰当处置棘手问题，不断提高解决实际问题的水平和效果。带头改进领导作风。认真贯彻立党为公、执政为民的本质要求，牢固树立科学的发展观和正确的政绩观，坚持对党和人民负责、对历史负责、对军队建设负责、对广大官兵负责的一致性，进一步端正工作指导思想，真正确立起与"科学发展观"重要思想相符合的工作作风。要强化为人民服务、为部队服务的观念，无论干什么工作，想什么事情，做什么决策，心里都要时刻装着我军全心全意为人民服务的宗旨，牢记维护国家安全统一的使命，切实把工作的出发点和落脚点放到为全军部队服好务、为打赢信息化战争服好务上来；要发扬真抓实干的精神，坚持重实际、说实话、务实事、求实效，脚踏实地，埋头苦干。防止心态浮躁、急功近利、短期行为，努力根治漂浮之风、虚假之风，绝不能搞那些折腾部队、劳民伤财的形象工程、政绩工程；要树立以人为本的思想，坚持基层第一、士兵至上，多为基层办实事办好事，尽力满足基层官兵精神、文化和成才多方面的需求，使他们得到全面发展，真正把军委和总部的温暖关怀送到基层官兵的心坎上，在为部队、为基层的服务中践行科学发展观，树立起领导干部的良好形象。

六、贵在坚持学

学习理论是加强思想政治建设的第一位的任务，不学习，思想政治建设就丧失了基础；学习理论是提高领导素质的第一位的需要，因为理论思维层次上不去，其他素质就难提高；学习理论是领导部队的第一位的责任，因为不学习的领导绝不是个好领导，也绝对领导不好部队。

搞好学习，贵在坚持。根本的是三条：

（一）要挤时间学，排除干扰，减少应酬，多读点书

要有一个好的学习计划，有所约束。不能想学就学，不想学就不学；也不能工作少时就学，工作多时就不学。用挤的办法获得时间。我粗略地计算了一下，每周拿出半天、每天挤 1 个小时，每年就可以挤出 40 天的时间用于看书学习。要年复一年，长期坚持。要自我加压，逼着自己学。讨论发言、研究材料、即席讲话、给部队作辅导，都要亲自准备，认真查找资料，这本身就是学习。要联系自己的工作，有选择地报考函授、夜大，系统学习有关知识。通过报考中央党校在职领导干部研究生班，我个人体会，凡参加这样的学习，既有名师辅导，又有高层次的学习交流；既有丰富的学习资料，又要做作业、写论文，对学习是有力的促进和推动。要养成一些好的学习习惯。经常身边带本书，一有空就读几页；经常搞些资料剪贴，有事无事翻一翻；经常写点读书笔记，既练脑又练笔；经常写一些体会文章，使学到的东西系统化；经常与同志们搞些交流，不断吸收大家的学习成果和体会，丰富自己的头脑。

（二）钻进去想，肯于动脑，加深对学习内容的理解，使学到的东西入心入脑，融会贯通，变成自己的东西

这样，日积月累，理论水平就会不断提高。学习不能学完就完，书也不能读了就了，而要经常问几个为什么，多搞几个想一想。每读一篇重要文章，起码要做到"四个想一想"：一是想一想是在什么背景下讲的，是针对什么问题讲的，普遍指导意义是什么，特殊指导意义是什么，要善于把普遍真理同特殊情况结合起来，既不能把普遍当成特殊乱套乱用，也不能借口特殊而拒绝普遍的指导，不贯彻执行上级的指示。二是想一想在同一问题上，"老祖宗"和中央领导的一贯的思想是什么，找到共性，看到个性，弄清继承了什么，发展了什么，在继承和发展中加深理解，才能真正领会精神实质。三是想一想他们是如何提出问题、分析问题、解决问题的，运用的是什么样的立场、观点和方法，在掌握根本方法上下工夫，扎深实事求是思想路线的根子，提高思维层次和解决问题的能力。四是想一想部队建设的状况是什么，主要问题是什么，如何用理论为指导，研究解决，在研究对策、寻找办法的过程中，加深对理论的理解。这样，通过经常的学习思考，才能真正把学到的知识转化为认识问题、分析问题的能力，转化为指导实际工作的领导能力，转化为改造主观世界的能力，转化

为认识部队建设规律、把握方向的能力。

（三）在实践中用，自觉用理论指导实践，把实践经验上升为理论，创造性地做好各项工作

学习的目的全在于应用，不用还不如不学；用也是加深学习的根本动力，用然后知不足；用，也是检验学习的根本标准，被证明和解决的问题越多，学习的成果就越大。作为领导干部，用，主要应该用在以下五个方面：（1）要用在调查研究上。弄清真实情况，把握特点，探讨规律，转变领导作风，坚持为部队排忧解难，坚持为官兵服务，防止主观主义和官僚主义。不然，就会像毛主席在《反对本本主义》一文中早就指出的那样，一定要弄坏事情，一定要失去群众，一定不能解决问题。把事情弄坏，是领导最大的失职，失掉群众是领导最大的悲哀，不解决问题是领导最大的无能。（2）要用在科学决策上。在调查研究的基础上，善于吸收群众的智慧，集中正确的意见，使每项重大决策都经得起历史的检验，都经得起上级的检查，经得起群众监督，力争多留政绩，少留骂名；多留财富，少留包袱。决策失误是最大的失误，用人不公是最大的腐败。要努力避免这种现象发生。（3）要用在狠抓落实、解决问题上。使科学决策变成现实，使部队建设在不断解决问题中上台阶、求发展。特别是在解决棘手问题上求突破，力争解决好难点、热点、弱点、重点问题上有所作为。（4）要用在改造思想、树立正确的世界观、人生观、价值观上。作为一个领导干部，既要有才，能正确地认识世界、改造世界，更要有德，用自身的良好形象赢得群众的信赖，获得部属的支持。要发挥真理的说服力，人

格的感召力，感情的凝聚力，这样，说话才能有人听，办事才能有人拥，遇到困难才能有人帮，才能做到上不愧党，下不亏兵，才能尽好自己的职责。（5）要用在总结经验上。要善于在总结自己的实践经验中学习，在再认识的环节上下工夫。总结是认识和再认识过程，是对实践经验和体会的升华。毛泽东同志经常讲，我是靠总结经验吃饭的，历史的经验值得注意。总结就是要找出带规律性的东西。不论是学习还是总结，都要找准理论与实践的结合点，在结合中升华，在结合中创新。为此，要把调查与研究结合，既弄清情况，又理出头绪；把经验与教训结合，成功的经验固然重要，但失败的教训更可贵，从教训中学习往往使人变聪明；要把定量分析与定性分析结合，既要有丰富的材料，又要找出本质；把集中起来与坚持下去结合，既要善于集中正确的意见形成科学的决策，又要持之以恒地抓好落实。这样，经常不断地升华，使分散的变成系统的，朴素的上升为理性的，又回到实践中运用，在实践中检验，在实践中发展，从而形成学习、认识、总结、再学习、再认识、再总结的良性循环，就能使我们的领导水平有一个大的提高。

七、难在自觉学

近几年，各级在研究探索治军特点和规律方面做了很多工作，但对许多问题的研究探索还不够深入，对许多矛盾和困难还处于"有看法没办法"的状态。自觉探索学，不断研究前进道路上遇到的新情况、新矛盾、新课题，创造出更多的新对策、新办法，是最重要的，也是最难得的。

（一）自觉探索学，首要的是解决迎难而上的精神状态问题

应当承认，当前部队建设面临的机遇是难得的，也容易失去；面临的挑战和困难是严峻的，无法回避，也不应该回避。可以说是机遇和挑战并存，困难和希望同在。我们是在服从大局、过紧日子的条件下讲"有所作为"；是在部队武器装备处于劣势的情况下讲打赢高技术条件下的局部战争；是在人们利益观念日益增强的情况下讲"奉献精神"；是在"酒绿灯红"消极影响的环境中讲加强教育和管理；是在没有现成经验和固定模式的情况下推进部队质量建设等。如何对待这些矛盾和困难？一方面要看到，现在的许多困难，是前进中的困难，发展中的困难，随着国家建设的发展和军队改革的深入，解决困难的有利条件会越来越多。比如，军费投入每年都有所增加，军转干部安置政策在不断完善，基层官兵生活待遇有较大改善，部队干部队伍的稳定面也明显回升。这些有利因素已经给部队建设带来新的生机和活力。另一方面也要看到，困难和解决困难的办法往往是同时产生的，只要思路对头，总能找到出路，办法总比困难多。许多问题没有得到有效解决，不是没有办法，而是没有积极去想办法；不是办法不管用，而是很多好办法没有认真去用。为什么在同样的客观环境、同样的政策条件下，部队的面貌会大不一样？我感到根本原因在于精神状态不同。只要各级坚定信心，积极探索，就能有新的思路、新的举措，部队建设就能取得新的发展、新的成就。

（二）自觉探索学，最重要的是要解放思想、转变观念

我军有一个强大的政治优势，就是有科学理论作为自己的信仰和指导思想，有优良传统的法宝；同时我们又面临一个风险，就是容易把自己信仰的真理僵化和教条化，把优良传统当作包袱背起来。利用好这个"优势"、避免这个"风险"，就需要背靠马列，面向实际，拿起"解放思想、实事求是"这把金钥匙，使我们的思想观念、思维方式有一个大的转变。观念一变天地宽，观念新了，就会用新视角看待新情况；就会用新思路解决新问题。比如说，要解决随军干部家属的工作问题，完全靠政府行为是不行的，很重要的是引导大家确立与市场场经济接轨的新的"择业观"；解决官兵的后路问题，总想依靠政策一包到底也是不行的，最重要的是教育大家树立"出路千万条、素质最重要"的观念；研究"特殊兵"的教育管理问题，也需要从转变观念入手，看他们要有新视角，带他们要有新办法，帮他们要有新本领。我们要清醒地认识自身的思想观念与改革形势要求，与部队建设实践要求上存在的差距，自觉把探索研究的过程，作为解放思想、转变和创新观念的过程，不断洗刷头脑中陈旧的思想观念。思想一经解放，观念一旦转变，探索研究就会进入一个豁然开朗的境界。

（三）自觉探索学，要在解决重点问题上求突破

部队建设需要研究解决的问题很多，关键是要突出重点，突破难点，克服弱点。一个是要抓住中心工作搞探索，在重点工作落实上拿出新招；另一个是围绕部队的难点和

棘手问题搞探索，在解决制约部队建设发展的关键环节上求突破；再一个是要针对薄弱环节搞探索，在谋求部队建设全面发展、整体提高上取得成效。也就是说，部队干什么，就要研究什么；遇到什么难题，就要探索什么。要在实践中发现问题，在学习中寻找答案，在探索中拿出对策，努力形成"实践、学习、研究、探索、总结、提高"的良性循环。许多经验说明，凡是抓住中心工作和重点难点问题集中攻关，研究探索，提出的看法和办法就管用，在部队建设中见到的成效就明显。一个班子、一届领导要打开局面，取得政绩，很重要的就是要通过研究探索，在解决棘手问题上打开局面，在推进重要工作落实上取得政绩。

（四）自觉探索学，还要注重运用政策规范推动工作落实

部队建设存在的一些问题得不到有效解决，既有思想教育方面的原因，也有政策制度方面的原因。制度更带有稳定性、根本性和长期性。我们在新形势下加强部队建设，不仅要注意搞好理论指导、经验指导和典型指导，更要善于运用政策制度的力量推动工作，及时运用政策教育和激励官兵，使其更好地尽职尽责。同时，各级也要从实际出发，依据条令条例和上级的政策规定，大胆探索，把一些成功的做法、成熟的经验上升为制度规范。像河南省汤阴县人武部针对军人家庭涉法问题增多的情况，成立巡回法庭，对维护军人合法权益起到了很好的作用。有些省军区及时协调地方政府出台了一些拥军政策，安置随军家属和伤病残官兵、推动基层"双争"活动等，在社会和部队中产生了很好的效应。不少单位在制度完善和创新方面，动

了脑筋，想了办法，对提高工作落实质量是很有意义的。实践证明，完善制度规定是上下的共同责任，不能总是依赖上级。本级需要做又能够做到的，就要不等不靠，积极主动地做好总结完善的工作。对有些超出职权范围的，要通过正常渠道及时向上级反映。切实通过上下的共同努力逐步推进部队的制度化、法制化建设。

自觉探索学，贵在形成风气，难在形成风气。不仅要有各级领导的积极性，而且要有各级机关和基层官兵的共同参与。如果说部队是探索研究的舞台，那么基层就是一座熔炉，官兵的实践是一片沃土。探索的课题来自基层，对策和办法也来自基层。把上下两个积极性调动起来，坚持群策群力，探索研究就有了广泛的群众基础。广大官兵也会在探索研究的实践中增长才干，这个成果也许更重要、更可贵。

八、狠下工夫学

（一）基层官兵理论学习应下工夫把握的几个问题

团以上干部是理论学习的重点，基层官兵是理论学习的"大头"。没有普及就没有提高。这个"大头"如何，直接关系到理论学习的深入开展。我曾对基层理论学习情况进行了专题调研，通过开座谈会、查阅干部战士的学习笔记、个别了解，以及对 57 名干部、246 名战士问卷，基本上掌握了近几年基层理论学习的状况，找到了学习存在的问题，明确了下一步抓好基层理论学习要努力的方向。

总的来看，基层理论学习呈现逐年加强的趋势，想学、

愿学、学用结合是基层官兵理论学习的主流，85%的同志
认识到学好理论与干好工作、当好兵是密不可分的，90%
的官兵对强调理论学习印象深刻，有57%的同志对搞好理
论学习提出了建议。调查中发现，理论学习还存在着一些
不容忽视的问题，在认识上与中央军委的要求还有较大差
距，领导重视程度还没有完全到位，真正学起来，深下去，
经常化，还有很大差距。抓好基层理论学习要在以下几个
方面下工夫：

1. 要在提高学习认识上下工夫

对理论学习的认识有多高，学习理论的自觉性就有多
高。虽然近两年各级都强调理论学习的重要性，但基层不
少同志对理论学习的认识还存在着明显的差距，"学习无
用"、"以干代学习"，还比较普遍。一方面感到学习理论很
有必要，另一方面又认为理论素质对立身做人不那么直接；
一方面承认学好理论对于好工作的指导作用，另一方面又
认为干好了就是学好了；一方面认识到学好理论是管心抓
到了根本上，另一方面又觉得抓学习不如管事来得快。感
到坐下来啃书不如跑跑转转痛快，读马列著作不如读杂志、
小说有味儿。这些同志有时间吹牛、摔"老K"，没时间读
书；有的一天到晚忙于事务，"以干代学"、"忙起来忘学"
的现象没有根治。还没有像雷峰那样，把革命理论当成粮
食、武器、方向盘。"说起来重要、做起来次要、忙起来不
要"的问题带有普遍性。因此，理论学习要深入持久，反
复提高基层干部战士的认识将伴随全过程。要引导基层官
兵充分认识"科学发展观"与马克思主义是一脉相承的科
学体系，学习科学发展观就是学习马克思列宁主义。认识
学习"科学发展观"是高举旗帜的需要，是与党中央保持

一致的需要，是贯彻党的路线、方针、政策的需要，是加强军队现代化建设，培养高素质人才的需要，是个人成长进步立身做人的需要。在提高认识中激发学习的兴趣和动力，在尝到学习的甜头中推动认识升华，实现认识—学习，学习—认识的良性循环，就会变被动学为主动学，变要我学为我要学，变零碎地学为系统地学，进一步增强学习的自觉性。

2. 要在摆正学习位置上下工夫

"像抓工作那样抓学习，学习就能抓起来"，"像抓训练那样抓学习，学习就能抓出成效"，这是座谈中与一些基层干部达成的共识。理论学习学不起来，深不下去，不能经常，原因固然很多，但领导摆不上位置，抓得没有力度是一个重要原因。除了师团党委具体指导、典型指导、检查督促不够外，基层党委支部也没有真正重视起来。检查支部记录发现，政治教育、军民共建、党务工作都研究过多次，但理论学习几乎没有一个支部专题研究过。普遍缺乏对理论学习的正规组织，虽然领导也强调理论学习，但有布置，没检查，学多学少一个样，抓学习流于形式，讲学习只停留在"讲"上。要把理论学习深入持久地开展下去，就必须加强领导，摆上基层建设的突出位置。一是把抓理论学习作为领导工作的分内事。向群众灌输先进理论历来是党的重要工作。抓理论学习不是额外负担，不是包袱，是各级领导的第一位职责，要牢固树立责任意识。完不成任务是失职，抓不好理论学习也是失职。二是把抓理论学习列入基层党委支部的议事日程。形势经常议、问题经常找，加强跟踪指导，及时研究纠正理论学习中出现的问题，排除各种阻力和干扰。三是基层干部要齐抓共管、形成合力。要克服抓理论学习是政工干部的事，与己无关的思想，齐心协力抓好基层连队的理论学习。变政工干部唱独角戏为支部一班人"大合唱"。

3. 要在改进学习方法上下工夫

从问卷调查的结果来看，学习的"投入"和"产出"不成比例，学习效果不够理想。在 57 名干部中，"三个有利于"标准。回答正确的不到 30%；在 246 名战士中，只有 114 人对党的十七大的主题回答基本正确。学习、理解、应用是理论学习的三部曲。虽然记住了不等于理解、应用，但记不住就谈不上理解和应用；许多基层官兵反映，理论学习学的多，记住的少，学了就了，与学习方法有直接关系。因此要围绕"认真正规"选择理论学习的载体和切实可行的措施。一是要用严格的学习制度养成良好习惯，靠习惯达到自觉。用正规系统的学习内容，固定的学习时间，使年规划、月计划、周安排，从挂在墙上、锁在抽屉里变为落实到行动中。二是方法灵活多样。过去学毛著时群众创造的许多行之有效的学习方法，要结合理论学习的新情况，加以改进和借鉴。做到集中学习与个人自学相结合，用导读、导讲、导记、导行促进带动个人自学；政治教育与理论学习相结合，把学理论观点作为政治教育的基础，使理论学习和政治教育相得益彰；党团活动与理论学习相结合，党员汇报、党员讲评都把理论学习情况作为重要内容，用学习理论促进党员队伍的思想建设；理论学习与社会实践相结合，到改革一线学理论，听改革者谈体会，用实践解除理论上的困惑，再用实践消除心头的疑虑。要充分利用广播、黑板报、橱窗等大造理论学习的声势，优化学习环境，形成良好氛围。三是把理论学习与双争评比、干部考核使用有机结合起来。把理论学习的质量、效果作为评选先进单位，优秀士兵的重要条件，把理论学习与干部选拔、培养、考核、使用紧紧挂钩，学好的优先用，学不好的一定不能用。克服学不学一个样，学多学少一个样，真学假学一个样的问题，调动官兵的学习积极性。四是要联系官兵自身做人的实际。毛泽东曾经指出，读书是学习，应用也是学习，而且是更重要的学习。基层官兵处于实践的第一线，发扬理论联系实际的好学风，就是把学习与干好本职工作紧密结合起来，一事一议一理，学理论辨是非，用唯物辩证法武装头脑指导实践，解决好做一个什么样的人，怎样做人的问题，树立正确的人生观、价值观，抵制酒绿灯红的影响，保持革命本色，是最好的应用。

4. 要在学习基本理论、基本观点上下工夫

"科学发展观"是马克思主义在中国发展的新阶段。只有学好马列主义基本理论，掌握科学发展观，才能深刻理解和把握有中国特色的社会主义，才能更好贯彻领会党的路线、方针、政策。座谈和问卷调查中我们了解到：干部都学习过马克思主义基本原理，战士上初、高中时也都学过一些辩证唯物主义常识。但由于知识遗忘率高，加上近几年已有80%以上同志没有再学习马列著作，因此基本理论知识相当缺乏，有的连基本常识也不知道。57名干部中"哲学的基本问题"，回答正确的占30%，"哲学的三大规律"回答基本正确的只有19%，对"社会的基本矛盾"回答基本正确53%，97%的同志答不上马克思主义三个来源，67%的同志答不上毛泽东的两篇著名哲学著作《实践论》、《矛盾论》，90%的同志不知道白求恩的"两个极端"（是对工作的极端负责任对同志对人民的极端热忱），88%的同

志答不上帝国主义"和平演变"的图谋是"西化"、"分化"以及现阶段阶级斗争的表述。战士中,对我军性质宗旨回答正确的只有31%,对四项基本原则答正确的占53%。48%的同志答不上毛泽东为悼念张思德而写的文章是《为人民服务》,24%的人不知道共产党的最高理想是实现共产主义。对邓小平理论的一些基本观点,记住的也不多,干部中56%答不上社会主义的本质和党在初级阶段的基本路线,63%的同志答不上生产资料所有制的形式和现阶段的分配方式,没有一人能答上改革的根本目的是社会主义的自我发展、自我完善。有位政工干部说:我们平时处理问题主要靠经验,很少上升到理论的高度来思考,更谈不上从哲学的角度处理问题。战士提出的许多社会现实问题,我们感到回答起来没有把握,因而"理"不直、气不壮。由此不难看出,学好马克思主义基本原理,牢记邓小平理论的基本观点是深入学习理论的基础,是进入邓小平理论科学体系的"钥匙",是认识现实问题的"指南针",是改造世界观的"良药"。理论学习要深下去、出成效,必须努力掌握马克思主义的世界观和方法论,掌握解放思想、实事求是的精髓。

(二)团以上党委中心组理论学习应下工夫纠正的几个问题

近几年来,团以上党委中心组的理论学习得到了普遍重视和加强,逐步建立健全了学习日制度、人员考勤制度,自学、讨论、研讨等多种形式并用,较好地促进了理论学习的开展,但也存在着不少问题,从我对一个集团军调查的情况看,应注意纠正以下几个问题:

1. 不能用学习党的现行方针政策代替基本理论学习

检查 18 个团以上党委中心组学习记录，一半以上的单位，90%的学习内容是上级文件的传达贯彻，会议精神的学习领会，报刊文章的阅读讨论。究其原因，主要是一些领导认为，学习贯彻好现行方针政策就是学习好了基本理论。因此，在学习内容的安排上，必然会出现忽视基本理论的问题。党的现行方针政策，以及体现方针政策的上级文件和会议精神，无疑是在马列主义基本理论指导下产生的，是党委中心组理论学习的重要内容，但是决不能用学习党的现行方针政策代替基本理论的学习。这是因为，虽然党的现行方针政策和马列主义基本理论有着紧密的联系，但二者并不是一回事。为什么会出现虽然反复学习了党的方针政策，但总是理解的不深不透；政治形势好时就贯彻执行得好，遇到"左"右干扰时，就往往把握不准，左右摇摆；符合个人心愿时，顺茬顺劲，妨害个人利益时，就态度消极；甚至缺乏分析能力，把工作中的失误看成是政策本身带来的。这里重要的原因，就是没有学好基本理论。党的现行方针政策好比是树，马列主义基本理论才是根。学好基本理论，才能从根本上理解现行方针政策的正确性。不但知其然，而且知其所以然。贯彻起来才会更加坚定自觉。

2. 不能用抓机关、抓部队的学习代替党委中心组的理论学习

不少单位从党委中心组学习记录本上看，一年只组织两三次学习，时间也只有三五天。可是听取汇报却大都说学习在六七次以上，时间达 20 天之多。原来这些单位把领导抓部队、抓机关的学习记到了党委中心组学习的账

上。诚然，重要文件的贯彻、重大会议精神的传达，领导到机关、下部队辅导，宣讲、参加讨论也是学习的过程。但毕竟和党委中心组的学习不是一回事。参加机关、部队的学习，领导所处的位置不同，学习中所扮的"角色"不同，主要是输出，是辅导给别人听。当然，也有输入，但量要小得多；而党委中心组的学习，是党委一班人坐下来，静读书、细反思，是同一层次的领导者在一块切磋、交流，改造思想，提高觉悟，在这里不但有输出，然而更多的、大量的是输入。如果用抓机关、抓部队的学习代替党委中心组的学习，长此以往，领导者的理论水平就会等同于甚至低于机关、部队的理论水平。对部队的政治教育、理论学习就很难指导到点子上，上大课道理讲得不深、不透、不新，吸引不住人，低层次的教育可以，高层次的教育不行，"本钱"不足，自己没有一桶水，怎么能给别人一碗水。因此，一般说来，党委中心组的学习应该先机关部队一步，多学一点，学深一点，学好一点。即便是和机关、部队齐头并进，也应"分灶起火"。如果是先指导了机关、部队的学习，那么党委中心组也应再坐下来重新学习。

3. 不能用学新兴学科代替基本理论的学习

近些年来，不少同志对《领导科学》、《管理学》、《军事心理学》、《带兵心理学》等新兴的学科有浓厚的兴趣。甚至认为，学新兴学科比学马列主义基本理论实用。作为领导者对于新兴的学科给予必要的关注和重视，并加以学习和钻研是完全应当的。但必须认识到，新兴学科是在马克思主义基本理论指导下产生的，是支、是流。学懂了新兴学科并不等于掌握了马克思主义的基本理论。而学好了马克思主义的基本理论，却能更好地理解运用新兴学科，达到融会贯通。如果用学新兴学科来取代基本理论的学习，盲目追求新思想、新观点、新理论，往往容易学偏了、学歪了。只有把学新兴学科和学马克思主义的基本理论有机结合起来，才能取得较好的学习效果。某师的党委中心组，把新兴学科的学习溶于基本理论的学习中，既加深了对基本理论的理解，使基本理论在新形势下有了新的内涵，又找到了掌握新兴学科的钥匙，收到了事半功倍的学习效益，领导方法、工作作风有了较大改进，他们撰写的100余篇论文，有20余篇被报刊刊登，有的还在军区获了奖。

4. 不能用干好了就是学好了代替基本理论的学习

以干代学是老问题，近几年来更加突出。客观上说，新班子，人员少了，事情多、工作忙；主观上说，一些同志总认为"干是有形的，学是无形的"、"学一天不如干一会见效果"、"开创新局面是干出来的"。一些团以上党委班子出现了重具体工作的领导，轻思想政治领导；研究具体工作多，研究指导思想少；研究具体任务部署多，研究如何调动积极性少；就事论事多，理论思维少；微观指导多，宏观指导少。结果是领导忙、机关乱、连队没法办。以干代学，无论从理论上讲，还是从实践上说，都是站不住脚的。开创新局面离不开干，但是怎么干，靠什么使自己的工作带上原则性、系统性、预见性、创造性？一纸命令，职务升高了，水平怎么上去？靠什么提高领导艺术？这就要靠努力学习基本理论，靠在理论指导下不断地总结实践经验。一个领导者理论功底不厚实，历史知识缺乏，只靠一股冲劲是难以干好的。即使一时干得好，从长远讲也是干不好的。无数事实都说明，干是学习，干好了不等于学好了；只有学好了，才能干得更好。以干代学要不得。工作和学习是矛盾的统一，犹如磨刀和砍柴，应遵循磨刀—砍柴—再磨刀—再砍柴的规律，只是理论和实践的紧密结合，不像磨刀和砍柴有那么明确的界限罢了。

夯实基础篇

　　尽管新军事变革使未来的信息化战争在战场条件、兵力机动、指挥方式等方面都与过去的战争相比发生了很大变化，但军队的基础是士兵，战斗力在连队（舰艇）没有变。不但没有变，而且越是超视距、超时空、超强度的对抗，越需要坚强的基层、过硬的士兵。军队的严密组织是打仗的基本保证。基层是军队的终端，是部队建设的晴雨表，是战斗力强弱的显示器，是检查机关的镜子和尺子。基层软弱涣散的部队是不能打仗的。抓基层夯实基础，既要有正确的认识，又要遵循基层建设的规律，还要有行之有效的办法。

总　　论

一、末端不是老末——从根本上端正认识

抓基层建设，我们喊了多年，研究了多年，现在回过头来看，成效不少，但基层弱化的问题依然没有真正解决。这里面原因固然很多，其中很重要的一条就是新形势下对基层的认识出现了偏差，错把末端当老末是最突出的表现。有的认为，打信息化战争，打的是首长机关，基层没有多大作用；有的认为，基层就是最底层，受压、受气是应该的；还有的认为，先有兵后有官是老皇历了，士兵第一只是说说而已。把末端当老末的错误思想带来了明显的负效应：对基层干部来说，主要表现在光荣感、使命感减弱，不安心、不尽心、让人不放心的干部增多，向往机关、向往安逸、不愿意当一线带兵人。"基层苦、基层累、基层干部光受罪"，"进机关要笔杆、跑跑腿、动动嘴，随时有好事"是一些基层干部心态的真实写照；对机关干部来讲，主要表现在瞧不起基层，看不上基层干部，"没有能力、没有人说话才进不了机关的门"，"要翻身去机关，要镀金去基层"，把基层当橱窗，带着私心抓基层，争着转圈跑面，躲着代职蹲点，难题包袱甩给基层，利益好处自己留下；对领导而言，重视基层、倾斜基层多表现在讲话里、指示中，行动上却是照顾了身边的人、机关的人。怎样才能从

根本上端正对基层的认识呢？

（一）牢固树立群众观点，扎牢士兵第一、基层至上的思想根子

士兵第一、基层至上，喊得最多、叫得最响，行动上却是第一成了老末，至上成了至下。群众观点如此淡薄的原因是：唯心主义盛行，信佛教、拜鬼神、算命相面，出门选日子、盖房看风水等社会现象对部队带来了一定的影响，在一些人的头脑中什么唯物史观、什么群众观点都已经过时了，认为精英政治讲的是高学历＋领导赏识，提拔使用是上级说了算，自己的权力是领导给的，下级评议是走形式。因此，要对各级干部进行唯物史观的再教育，使大家认清人民群众是历史的创造者，依靠群众、尊重群众、相信群众是做好工作的基础，从而扎牢基层第一、士兵至上的思想根子。基层干部要增强在基层工作的光荣感、使命感，机关干部要增强抓基层的责任感、紧迫感。

（二）正确看待信息化战争的特点，克服高技术决定论

一提信息化战争，不少同志立刻想到巡航导弹、精确制导炸弹、隐形飞机，似乎信息化条件下，士兵真的成了一堆任人宰割的肉。诚然，信息化条件下的局部战争与过去冷兵器、热兵器战争有很大区别。信息化战争争夺的是制信息权，谁夺得了制信息权谁就夺得了战场兵力的控制权，达到了控制兵力机动的目的。战场对己方是透明的，对敌方是混沌的，敌调动兵力时我知道，我调动兵力时敌不知道。虽然掌握了制信息权就掌握了战争的主动权，但

并不等于取得了战争的最后胜利，更不能因为自动化指挥就否定了普通士兵在战争中的作用。不管战争的形态怎么变化，武器怎么发展，决定战争胜负的是人不是物，真正的铜墙铁壁是千百万拥护正义之战的群众，士兵中蕴藏着极大的战斗力，兵民是胜利之本，这永远是颠扑不破的真理。伊拉克战争从正反两个方面都证明了这一点。萨达姆败在军心的涣散、将领的叛卖。假如他的军队艰难困苦而不溃散，连自为战、人自为战，美军轻取巴格达是不可能的。美军推翻了萨达姆政权，却对付不了自杀性袭击。可以预料，美军撤出伊拉克后社会治安形势会更加严峻，政局稳定是很难的。信息化战争与其他形态的战争一样，最终的胜负还取决于人心的向背。再拿美军为例，尽管武器装备占绝对优势，又有绝对的制信息权，但地面战争却是小心翼翼，动用了最精锐的地面部队，每名士兵负荷都在 35 公斤以上，士兵可以直接指挥巡航导弹、精确制导炸弹打击目标，过去只有特工才能担负的任务，现在能够赋予一个普通士兵，可见士兵的地位在信息化战争中是提高了，而不是下降了。美军近几年又恢复了刺杀等步兵训练科目，可见他们对基层建设和单兵素质何等地重视。我们如果因为信息化战争就轻视了士兵的作用，进而忽视了基层建设，那么，就会犯战略性错误。一来我军还没有完成由半机械化向信息化的跨越，基层没有发生根本性的变化；二来即便实现了信息化，其水平也无法和美国等发达国家的军队相比。这就要求我们把打赢信息化条件下局部战争的基点放在发挥自己的优势上，靠坚强的基层、过硬的士兵，靠具有高度觉悟的人，在战斗中发挥最大的主观能动性，去赢得未来信息化战争，并在战争中提高自身的信息化水平。

（三）辩证认识新时期军队体制编制调整的特点，把颠倒了的先后顺序再颠倒过来

进入新的历史时期，我军进行了几次大的精简整编，给人的印象是作战部队减得多、变化大，机关、院校简编雷声大雨点小，干部也没有因部队简编而降职，要么去地方部队，要么高配、超配，有时甚至出现了一边清理超编，一边提职超配的情况。致使基层是老末的思想进一步强化，在兵和官、基层和机关的顺序上产生了颠倒。总认为，先有兵后有官，先有基层后有机关，有多少兵，才有多大的编，才能当多大的官，那是战争年代的事。和平时期则是让你当多大的官你就能当多大的官，让你有多少兵你就有多少兵，兵是官接的，基层是机关组建的。我们必须把这种认识顺序的颠倒再颠倒过来。战争年代我军有两次大的整编，一次是长征结束以后，在部队大幅度减少的情况下进行缩编，师长当营长，团长当连长，基层干部当兵；另一次是抗日战争中，我党接受了李鼎铭先生的建议，在根据地内实行精兵简政。这两次整编为我军的发展和夺取抗日战争、解放战争的胜利奠定了基础。战争年代的整编的确是根据兵员的多少来确定的。著名的三湾改编，因不足千人，所以把一个师整编为一个团，把支部建在连上，并设立党代表，缔造了新型的人民军队。新中国成立以后，军队的任务由夺取政权变为巩固政权，整编正是从这一任务出发，根据当时的客观环境决定的。抗美援朝后的裁军，1969 年、1979 年的扩军都是如此。1985 年以来的四次调整精简也是如此。党执政条件下的整编，看起来好像是决策

机关想减谁就减谁，想保持官兵多大比例就保持多大比例，看不出基层和士兵先在那里。其实，每次的整编都要围绕着提高战斗力使组织结构更加严密合理展开，这里边充分体现了士兵第一、基层至上的原则。至于干部不再像战争年代那样降职安排，是因为部队不可能再像战争年代很快扩编。因此，干部临时性高配、超配、转业，都是从新时期的实际出发的，也没有改变士兵第一、基层至上的原则。当然，大的精简整编情况非常复杂，难免有不尽如人意的地方，我们总不能把某些失误当作颠倒对基层认识的理由！1989 年政治风波过后，美国的政治家在总结失败的教训时说，要是能抓住解放军的一个连队情况就大不一样了。这也从反面告诫我们：士兵第一、基层至上的原则万万不能丢！

总之，只有从根本上端正对基层的认识，牢固树立军队的基础是士兵、战斗力在连队的思想，各级才能真正形成抓基层建设的合力，做到眼睛始终盯着基层，心里装着士兵，以普通一兵的思想感情，设身处地地体察基层疾苦，竭诚为基层办好事、办实事，切实把工作的出发点和落脚点放到提高我军战斗力、保证打赢信息化战争上来。

二、让炉火旺盛不衰——遵循规律抓

下部队经常碰到这样一些现象：有时很小一件事，政治机关一个通知，司令部门一个指示，后勤部门一个要求，弄得下面无所适从。基层反映，"汇报应付不了，吃住招待不了，迎送奉陪不了"。而机关常常以此作为成绩向上汇报。这些问题的症结在于没有按基层建设的内在规律抓基层，所以，机关忙乱、基层乱忙的问题长期处于按下葫芦浮起瓢的状态。我们常常把连队比作小熔炉，炉火不捅不旺，但乱捅就灭了。按照规律抓基层建设，才能使连队的"炉火"保持旺盛不衰。根据基层工作的一般性规律，应重点把握以下方面：

（一）反复抓，抓反复

这是人员流动的周期性特点决定的。一线连队（舰艇）人员流动有着明显的周期性，每年老兵退伍、新兵入伍，人员变化的规律要求连队的一些工作要反复抓、抓反复。特别是部队体制编制调整，许多单位人员重新组合，组织重新健全，部署重新调整，基层一些设施需要重新完善，不少工作要从头做起。新的兵役法实施后，每年士兵变动近50％，基层干部调整面超过30％，加上每年有干部转业，抓基层、打基础的任务更重了。因此，要高标准、高质量地落实"三个提供一个发挥"新使命，必须始终把领导工作的重心放在基层，年复一年地抓好打基础的工作。盖楼打地基是一层一层地夯实，基层作为部队的基础，一层一层来回换，这就需要"基础年年打，工作反复抓"，离开了这一特点去追求什么"整体推进，全面跨越"，势必成为落实不了的"花架子"。基层工作年复一年，周而复始，只要同样的工作今年跟去年比保持在同一水准，并略有提高就是进步，大有提高就是发展。一个支部、一届班子、一对主官，正是在反复抓、抓反复的工作中不断学习、总结，提高了驾驭部队的水平和能力。基层需要反复抓、抓反复的工作有哪些呢？首先是纲要学习。《基层建设纲要》是我军几十年基层建设的总结，是基层建设的法规性文件。按纲要建设连队，按条令运转连队是基层建设的规律性要求。过去有个说法叫做年年复"古"，就是年年重温古田会议精神。现在基层需要年年复"纲"，就是要年年重温纲要的主要精神。每年的年底、年初，师旅要举办连以上主官纲要培训班，集中1—2周的时间，系统学习理解纲要的精神实质，检查纲要在本单位的落实情况，总结交流落实纲要的经验教训；团营要举办干部骨干学习班，集中3—5个晚上的业余时间，传达上级培训班的主要精神，辅导讲解纲要的主要章节，机关、基层，干部、骨干同台交流学习贯彻纲要的体会；连队要组织全体人员，利用2—3个晚上的时间，重新原原本本的学纲要，连队主官结合上级培训的内容进行讲解，并结合去年纲要的落实情况提出本年度落实纲要的打算，战士要熟记纲要的有关条文。济南军区某师，从1990年以来年年抓纲要的再学习，全面培养了部队的纲要意识，上上下下都能做到对纲要的主要精神吃得准、主要条文记得清，为按纲建连，正正规规地抓基层打下了良好的基础，基层忙乱的问题得到了较好地解决。其次两本书一个本。基层理论学习是一个老大难，就是"老大"亲自抓，落到实处也不容易，但只要抓住了两本书一个本，反复抓，就有可能取得一点成效。两本书是《基层干部理论学习读》和《士兵理论学习读本》，一个本是"理论学习笔记本"。基层官兵要人手一本书、一个本，年初连队要调整配齐，并检查到每一个人。有了书、有了本，接下来才是按学习制度抓好落实。我下部队了解基层理论学习情况，团政委汇报的头头是道，但开座谈会时却明显地感到参差不齐，深下去一了解，发现1/3的连队比较好，1/3的连队一般化，1/3的连队比较差。好的连队人人有书、有本，一般的连队有书没本，差的连队没有书也没有本。后来团里就以两本书、一个本为抓手，促进了全团基层理论学习的较好落实。第三是"双争活动"。20 世纪 60 年代评"四好连队"、"五好战士"活动开展的轰轰烈烈，有力地促进了基层建设。那时评上"四好连队"、"五好战士"是相当不容易的。90 年代以来按纲要开展的"争当先进连队"、"争当优秀士兵"活动也收到了良好的效果。但现在突出的问题是"平时不抓，评时猛抓"，按比例、定名额，评了就了，有的甚至稀里糊涂"当先进"、"当优秀"，"双争活动"的激励作用明显降低。"双争活动"是基层建设的杠杆，要反复抓才行。年底、年初，师旅要结合党委全会，对"双争活动"开展的情况进行专题分析讲评。要以团营为单位开好总结表彰动员部署大会，对上一年度的"双争活动"进行总结，对下一年度的"双争活动"提出具体要求，对"先进连队"、"优秀士兵"的表彰要隆重实在。连队要进行"双争活动"再动员。师以下单位在半年总结时要搞好双争初评的检查和再发动。通过反复抓双争，真正起到鼓干劲、争上游，促进连队各项工作开展的目的。四是"四新"培训。"四新"是指新干部、新党员、新骨干、新战士。"四新"的培养、培训，也是基层建设需要反复抓的工作。旅团对每年分来的新干部要用 10—15 天的时间集中进行上岗前培训，主要是了解团队的历史，基层工作的特点，当地的社情，本单位的规定以及纲要和条例条令的有关内容，打牢"热爱团队、热爱基层、热爱驻地"的思想根基，树立"进了门，当主人"的意识。新党员培训一般由营组织，应分批次对新发展的预备党员和新转正的党员用 2—4 个党日时间进行集中学习，主要是重温入党志愿书、学习党员的权利和义务，讲解共产主义原理，并进行入党宣誓，有针对性地克服入党装潢门面，入党到头，入党为自己等错误思想，进一步坚定理想信念，发挥先进作用。新骨干、新战士的培训由连队组织，分别进行，时间3—5个晚上。新骨干主要是通过讲解骨干的地位、作用、任务，传授方法，增强当骨干的光荣感和责任心，并掌握当好支部的桥梁和助手一般技能。新兵的培训在下连后立即进行，通过讲连队的传统、特点、任务，打下"爱连队、爱本职"，不怕苦、不怕累的思想基础，迈好、迈正第一步。

（二）经常抓、抓经常

这是青年人成人成才的特点决定的。连队是青年人聚集的地方，年龄轻、兵龄短、经验缺，正值人生观、价值观、世界观形成时期。一些工作要从成人成才的规律出发，围绕着"当兵做人、当兵成才、当兵打仗"这个主旨经常抓、抓经常。

祛私的"紧箍咒"经常念。自古以来就有祛私之说，把身许社稷、精忠报国作为最高的精神境界。美国是一个以我为中心的社会，推崇的是个人主义价值观，但它在用私利调动积极性的同时也限制私欲的无限膨胀，在法律上规定了有钱人必须把钱用在办事业上，不允许用在挥霍上，如果你的资金在一定的期限内不能投资就会被没收；在精神上它用宗教控制，美国人进教堂是向上帝忏悔自己的罪恶，痛哭流涕地请求宽恕，每次忏悔都是一次对私心膨胀的限制。"国家、荣誉、责任"是对军人的基本要求，随军牧师则为这一要求提供精神保障，是流动的"教堂"。在中

国，有的人进庙堂是为了升官、发财、求子，明知菩萨保
佑不了，也要为自己的私欲找一点寄托。我军是人民的军
队，革命理论是强大的精神支柱，自建军之日，就注重培
养无私无畏、不怕苦、不怕死的精神。从古田会议提出
"纠正党内错误思想"，到"反对自由主义"，再到学习白求
恩、张思德，贯穿其中的一条主线就是克服自私自利个人
主义，做"一个有道德的人，一个高尚的人，一个纯粹的
人，一个脱离了低级趣味的人，一个有益于人民的人"，把
为谁当兵，为谁打仗的道理和改造思想、提高觉悟紧密结
合起来，培养造就了一代又一代为祖国的解放事业无所畏
惧、慷慨赴义的战士。这是我军越战越强的动力所在，是
生命线之真谛。连敌人都感叹"不怕共产党练兵，就怕共
产党整风"。新时期的青年军人大都是独生子女，过惯了
"小皇帝"的生活。不少人都感受到"现在的小孩太自私
了"。因此要培养"四有"军人，就要经常念念祛私的"紧
箍咒"。对发现的自私行为一次也不放过，坚决说"不"，
让那些只顾自己不顾别人，以邻为壑不顾集体，只顾眼前
不顾长远的人随时感到头疼，懂得要想超越自我、精神得
到升华，就要从自私自利个人主义中解放出来。一个单位
个人主义泛滥，势必造成人心涣散、纪律松弛，对战斗力
是釜底抽薪。奴隶主的纪律是建立在棍棒的基础上，资本
家的纪律是建立在饥饿的基础上，无产阶级的纪律是建立
在自觉的基础上。这个自觉是对私欲的克服。雍正年间，
山西一位姓俞的官员因泄露考题被判腰斩，他蘸着自己的
血在地上连写七个"惨"字。邱少云活活被烧死，并且一
动不动是多么大的心灵煎熬，他虽没有写一个惨字，却以
自己的惨死，换来了战斗胜利和战友的生存，两相比较，

这是何等的自觉！过去只看到他遵守纪律的一面，没有看到他的悲壮行为是多么无私崇高的精神境界。

治懒惰的"鞭子"经常挥。研究表明，人有巨大的潜能，一生只不过是发挥了5%左右，最影响潜能发挥的是懒惰。成人不自在，自在不成人。"不扫一屋，何以扫天下"，讲的是懒得做小事就做不了大事；"黎明即起，洒扫庭厨"，讲的是治家要勤；"拿不动水桶扫帚的兵不是好兵"，讲的是当兵要勤。成材要吃苦，苦其心志，劳其筋骨在情理之中。雷锋助人为乐，走到哪把好事做到哪，除了他高度的思想觉悟外，勤快不懒惰是很重要的一条。在基层听到不少战士讲，"我不是不想做好，就是懒得动弹"。好吃懒惰是人的劣根性，变质先从懒惰起。伙食总嫌搞得不好，工作总觉得自己干得最多。车炮场日、公差勤务能躲则躲，能少出力的绝不多出一点力。懒惰的兵是不能打仗的。骄兵必败，懒兵必亡。甲午海战之前，日本对能否战胜北洋水师始终没有信心，迟迟不敢开战，当派特工假扮商人登上北洋水师的旗舰参观，看见士兵懒懒散散，枪炮锈迹斑斑，甲板上到处是晾晒的衣物时，断定北洋水师战斗力大打折扣，于是下决心挑起战端。战胜懒惰，过好苦累关有时比过生死关还难。20世纪70年代，毛泽东同志为防止军队变成老爷兵作了著名的"11·24"批示，全军开展了千里野营冬季大拉练。回民抗日名将马本斋，对在修工事中偷懒的士兵用马鞭抽打。后来他加入了共产党改掉了军阀作风，不再打骂士兵，但带兵要治懒是通理。我们说的治懒的"鞭子"指的是表扬与批评，当然不是打骂体罚。表扬了训练不怕吃苦流汗、公差勤务跑在前面、学习工作加班加点的，就鞭挞了那些要滑偷懒的；批评了那些训练溜边、眼里没活、倒了油瓶不扶的，就肯定那些勤快能干的。正课时间要抓质量上标准，防止偷工减料、溜边溜号；课余时间，要把体能训练、文化娱乐、整理卫生、生产劳动、自由活动等合理搭配，既不要给无事生非、懒惰散漫留下可乘之机，又不要安排过满、紧张过度。

学习之风经常吹。一个单位学习空气浓，风气就正，兵就好带。提倡建学习型连队，当学习型干部，当学习型战士，要针对厌学情绪隔三岔五地讲学习的重要性，针对畏难情绪鼓励用钉子的精神去挤、去钻，正课时间政治理论学习要严格落实制度，课余时间自学要防止成为自流，旅团要把推荐好书，树立学习典型，介绍学习方法作为吹学习之风的经常性工作。沈阳军区学习毛主席著作模范红九连，几十年如一日地抓学习，不管社会上刮什么风，党支部就是咬定学习不放松，始终劲吹学习之风，学政治、学军事、学技术、学文化成为干部战士的自觉行动，以学习为龙头，牵引连队全面建设，一直保持了先进本色不减。某装甲师有一个连队风气不好，酗酒滋事、打架斗殴、盗窃诈骗，案件事故频发，新任指导员从抓学习入手，仅一年多的时间就把一个多年的后进连队带入了先进行列。座谈时指导员说了这么几句话：我没有什么高招，就是针对年轻人追星跟风的特点，统一支部一班人常吹学习之"风"，把大家头脑吹醒了，把歪风邪气吹跑了，用"风"的力量逼着大家把业余时间、剩余精力用在了学习上，时间一长，乱七八糟的事情自然就越来越少了。

团结的道理经常讲。虽然从小就唱"团结就是力量"的歌，就听"一根筷子容易折，一把筷子折不断"的故事，但作为一线连队，团结的道理要常讲常新。团结战斗，没有团结就不能战斗。古今中外的军队都是靠团结打胜仗的。在美国独立史上"一分钟人"和"老实人里夏尔"号的故事都是有名的团结战斗佳话。1775年4月18日夜，英军驻北美殖民地司令盖奇派800名官兵前往波士顿西北郊的康科德搜剿一个反英团体的秘密军火库，英军刚出发，因聚集迅速而得名的"一分钟人"民兵在波士顿北教堂上悬起灯笼，瑞维尔看到信号，立即跃马飞驰报敌情，当地"一分钟人"紧急出动，次日凌晨在英军返回途中的列克星顿打了一个漂亮的伏击战，英军死伤被俘30余人，余部狼狈逃遁。从此，列克星顿的枪声传遍北美大地，独立战争全面爆发。1776年7月4日美国获得独立。美舰"老实人里夏尔"号，1779年9月23日在远海巡游时，迎头相碰上了英国装有44门大炮的新型快速战舰"塞拉比斯"号，面对强敌，舰长琼斯毫不畏惧，立即开火，没多久"老实人里夏尔"号上主炮炸膛，上甲板裂开一个大洞，船身明显倾斜。英舰长皮尔逊喊："喂，你们的船还能打吗？"琼斯答："我们还没有开始战斗哩！"美舰员同仇敌忾，靠上去抓住了英舰拖挂下来的前支索，把两舰连在一起。然而，英舰上的大炮仍拼命发射，美舰伤痕累累，海水涌进底舱，但琼斯和他的战友却越战越勇，用轻武器把英舰甲板上的人全扫光，一名水兵带手榴弹，从横桁上爬过去，引爆了火药桶，舱中英军死的死伤的伤。皮尔逊舰长只好投降。"老实人里夏尔"号在沉没前俘虏了"塞拉比斯"号。琼斯乘坐敌舰返航，成为美国海军史上最为杰出的英雄。"我们还没有开始战斗哩！"成了不朽名言。团结出士气，团结出战斗力。要针对年轻人争强好胜中的个人英雄主义、日常交往中的哥们义气、情感世界中的老乡观念，常讲团结的要

义在敞开心扉、团结的质量在服从真理、团结的方法在求
同存异，克服以错对错的报复心理、当面不说背后乱说的
自由主义、拉帮接伙的宗派主义、亲疏分明的小团体主义。
用思想上的平等、政治上的民主、生活上的关心，达到在
目标一致的基础上凝聚起来。使连队放开来是铁掌，指头
硬；握起来是钢拳，拳头紧。

　　反腐蚀的警钟经常敲。马克思主义认为，社会存在决
定社会意识，"物质生活的生产方式制约着整个社会生活、
政治生活和精神生活的全过程"。生产方式决定生活方式，
生活方式决定思想意识。社会生活的多样化以及西方敌对
势力对我国推行"西化"、"分化"战略，使腐蚀与反腐蚀
斗争异常激烈。从公安部门扫黄打非的情况来看，青年人
是被腐蚀的重点。黄、赌、毒向低龄化蔓延。军队不是生
活在真空里，封闭式管理封闭不住思想，筑高了院墙，挡
不住"酒绿灯红"的香风毒雾。有一道菜叫"佛跳墙"，讲
的是一个叫花子要了百家菜，在寺庙旁用锅炖，香气四溢，
一个和尚挡不住诱惑，从墙上跳了出来。现在的军营时常
上演"佛跳墙"，海南有个连队的 3 名士官外出寻欢作乐凌
晨归来，从墙上跳下时，其中一名当场摔死。一些院校也
出现了数名学员深夜翻墙去网吧整夜不归的问题。过去说
"吃喝嫖赌抽"为五毒，有个戏叫《王老五》，地主的狗腿
子有这样几句台词，"吃喝嫖赌抽，样样都拿手，去过天津
卫，到过张家口"。现在又多了个"吧"，沉溺于泡"吧"，
百害无一利，多少青少年受"网吧"的诱惑走上了邪路。
复杂环境是一种客观存在，谁也回避不了，城区军营被酒
绿灯红包围，成了孤岛；乡下军营也不安宁，口袋书、录
像片、手机短信黄段子，连厕所、岗楼的墙壁上也写着污

言秽语。腐蚀的渠道多、范围广、层次深是以往所没有的。剖析基层违纪违法案例的原因，绝大多数都与腐蚀有关。先进单位反腐蚀的警钟经常敲，主要做到了两条：一是思想要求上抬高标准。荀子言：取乎其上，使得其中；取乎其中，使得其下；取乎其下，使得下下。讲的就是做人的思想道德标准问题。要以史警示、以人警示、以事警示，提高大家明是非、做好人的标准，克服"酒绿灯红的场所越建越多，玩一玩没什么，别人能去我也能去"，"舒舒服服受腐蚀，被腐蚀才是'思想解放'、'改革创新'"等错误认识。二是行为要求上划条底线。哪些能做，哪些不能做；哪些在地方不能做，在部队更不能做。纪律是个圈，自由在里边。人生只有红绿灯，没有黄灯和擦边球。反腐蚀既是一场硬仗，又是一场持久战。警钟长鸣对保持思想道德的纯洁性，树立正确的人生观是至关重要的。

（三）基本抓，抓基本

这是连队像家的特点决定的。"五湖四海到一起，连队就是我的家"。以连为家，建连像家，爱连如家。既然是家就要当日子过，按家的基本套路去建、去抓。

搞好基本教育、建强基本队伍、落实基本制度、完善基本设施，是"家"内在要求。要不断加大工作力度，通过抓"四个基本"，推动和促进基层全面建设。

基本教育抓质量。一个"家"几十号、上百号人，统一思想靠教育。搞好当代革命军人核心价值观五个方面的教育，对于提高官兵的基本觉悟，坚定政治信念，爱军习武，建功立业，走好人生之路必不可少。要提高教育质量，须下工夫抓好四个环节：一是抓好调查研究，每个教育前，旅团政治机关都要深入部队，通过座谈、问卷等形式摸清官兵的现实思想，增强教育的针对性，克服教育内容联系实际不紧、离战士远，道理讲不到点子上的问题。二是抓好集体备课，无论是以营团为单位上大课还是连队上课，都要组织正规的集体备课，要安排专门时间，把授课人集中起来，共同分析官兵思想现状、原因，确定查找哪些资料、讲清哪些道理，把集体备课的过程作为提高干部文字水平、思想水平、理论水平的过程来抓。三是抓好集中授课，每次教育都要在精心准备的基础上做到集中人员、集中时间、集中精力，人员到课率要达到95%以上，不能随意溜号，特别是干部骨干，时间在2小时左右，不能"蛤蟆尿一簇簇"讲一会就了，要听得进、记得住，不能身在课堂心在课外。授课人要善于用自己亲身感悟的道理去启迪人、用优良传统去熏陶人、用英模事迹和名人名言去激励人、用生动精彩的例子去感化人、用大家参与去鞭策人。四是抓好讨论小结，一堂课讲完后，要让大家好好讨论，看解决了什么问题，有什么收获和体会，收集认识深刻生动事例，进行归纳小结，这是群众自己教育自己、深化讲课效果的重要一步。现在有一种观念，认为政治教育是虚的，这是不对的。提高基本教育的质量要紧紧围绕人生观价值观世界观的转变这条主线，解决好对改革大局怎么看、学习工作图什么、人生追求是什么，能不能正确对待改革利益的调整，能不能正确对待荣誉、挫折、疾病、婚恋、金钱，能不能正确对待家庭困难，等等，把基本教育搞得实实在在，让真理的声音入心入脑。

　　基本队伍抓素质。"基本队伍"是"家"的支撑，没有好的基本队伍，连队建设就基本上无从谈起。过去叫"一个班子"、"两支队伍",现在叫"一个班子"、"三支队伍",即支部班子,干部队伍、党员队伍、班长骨干队伍。其实,干部少的连级单位,干部都是班子成员;党员少的单位只有干部骨干才是党员。因此说,基本队伍的作用发挥得好不好,关键是党员的素质高不高。党员都达到了先进性要求,坚强的班子就有了基础,干部队伍、骨干队伍就有了保证。要始终抓住党员队伍不放,通过抓党员队伍达到"牵一发而动全身"的效果,促进"一个班子"、"三支队伍"素质的全面提高。基本队伍的建设要注意抓好以下几条:一是选拔好。要把文化素质高、发展潜力大、有培养前途、各方面比较拔尖的人,选进"一个班子、三支队伍"中来,不能谁老选谁。我看过一些领导干部的档案,不少都是一年团、两年党、三年就当"长",说明老一辈革命家选拔人有战略眼光。要从选班长开始,把选骨干和选入党对象结合起来,班长是军中之母、军中之父,没当过班长就没有资格当将军。选好了班长,连长、指导员可以睡个安稳觉。二是培养好。对新分下来的干部和预选的党员发展对象、骨干苗子,党支部要有计划、有组织、有针对性地搞好培养。师旅要办好教导队、短训班,团营要办好夜校、函授班,支部要分工负责手把手的传帮带,通过集中培训、个别帮助、岗位锻炼等全方位培养,打牢人才成长的政治基础、文化基础、作风基础和领导基础。三是使用好。使用干部骨干要进行"三交待",即交待任务,交待标准,交待方法,还要用其所长,使他们能够充分发挥自己的主观能动性,能冲得上去、拿得下来。用得恰当,干得漂亮,大家才能信服,威信才能提高。四是管理好。重用轻管是干部骨干队伍出毛病的重要原因。基层干部不稳定，留不住人才，一线战斗力就是空的；团以上干部（特别是主官），主要心思放在应酬接待和汇报上，吃喝玩乐一条龙，耗费大量精力、财力，抓基层建设就是虚的。党管干部要做到，推荐权要真有权，教育权要高起点，管理权要真敢管。越是放心的人越要严格要求，思想上关心，政治上关怀，生活上关爱。有成绩及时表扬，使他们受到鼓舞；有问题及时指出，使他们不走歪门邪道。好的骨干应该是思想工作的高手，专业技术上的尖子，士兵的模范，领导的助手，会提建议、能出主意，遇到问题有办法。一个单位有一批好骨干、好干部，什么时候都能响当当、硬邦邦，抓工作、搞建设就会事半功倍。

基本制度抓落实。"没有规矩不成方圆"。基层建设靠严格的制度法规来进行调整和规范。基本制度是指条令条例和《纲要》规定的战备工作、军事训练、行政管理、组织生活及政治教育、经常性思想工作、伙食管理及武器装备管理、营产营具管理等制度。制度带有根本性、政策性，只有落实制度，基层建设才能保持正规有序。制度再好要靠人执行。落实基本制度关键在人。一靠教育引导。要教育引导官兵充分认识制度的重要性，确立制度是法规，提高严格按照制度办事的自觉性。二靠监督约束。旅团要建立监督制度落实的制度，对监督的内容、监督的责任、监督的办法、监督的权利做出具体的规定，克服检查督导的随意性和为检查而检查的问题。讲评要具体到人和事，对落实制度好的及时表扬和奖励，对制度落实不好或违反制度的，要毫不留情地予以批评和惩处，维护制度的权威，形成按制度办事的良好风气。三靠典型激励。要注意总结宣扬坚持制度好的先进典型和经验，发挥典型的示范引路作用，激励大家跟着典型学，照着样板做。并把落实制度的情况纳入"双争"评比之中，与评先评优，干部使用挂起钩来。四靠分类指导。落实制度不搞一刀切，要区分不同层次，针对不同特点，提出不同要求。驻城区与驻乡村，集中住与分散住，正规连队与小散远单位，既不能降低了落实制度的标准，又不能一把尺子量长短。五靠领导带头。制度落实得好不好，关键看领导，领导不按制度办，一切都不算。因此，领导干部在落实制度上要起"领头雁"的作用，要强化以法治军的意识，严格按制度法规办事；要确立经常抓的思想，经常检查督促；要带头落实制度，要求下边做到的自己先做好。机关、身边的人先做好。达到上行下效，下行上好，见成效于养成之上。

　　基本设施抓功效。战备设施、训练设施及文体设施、基本生活设施，作为保障战备、训练、工作和生活的硬件，是部队建设运行的必要载体，是基层建设发展的物质基础。不断完善基本设施，充分发挥基本设施的功效，要在"三抓"上下工夫。一抓配套。这些年来，从总部到旅团，在完善基层基本设施上投入了大量的人力、财力、物力，已基本上达到了《纲要》的要求，但由于基本设施是一个不断消耗的动态过程，不少单位基本设施经常处于不配套、不完善之中，影响了功能作用的发挥，因此，完善基本设施，必须常抓不懈、随缺随补、随坏随修，像武器装备一样一直处于备用状态。要纠正把财力物力用在栽种草坪、装修房子等形象工程的问题，加大追踪完善各种战备、训练和文化、生活设施的力度，提高档次。二抓管理。管理出效益，建节约型社会，延长设施的寿命靠严格的管理。管理跟不上，这边建那边坏，一边配一边丢，老是处于不配套、不完善之中，设施就无法发挥整体功效。要建管结合，以管促建，一方面强化爱连如家，爱护公物人人有责的意识，另一方面要实行专人专管责任制，使各项基本设施始终保持良好的状态。三抓使用。完善基本设施、管好基本设施的目的全在于使用。不用，还有什么功效可言。有的军官训练中心、指导员之家、战士学习娱乐室，设施齐全配套，档次高，环境好，但却是"活动中心不活动，俱乐部里不聚乐"，一年到头铁将军把门，东西不是用坏了，而是放坏了。官兵意见很大。要采取措施，让基本设施"用"起来，该开放的开放，该活动的活动，"用"中管理好的要表扬，不"用"管理的越好越要批评，甚至将配发器材收回调整使用。通过抓基本设施的配套、管理和使用，使其真正发挥功效，切实为官兵创造一个训练、工作、生活的良好环境。

三、挖底重于筑堤——突出重点抓

"两个经常"重在"疏导"，"疏导"是联系两个经常的桥梁，管理要管在"理"上，说理也要说在"理"上。连队是个"小麻雀"，五脏俱全。工作千头万绪，千条线要过一个"眼"。但说到底是管人的工作。"人员上百，形形色色；人员上千，千奇百怪"。基层出事故、案件的原因很多，但主要原因总要有"经常性的管理工作、经常性的思想工作"不到位这一条。古代大禹治水几十年，既筑河堤，又挖河底，终于制服了洪水。新中国成立以后，在毛泽东一定要根治大江大河的决策下，每年亿万群众上阵，挖河底、筑河堤，终于取得了人定胜天的效果，迎来了20世纪

80年代的"天帮忙"。但此后的十几年，由于忽视了水利基本建设，到了1998年长江大洪水时，流量虽没有50年前大，可水位却要高得多，因为河底多年没有很好地疏通了。基层"防事故、防案件、防严重违纪"如同治水，必须筑堤和挖底并举，以"疏导"为主。三防工作不是中心，却影响中心。用木桶理论比喻连队工作，弱项是短板，关系到盛水多少；事故、案件是在桶底下钻了个眼，关系到有水无水。以疏导为主就抓住了做好两个经常工作的重点和主动权。首先，这是管理工作的原理决定的。现代管理学原理告诉我们，管理者与被管理者是一对矛盾，解决好这一矛盾，把管理者与被管理者一致起来，一致的程度越高，管理的效益就越好。求得一致的办法就是"疏导"。"钢性管理"把人当工具，"柔性管理"把人当作真正的人，见人见思想。前些年有一个中国代表团去日本，在一家大企业看见"鞍钢宪法"赫然挂在墙上大惑不解，经询问方知，董事长把鞍钢的"两参一改三结合"的管理办法，作为解决管理者与被管理者矛盾、实行"柔性管理"的最好模式。我们的一些基层干部盲目学习西方的管理办法，要么管不到位，留下空挡；要么因为来硬的造成矛盾激化，甚至酿成事端。管理中贯彻"疏导"为主，就是要真正管在理上，不但让被管理者明白做什么，为什么这么做，而且还要知道为什么不这么做不行。经常性的管理工作贯彻"疏导"为主的方针，就是管人管心，浇树浇根。看起来是增加了工作量，实际上是提高了管理效益。其次这是由思想政治工作的原则决定的。官兵政治上一律平等是我军的光荣传统，是政治工作必须遵循的原则，古田会议决议指出："官兵之间只有职务的区别，没有阶级的分别，官长不是剥削阶级，士兵也不是被剥削阶级，官长应爱护士兵，关心士兵的政治进步和生活状况，保障士兵的民主权利，尊重士兵的人格，坚决废止肉刑，纠正打骂士兵等旧军队的管教方法。士兵要尊重官长，自觉接受管理，遵守纪律，纠正极端民主化和平均主义、雇佣思想等错误倾向"。"两个经常"重在疏导，就是：政治上尊重人，平等、没架子，不搞"官大一级压死人"，不搞"我说你听、我管你通"。战士把干部分为四种人：有水平没架子、有水平有架子、没水平没架子、没水平有架子。搞好"疏导"就是要当第一种人，有水平没架子，提高能力，放平自己；思想上理解人，会换位思考，能设身处地替士兵着想，把大道理讲实，把老道理讲新，把小道理讲深，既良言一句三冬暖，又忠言逆耳利于行；既不唱高调，又不低格调。把理真正说到战士的心坎上。以理服人，说服了人才能教育人、管住人。生活上关心人，对战士的疾苦、家中的困难要想到、问到，特别是婚恋受挫、家庭意外变故、生病住院时要最大限度地送温暖，能提供多少帮助就提供多少帮助，实在帮助不了，也要主动说明情况，力达不到，心一定要尽到。第三是由青年人的心理特征决定的。客观环境影响人的思想行为，人的思想行为又影响着客观环境。这些年来生活条件好了，但青年中精神病率、自杀率、犯罪率连年走高，是过去的几倍、十几倍。据社会学家分析，主要原因是生存竞争压力大而造成的"逆反心理"。日本有篇文章专门分析了日本青年家中施暴的原因，说青春期的孩子"家中没有宗教"，也就是说没有信仰的情况下，会很容易对父母的管教产生心理逆反，如果得不到及时克服，又遇上父母的粗暴，就会因激烈的反抗而造成对父母的伤害。"非典"期间，有的院校在封闭一个月后搞问卷调查，90%的人憋得受不了了，说"越是不让上街，越想出去看看"，有的还说"墙垒得越高，越想爬出去"。"逆反心理"在青年人中带有很大的普遍性，它的特征是对高压式、粗暴式管理说"不"。两个经常以"疏导"为主，克服了管理的简单化和说教的空泛化，是解决了"逆反心理"的有效途径。以人为本的发展观也要求充分注意社会心理效应，降低"逆反心理"的发病率。

经常性的思想工作离不开经常性的管理，经常性管理也离不开经常性的思想工作，两者相辅相成。离开思想工作抓管理，必然导致重强制、简单化；离开管理抓思想工作，往往造成迁就照顾。"两个经常"重在"疏导"，既避免了管理工作中的强制，又避免了思想工作中的迁就。否则"挖底"就成了"筑底"。抓住了"疏导"就抓住了"两个经常"的结合点，要注意把握处理好以下几个关系：

一是要正确把握解决实际问题和解决思想问题的关系。物质鼓励和精神鼓励相结合，解决思想问题和解决实际问题相结合，是我军思想政治工作长期坚持的原则。但是，由于受"向钱看"、"讲实惠"的影响，有的过分强调贯彻物质利益原则，甚至以解决实际问题满足人的物质要求，以给钱给物给假期代替"两个经常"。比如有的单位干部不出操就扣生活补助费、战士不愿退伍就多发医疗救济费、官兵思想不稳定就多发钱物，使"疏导工作"进入了误区。"疏"，"疏"不开、"导"，"导"不动。不否认，许多思想问题是由实际问题引起的，实际问题解决不了，思想问题也解决不好。如果光讲革命道理，不注意解决实际问题，就会犯"空头政治"的毛病。但军队不是经济实体，不能照搬地方企业实行经济手段和奖金制度的那套办法。我们不是雇佣军，不能用金钱去买战斗力。我们要培养的是在紧急关头能用身体"堵枪眼"、"炸碉堡"、慷慨赴死，从容就义的精神，这是金钱买不来、"重赏"赏不来的。靠金钱收买人心的队伍是打不了胜仗的。要是"100现大洋、2两大烟土"打冲锋管用的话，国民党还会败走台湾？物质待遇与奉献精神并不能成正比。靠物质刺激调动积极性，能管一时，不能管长远，搞多了还会起副作用。得"实惠"不少，但思想不转变，问题会越来越多，要求越来越高。正所谓"人心不足蛇吞象"，职务升了，工资增了，家属随军了，但"欲壑难填"，总觉得组织欠他的，照样精神不振，工作缺少积极性。这说明，"疏导"不是饿了给馒头、瞌了给枕头，要坚持义利相济，义利统一。即在解决实际问题、改善物质利益时，要坚持思想领先的原则，帮助官兵把心底的"污泥"挖出来，确立观察处理问题的正确态度，提高思想觉悟。如给伤残战士送救济费、营养品的同时，再给他讲讲保尔、张海迪的人生观，讲讲伤残者的一生怎样度过才有意义。像列宁说的那样：在关心群众物质利益的同时，使他们"在道德上、精神上、政治上也成长起来"。

二是要正确把握"以情感人"和"以理服人"的关系。人是有思想、有感情的高级动物。"疏导"要动之以情，晓之以理。"情"和"理"是不可分割的统一体，如果不以真诚的情感去说理，就会出现"话不投机半句多"的现象。通情才能达理。"动之以情"是"晓之以理"的基础。特别是对缺点较多的战士，更应该以与人为善的态度，进行同志式的交谈、兄弟式的开导。这样，才能使他心悦诚服地接受"疏导"。某团有个战士因工作消极,不请假外出,打架斗殴,多次受到批评不思悔改,对领导采取"软抗"态度,检讨书复印了几十份,随要随交。教导员、指导员不歧视,不动火,满腔热情地帮助他,给他讲怎样生活才有意义,并向他推荐好书,教他学理论,学雷锋,树立革命的人生观。后来,这个战士变化很大,成为师、团学理论先进个人。他说,"是真情和真理使我阻塞的思路敞开了"。"疏导"是以"情"带"理",以"理"带"情"。"情",是同志之情,革命之情,而不是庸俗的个人感情,也不是小资产阶级"温情"。"动之以情"的目的是为了"晓之以理",前者是手段,后者是目的。离开教育人、培养人、改造人这个根本,孤立地强调以情感人,"两个经常"就失去了目标和方向,也就从根本上失去了原则性和战斗性。正确的方法应当"情中达理","理中含情",情真理实,情理交融。决不能用私人感情代替革命道理。大道理是管根本、管长远的,小道理要服从大道理。做好"疏导"工作,要讲好大道理,而不能离开大道理,片面强调小道理的作用,更不能以小道理代替大道理。要联系实际,找准大道理和现实的结合点,理直气壮地讲好大道理,点燃人们的理想、信念之火。要克服大道理解决不了实际问题,"千讲万讲不如一奖,千理万理不如一利"的错误思想。

　　三是要正确把握关心爱护和严格要求的关系。"疏导"是政治上严格要求,生活上严格管理,而不是迁就照顾,放任自流。顺从个人意愿、迁就照顾,不是真正的"疏导"。这几年,有的强调"宽松、宽容、宽厚",不敢开展积极的思想斗争,不敢理直气壮地批评个人主义;有的违反政策规定,以"办实事"为名,做"老好人",要随军就批，要事假就准，要补助就给，要转业就放；有的姑息情绪泛滥，赏罚不严明，严下不严上，严兵不严官，严"疏"不严"亲"，严"软"不严"硬"，怕得罪人，怕丢"选票"，大事化小，小事化了，不得不批评时便搞"弯弯绕"，含糊其辞，不痛不痒，致使是非不分，原则性越来越差，"疏导"成了"疏倒"，倒向错误一边。要正确处理关心爱护和严格要求的关系，首先要从政治思想上关心。强调学习革命理论树立科学的世界观和方法论，提倡学习文化、学习知识，为成才创造必要的条件。正如有的战士所说："领导关心我们不应当在表面，而应当在心里；不应当在眼前，而应当在长远，要对我们的一生负责。"其次，对缺点错误要敢于给予及时和不留情面的批评。恩格斯曾说过，从自身的痛苦经验中得到的教育更深刻。对缺点的批评帮助，从某种程度上讲，比物质生活上的关心更重要。贯彻"疏导"方针，就是勇于拿起批评与自我批评的武器，开展积极的思想斗争，发挥"两个经常"的原则性和战斗性。当然，批评要与人为善，惩前毖后、治病救人。有的同志担心开展思想斗争会激化矛盾，酿成事故。这是不能全面分析事故发生的根源，把"两个经常"的战斗性与安全防事故对立起来的缘故。其实，一些事故的发生，恰恰是因为"两个经常"不深不细，发现不了问题，或者是发现了问题，也不敢认真解决，战斗性不强造成的。错误的东西像"弹簧"，你"弱"他就"强"，越怕越容易出事。大胆地正视矛盾、解决矛盾，事故、案件才能得到有效防止。那种怕得罪人而采取"躲"的办法，怕丢单位的丑而采取"捂"的办法，怕矛盾激化而采取"哄"的办法，"没有事不想事，有了事就怕事，过了事就忘事"等做法都是十分有害的。当然，我们强调要发挥战斗性，并非不分对象，不讲方法，光讲斗争，而是要讲政策、讲原则、讲方法，有理有据，刚柔相济。只有这样，才能既解决问题，又防止矛盾激化，"疏导"到点子上。

四是要正确把握"罚"和"教"的关系。"教"是疏导，"罚"是教育的手段，也是疏导。对部队的管教是领导的重要任务和责任，不进行严格的管教就是失职。但要把握好"度"。要严而有度，严得合理。如果把"严格要求"变成"整人治人"，"不教而诛"不是"疏导"。当前，部队以罚代教，以行政手段代替思想政治工作的现象比较普遍。有的崇拜巴顿的带兵方法，错误地认为粗野是军人的气质，不讲道理，不尊重人格，把打骂体罚战士当作严格管理。有的滥施处分，动不动就处分人。有一个团半年处分了 18 名干部，有一个连半年处分了 18 名战士，其中一名战士两年受了 8 次处分。不是反对实施处分，但处分一定要慎重，要多教育，少处分，思想教育从严，组织处理从宽。即使非要执行纪律，也应当把思想教育贯穿于纪律处分的全过程。古人说："卒未亲服而罚之，则不服。"如果把严格当成不教而诛，滥施处分，就达不到教育人的目的，反而会越处分，违反纪律的人越多，产生负效应，有的甚至"破罐子破摔"。因此，贯彻"疏导"方针，要注意尊重干部战士的人格和感情，坚决反对任意打骂体罚战士和滥施惩戒。

五是正确把握理解与服从的关系。"疏导"是建立在理解的基础上，不理解就"疏导"不动。理解是双向的，而不是单方面的理解，这就是我们常讲的要"换位思考"，"换过椅子坐坐"。这几年，少数同志片面认识理解，只要组织理解个人，而个人不理解组织；只要组织照顾，不要组织纪律；有的甚至以理解为借口，闹个人主义，搞极端民主化。如有的家属来队，干部要接送到家，领导不同意，就埋怨不理解他们的难处；有的志愿兵家属长期滞留部队，动员她们返乡，就说不近人情；有的没到随军年限，家属却要提前随军，如果不照顾，就说领导不给温暖，如此等等。我们贯彻"疏导"方针，就要教育官兵正确认识理解的含义，摆正理解和服从的关系。要使大家懂得，没有严格纪律的军队打不了胜仗，军人要以服从命令为天职。既要讲理解，更要讲服从。对上级的指示，有时可能不完全理解，但也要坚决执行，在执行中逐步加深理解。我们要提倡干部了解战士，上级了解下级，互相交流思想，加深理解；干部要定期向群众作述职报告，汇报自己的工作等情况，争取大家的了解和监督；领导干部要经常深入群众，了解群众的愿望和要求，设身处地帮助他们解决实际困难；在安排工作、布置任务时，要充分考虑到下级的难处，留有一定的余地。实践证明，加强官兵之间、上下之间的了解是极为重要的，了解是理解的基础，只有了解才能理解，只有理解了，"疏导"才能卓有成效。

四、严爱贵在和谐——转变态度抓

霹雳手段慈母心，是带兵人严爱相济的形象比喻。爱战士是爱连队、爱本职的具体体现。爱战士出战斗力、保战斗力。尊干爱兵是我军的光荣传统。"三湾"改编时，毛泽东就提出了"军官不许打骂士兵"，"官兵待遇平等"等新型官兵关系的原则。井冈山斗争时，他亲自到打骂士兵比较严重的部队调查，提出改善官兵关系的七条经验：干部要深入群众，要群众化；干部要关心战士，体贴战士；干部要以身作则，做战士的表率；干部要学会发动战士自己教育自己，管理自己；说服教育重于惩罚；宣传鼓动重于指派命令；赏罚要分明。抗日战争初期他又明确地提出了政治工作的三大原则，指出：官兵一致就是肃清封建主义，废除打骂制度，建立自觉纪律，实行同甘共苦的生活；军民一致就是秋毫无犯的民众纪律，减轻民众的经济负担；瓦解敌军和宽待俘虏就是把敌人区别对待，打击孤立少数战争顽固分子。其基本精神就是尊重士兵，尊重人民和尊重已经放下武器的敌军官兵，调动一切积极因素，去赢得战争的胜利。1944 年的学习爱兵模范马仁义以及 1946 年的"王克勤运动"，都"强调关心战士与爱护战士，提倡干部与战士同生死共患难，更多的照顾到战士的切身利益（政治的、工作的、生活的、家庭的等）"，提倡团结互助，关心战士，耐心教育战士，提高他们的思想觉悟。昨天在白军里面还是一个萎靡不振的士兵，今天到了红军里面就成了英勇杀敌的战士。正是这种新型的官兵关系使我军保持了高昂的士气和旺盛的战斗力。

　　进入新的历史时期后，基层官兵关系总体上是好的，但也出现了一些不容忽视的问题，有的单位打骂体罚屡禁不止，说什么，"在家父母打，在校老师打，在部队就归我打"，"不打不记、不骂不听、不罚不懂"。有的单位干部离兵现象严重，干部不愿意和战士同吃、同住、同娱乐，作风漂浮，不关心战士的痛痒，"身在兵中不知兵，天天见面不知情"比较普遍。有的干部对战士不能一视同仁，嫌贫爱富，对富裕子弟、关系兵，笑脸相迎，有求必应；对老百姓的孩子一天到晚拉个长脸，"老阴天"。战士说，"连长要是早上对我笑一笑，一天就有用不完的劲"。解决基层官兵关系中存在的问题，要紧紧抓住两点：

一是转变态度，在尊重士兵的基础上扎牢爱兵的思想根子。毛泽东指出："很多人对于官兵关系，军民关系弄不好，以为是方法不对，我总告诉他们是根本态度（或根本宗旨）问题，这态度就是尊重士兵和尊重人民。"毛主席的这些话虽然已过了 60 多年，仍然有很强的针对性。我们一些基层干部是由地方大学生入伍或是地方学生考入军校再分到连队的，缺乏当兵的经历和感受，又怕因自己实践经验少让战士瞧不起，很容易把严和爱对立起来，有的认为带兵就要像巴顿，不能婆婆妈妈的；有的看不起士兵，认为爱不爱兵无关紧要；也有的认为保持距离战士才怕、才能严起来。可见，对兵爱不起来就是尊重士兵的根本态度没有确立起来。须知尊重士兵是我军的性质决定的，无产阶级的军队不搞官贵兵轻，不能"当官的欺负当兵的"，尊重士兵就是坚持唯物史观，就是尊重人民群众，尊重士兵、保持官兵一致，才能保证我军的性质不变。毛主席等老一辈革命家都非常尊重士兵，留下了无数爱兵佳话。延安时期，有一个伤员生命垂危，临死前唯一要求就是见毛主席一面，医生特别为难，不报觉得对不住伤员，报了又怕干扰了主席的工作，且离延安 40 多里，即便主席能来伤员也不一定等得及，但在伤员期盼的眼神和一再催促下，医生还是在犹豫再三后上报了延安。主席接到报告，立即放下手中的笔，骑上马向医院急奔。当毛主席气喘吁吁地来到伤员床前时，口中喃喃呼唤"毛主席，毛主席……"的伤员忽然抬起头，睁开了眼睛，双手紧握着主席的手，嘴唇

哆嗦着一句话也说不出来。主席两眼含着泪花，微笑着说，
"我看你来了"，刚说完，伤员就闭上了眼睛。主席慢慢抽
出手，看着面带笑容去世的伤员，用手给他擦去眼边的泪
水站起来往后退了退，给烈士深深地鞠了三个躬。一个外
国记者知道了这件事后说，将来中国肯定是共产党的。我
认识一个学生官叫李国发，他从地方大学入伍，一到连队
就以甘当小学生的精神，尊重每一个士兵，虚心向他们学
习，处处和战士打成一片，他真心地关心爱护战士，用知
识带兵，用知识爱兵，很快获得了战士的信任和尊重。任
营连干部期间，在他的关心帮助下十几名战士考上了军校。
当问他"你为什么爱兵爱得深时？"他说，"放下架子，打
心眼里尊重他们"。只要牢记，"群众是真正的英雄，而我
们自己则往往是幼稚可笑的"，把"士兵第一"作为处理官
兵关系的最高准则，尊重士兵也就不是困难之事，爱兵的
思想根子也就扎下了。

　　二是转变作风，在知兵中把握严和爱的和谐度。严是
爱，松是害，不管不问成祸害。把严寓于爱中，把爱寓于
严中，严中有爱，爱中有严。严爱和谐有度是一门学问。
打开这门学问的钥匙就是知兵。只有对兵真知、亲知、深
知，才能严到点子上，爱在根本上。知，也是爱。有一个
团政委出差去海南，一个偶然的场合遇到了他十几年前在
连队时的兵，这个兵说，"老指导员，你还认得我吗？"政
委一口喊出了他的名字，这个兵激动地流着泪和政委拥抱
在一起。"四个知道，一个跟上"讲了多年，可就是落实不
好，到基层调研，连队干部默写不上全体战士姓名的不在
少数，对每个人的特点、家庭情况等说不上、说不全的更
多。视而不见，听而不闻，见怪不怪，作风不扎实，身在

基层，心不在兵身上是相当多的基层干部的通病。其实，转变作风不光是领导、机关的事，在新形势下基层干部同样也要转变作风。把思想转过来、把屁股坐过来，这样思想和行动统一起来了，严爱和谐的带兵要求就落到了实处。抓基层干部的作风转变可概括为 6 个字：靠上、较真、过细。先说靠上。靠上，就是看基层干部在连队期间，不管是正课还是业余时间能否全身心地靠在士兵身上，是零距离、融合在一起，还是两张皮，游离于战士之外。要工作靠上，精力靠上，感情靠上。有一个连长，营房在城里，连队和他家一墙之隔，他却一天到晚靠在连队，值班时，深夜必查一次铺，并且转到每一个屋子，不值班时也是晚上看到战士都睡下以后再走。他给自己约法三章：每天到各班走走，听听有什么意见没有，每周与战士娱乐两次以上，平常每周与战士谈心至少 10 人。战士从干部舍了小家顾大家中看到了爱心，就会尊重干部，爱连队、爱本职也就成了自觉的行动。后说较真。较真，就是看有没有认真的精神。"世界上怕就怕认真二字，共产党就最讲认真。"认真是责任感、事业心的直接表现。基层干部官不大、权不大，直接带兵责任大。爱得深就抓得紧，管得真。真爱才能真管。来真格的不敷衍是爱。较真就是不糊弄人、不糊弄事。你糊弄战士，战士就糊弄战斗力。一要真谈心。谈心是密切官兵关系的好方法，很多问题可以在谈心中得到解决，这已是我军几十年的实践所证明。但近年来谈心存在着简单化的倾向，经常遇到这样的情况，干部说一年跟士兵谈了多少次心，战士说一次也没谈过，原来干部把拍拍肩膀，问一声"有事吗?"就算谈了一次心。新形势下谈心要正规化，要开宗明义，不要绕圈子，可建立谈心谈话登记本，当场记、过后补记都行，绝大多数战士认为干部用本记是对他的尊重和重视。谈心要平等交流，说心里话，说过来，说过去，谈心的过程是互相学习、互相教育、共同提高的过程，力戒自由主义和拉拉扯扯。二要真激励。激励包括正激励和负激励，也就是表扬批评。有的干部表扬批评也搞假的，有时是为了平衡，有时是为了照顾情绪，有时是看着谁顺眼，其结果是表扬成了哄小孩，批评成了讽刺挖苦、揭疮疤、打击报复。表扬批评中的片面性、不真实性，不但起不到激励的作用，还会起到负效应，对战士的感情造成伤害，影响情绪和积极性。因此，表扬批评一定要从激励的目的出发，坚持真实性，对事不对人，真好、真有说服力、真有带头作用就要表扬；真差、真影响不好、真拖了后腿，就要批评。表扬批评都要注意政治、注意大的方面、注意有理有据，避免主观武断，抓住一点不计其余，猛吹或者猛批，特别是不要表扬了投机取巧的，批评了老实肯干的，更不能"鞭打快牛"。三要真办事。家家有本难念的经，人人都有挠头事。各级都要为基层干部战士排忧解难，要多给战士办真事、办实事、办好事。家属随军、子女上学、转业退伍，以及家中邻里纠纷、涉法的事，该出信的出信、该派人的派人，即便是跑断了腿、磨破了嘴，也要一办到底，哪怕是犯了错误的人仍应给出路，在政策允许的范围内想方设法安排好。尤其要注意的是，对战士作了承诺的事，不能唱好了歌，当面答应，过后就忘是不可取的。有的连队干部身上装个小本子，前边用来学习，记随想录，后边用来记事，当备忘录，办一件事打一个勾，这种认真办事的态度本身就是对战士的尊重。再说过细。过细，就是想得细做得细。现在流行细节决定成败，其实做人的工作是最需要过细，再复杂的机器设备也复杂不过人的大脑。许多事故、案件都是发前有征兆，往往是由于想得不细、工作不到位留下深深的教训和遗憾。败于粗疏，成于细微，是防事故、防案件的经验之谈。细节看作风、细节看爱心、细微深处见精神。连队干部就是要有慈母心、兄长情。坐卡车外出，安全细节要想到，不但要提醒战士不被树枝挂着头，还要提醒不要被风刮掉了帽子，更要提醒大家外出头脑要冷静，激动了，忘乎所以容易出事情。爱兵要从点滴做起，战士感冒头痛病不大，但躺在床上想法多，连队干部不仅要亲自给战士端上一碗病号饭，还应知道战士的口味是咸还是淡，是想吃辣椒还是吃大蒜。连队开座谈会，让大家说说一年来最难忘的一件事，好几个战士说的是连队干部给自己送病号饭，"指导员给我端来病号饭，我的病就好了一半"。基层干部作为一线带兵人，要脑勤、眼勤、嘴勤、腿勤。要从饭量增减中看情绪，从训练动作快慢中看变化，从睡觉喘气匀不匀中看压力。一句话，没有把心操碎的精神去做工作，是带不出让领导放心的连队的。当甩手掌柜，幻想懒人有懒福，不出事是不可能的。总之，基层干部转变作风，靠上是前提，较真是关键，过细是保证。做到6个字，和兵心贴心，一片真情，真抓、真管，心细如丝，时时想到，事事想到，根本态度解决了，严爱和谐带好兵就能真正落到了实处。优秀基层干部姜升立说过："视战士高于自己，爱战士胜过自己，为战士不顾自己，学战士提高自己。"他坚持以情带兵，对战士关怀备至，冬天像"盆火"，夏天像"凉风"，为了让患病的战士早日康复，他精心制作可口的病号饭；为了使处在青春期的战士保持生理卫生，他提议建立了

"爱心小屋"，他把战士成长进步作为最大关爱，战士出现行为偏差，他用"递纸条"的办法及时给以校正。姜升立为战士所做的这一切，看似是一些平平常常的小事，但小事里面含真情，小事里面有政治。战士们正是从这些小事中真正感受到了部队大家庭的温暖，进一步加深了对党的深厚感情。

基层建设是一个系统工程，抓基层、打基础，使长劲出长效，物是死的，人是活的，要夯实基础非下苦工夫不可。一定要做到：有一个好传统，传统就是战斗力，传统就是文化，传统就是作风；传统就是咸菜缸中的水，这水能腌制出上等的美味；传统就是小熔炉中的火，这火使进来的铁出去就成了钢。有一套好制度，制度就是标准，制度就是硬杠杠，制度就是指挥棒；再好的制度靠人落实，落实好了制度就能在正规有序中科学发展。有一个好班子，班子是钢拳，拳头握得紧才有力量；班子是铁掌，指头伸得开才能抓得牢。有一支好队伍，党员骨干蓬勃向上，步伐整齐，反应敏捷，都是能带头冲锋陷阵打恶仗的硬骨头，部队就能一往无前，无坚不摧。

专　　论

一、指导员要提高做好经常性思想工作的能力

指导员要成为经常性思想工作的行家，必须努力提高"四个方面"的能力：组织领导思想工作的能力，观察分析问题的能力，疏导说理的能力，解决棘手问题的能力。这"四个能力"是指导员做好经常性思想工作的基本功。把"四个能力"具体化，对于帮助指导员正确认识自己的不足，瞄准薄弱环节下工夫，争当经常性思想工作的行家里手，是有积极意义的。现将"四个能力"分别具体分解，列出若干表现，做一些研究和探讨。

（一）组织领导思想工作的能力

主要表现为：（1）会调查和组织分析连队思想情况，针对问题及时提出对策。指导员要通过与战士实行"五同"、谈心、发动骨干等形式，了解掌握官兵的思想；要会组织党支部"一班人"及时分析连队思想情况，针对问题提出切实可行的对策，使连队经常性思想工作有计划、有步骤、有目的地开展。（2）会检查讲评督促，把经常性思想工作落到实处。指导员是连队经常性思想工作的直接组织者和带头人，不仅自己要带头做，而且要对全连开展经常性思想工作的情况及时进行检查讲评，表扬做得好

的，指出存在问题，明确改进措施，督促落实各项制度。
（3）会培养和组织思想骨干开展工作，形成"大家来做"的局面。指导员要善于培养和使用思想骨干，经常给他们交任务、提要求、教方法、带作风，不断提高他们开展思想工作的能力，逐步达到"四会"。（4）会发挥连队"三个组织"的作用，在经常性思想工作中形成合力。"三个组织"的作用，就是党支部的领导作用和团支部、军人委员会的助手作用。党支部要统揽连队经常性思想工作，做到有布置、有活动、有检查。团支部和军人委员会要积极配合，开展各种健康有益的活动，创造一个人人都参与、人人受教育的良好环境。（5）会培养和宣传典型，形成人人学先进、赶先进、当先进的浓厚气氛。指导员要善于发现和培养各类典型。在典型的宣传上，要做到事迹真实可信，经验实在可学。同时，还要加强对典型的教育和引导，使他们不断进步。（6）会把握政策界限，法规意识强。指导员要熟悉方针政策和法律法规，不仅自己要带头执行，还要教育干部骨干掌握政策，做到严之有理，严之有情，严之有度。（7）会总结和积累点滴经验，有一套做经常性思想工作的路子。指导员要注意把平时所做的思想工作上升到理性认识，总结和积累那些小型管用、现实针对性强的经验；要根据形势任务和部队成分的变化，摸索新办法，拓宽新路子，并不断完善，使之形成套路。（8）会结合经常性管理工作一道去做，保证部队安全稳定和各项任务的完成。指导员要善于在管理工作中抓教育，在思想工作中抓管理，使二者有机结合，相互渗透。

（二）观察分析问题的能力

主要表现为：（1）能通过表面现象看到问题的本质，不被现象所迷惑。指导员了解和掌握官兵的思想情况，要善于分析、比较，注重看思想基础，看一贯表现，不被一时一事的假象所迷惑。否则，思想工作就掌握不了重点，无的放矢，甚至会"下错药"。（2）能通过个别问题看到倾向性问题，不让其形成气候。许多个别问题与倾向性问题有着密切的联系，个别问题解决不好，就可能导致倾向性问题。指导员头脑必须很清醒，要小中见大，对个别问题早抓早治，防止蔓延，形成气候。（3）能通过简单问题看到潜在的复杂问题，及时消除隐患。要善于运用发展的观点、联系的观点观察事物，分析问题，及时发现隐患，争取工作的主动权，有苗头抓，没有苗头也抓。有些指导员眼里没有活，心里不装事，出了问题四处"救火"，这是需要认真克服的。（4）能通过实际问题看到思想问题，使工作有较强的针对性。指导员对战士中的各种实际问题，要进行实事求是的分析，会透过实际问题看到由此引发的思想问题，把解决实际问题与解决思想问题结合起来，防止片面性。（5）能通过现实表现预测未来发展，实施正确引导。干部战士的思想活动是有规律可循的。指导员要认真学习和运用"交换、比较、反复"的方法，潜心观察，掌握规律，预测发展，积极引导，为干部战士的成长进步创造有利条件。

（三）疏导说理能力

主要包括：（1）能用革命大道理说服人。指导员一定要坚持正面灌输的原则，联系实际理直气壮地讲大道理，把大道理讲得实实在在，讲得入情入理，造成讲大道理、信大道理、用大道理的氛围。（2）能用方针政策说服人。做思想工作要符合党的方针政策和上级规定，并处处维护它的权威，防止和克服哄骗、许愿和矛盾上交的现象，坚持思想工作的原则性和战斗性。用方针政策说服人，指导员首先要说服自己，说服"一班人"，说服干部。只有这样，才能说服群众。（3）能用光荣传统说服人。善于运用我党我军的优良传统，本单位的好传统和好作风，进行生动的思想教育，激发广大官兵的荣誉感和使命感。（4）能用事实说服人。事实胜于雄辩。指导员要学会用身边的事，用报纸、广播宣传的事来教育人，说服人。早在1930年底颁发的《中国工农红军政治指导员工作暂行条例草案》就明确规定："必须利用各种可能与红色战斗员进行谈话、读报、读小册子、喊口号、读传单，提高战斗员的革命勇气、纪律决心。"指导员平时多积累，偶尔必得之。（5）能用典型说服人。一个典型就是一面旗帜，一根标杆。连队天地虽小，但也不乏各种各样的典型。指导员运用大家看得见、摸得着的典型示范引路，就会使人信服，连队正气就会不断上升。

（四）解决棘手问题的能力

主要表现为：（1）善于解决连队的不良倾向。指导员要敢于扶正祛邪，通过克服不良倾向，培养部队的良好风气。克服不良倾向的一个好办法，就是开展一事一议，进行民主讨论，用大道理管小道理。通过讨论一件事，大家受教育，使不良倾向没有立足之地。（2）对干部的问题敢抓善管。要敢于开展积极的思想斗争，讲真理，不讲面子；要充分发挥党支部的战斗堡垒作用和群众的监督作用，真正把干部管住、管好，用干部的模范行动影响和教育战士，增强思想工作的说服力。（3）会做个别后进同志的思想转化工作。做好个别后进战士的思想转化工作，是衡量指导员做思想工作能力强弱的一个重要标志。指导员要善于发现他们的闪光点，调动积极因素；要反复抓，抓反复，主动亲近，关心体贴，发动大家帮助，切实创造一个有利于他们转化的良好环境。（4）对干部战士的实际问题尽心尽力帮助解决。要关心干部战士的疾苦，特别是对他们的婚恋、疾病、家庭困难等实际问题，不能当包袱甩，要积极想办法帮助解决，力不从心要尽心，事没办成要讲清，让干部战士切身感受到兄长之情和组织的温暖。

二、抓好基层干部骨干队伍建设，全面提高干部骨干素质能力

依靠基层抓基层，提高基层解决自身问题的能力，关键是抓好基层干部骨干队伍的建设，全面提高干部骨干素质，使基层内化功能不断提升。

（一）进一步增强提高干部骨干队伍素质的紧迫感

一线指挥部的领导和干部、基层干部骨干队伍处在部队建设的第一线，是基层各项工作的直接组织者和参与者，其素质的高低直接关系到基层建设的质量，关系到上级各项指示的落实，关系到部队战斗力的提高。为什么上级同一个指示、同一个号召，在部队落实起来往往千差万别，

关键是干部骨干的素质。培养一个好班长、好排长，不仅可以带好一个班、一个排，而且也是为培养好连长、好指导员打下了基础，一个明白的连长、指导员，不仅能带出一个过硬的连队，而且还能带出一批明白的干部骨干，在连长、指导员这个位置上干明白了，今后走上营长、教导员或者团长、政委的岗位，也会是一个明白的领导。机关干部的素质对基层建设的影响更大，一个很强的机关可以抓出一批好连队。正像大家讲的，机关坚强，基层才能过硬。从这个意义上讲，加强干部骨干素质建设更具有长远性和根本性。目前干部骨干队伍的素质总体上是好的，但与新时期部队建设的要求相比，还有不小的差距。突出表现在：一是科学文化基础相对薄弱，学历较低。虽然学历不等于能力，但是学历可以转化为能力。学历低了，发展潜力就容易受限。二是部分干部专业技能不够扎实。其中既有专业干部来源不足的因素，有我们干部自身学习不够的原因，也有组织培养不够有力的问题。三是机关干部综合素质不够高。机关干部下去能干、坐下能讲、回来能写的为数不多，特别是能出大主意、当好参谋、抓好落实的更少。四是基层干部成分新、流动快的问题还没有得到有效解决。许多基层干部缺乏实际工作经验的积累，想干、愿干但干不好的问题仍然是主要矛盾。干部成长进步离不开实践经验的积累，离不开觉悟的积累，离不开业务知识的积累。五是士官队伍素质偏低。有不少士官尚不能够组织训练。这种状况与部队建设的要求和形势的发展都是不相适应的，人才匮乏的问题已成为制约部队建设与发展的瓶颈，尤其是当今世界新军事革命和高技术战争的演进，改革开放和社会主义市场经济的发展，新的历史条件下兵员状况的变化，对干部骨干的素质和能力提出了新的更高的要求。即便是知识比较丰富、素质比较好的干部，也有一个不断学习、更新知识的问题。因此，提高干部骨干素质既是当务之急，又是长远之计。如果不能充分认识到这一点，采取有效措施尽快提高干部骨干队伍的素质，基层建设就很难上层次、上质量，也必然影响到军事斗争准备的进程。务必认清形势，正视差距，进一步确立抓基层关键要抓人才，抓人才关键是强素质的观念，切实把提高素质作为第一要务，把培养高素质的干部骨干作为第一位责任。党委领导要有识才的慧眼、用才的气魄、爱才的感情、聚才的方法，切实把人才培养作为一项长期任务来抓。领导干部要进一步强化"校长"意识，把发现、培养、使用、引进和保留人才作为自己的重要职责，努力造就一大批复合型的指挥人才、专家型的科技人才、智囊型的参谋人才、骨干型的士官人才。机关要进一步强化育才意识，努力形成多渠道、多方式、多层次齐抓共管强军育才的新格局，努力营造尊重知识、尊重人才、尊重劳动、尊重创造的浓厚氛围，千方百计地为人才脱颖而出创造良好的条件。官兵要进一步强化成才意识，认清使命，找准差距，明确目标，作好规划，自我加压，奋发努力，立志成才。

（二）要突出抓好基本素质的提高

要真正成为一名合格的干部骨干，必须具备良好的综合素质，尤其是要有深厚的理论功底、坚定的理想信念、高尚的人品官德、过硬的军事技能、丰富的科技知识和扎实的工作作风。从当前部队实际情况看，有以下五个方面的素质需着重提高。

一是调查研究的素质。没有调查就没有发言权。调查研究是干部骨干应具备的基本功，不善于调查研究，抓工作就缺乏预见性和针对性，当参谋就出不了好主意，做思想工作就做不到点子上，总结经验就找不到规律。搞好调查研究，最主要的就是要吃透上头的，切实掌握上级的政策规定和指示要求；摸清下边的，要弄清基层的真实情况，知道官兵在想什么、做什么、需要什么；掌握横向的，要大量掌握社会各方面的信息和友邻单位的先进经验；形成自己的，就要经过综合分析，找准结合点，形成自己的工作思路，作出明确的决策，深入宣传教育，抓好工作落实，变成大家的自觉行动，在部队建设中出成果、见成效。

二是言传身教的素质。作为一线的干部骨干，一项重要的职责就是要教育人、带好兵，能够用自己掌握的知识搞好政治教育，把老道理讲新，把大道理讲实，把远道理讲近，把歪道理批倒。要严于律己，练好身教功。俗话说，喊破嗓子不如做出样子。干部骨干的形象教育比语言教育更重要，让没有理想的人讲理想，谁信？让不守纪律的讲纪律，谁听？让跑官要官的人讲奉献，谁服？让管理粗暴的人讲管理，谁理？干部骨干要努力争当解放思想、实事求是的模范，无私奉献、积极工作的模范，严于律己、令行禁止的模范，团结同志、关心他人的模范，时时处处关心人、体贴人、培养人、激励人，真正成为广大官兵的知心朋友和学习榜样。

三是服务官兵的素质。领导就是服务。服务是干部的天职，也是干部的觉悟。不为官兵服务，要干部骨干干什么？要领导和机关干什么？要提高服务素质，首先，要看服务的意识强不强，能不能围绕服务基层思考工作、安排活动，有没有服务到人、服务到家、服务到官兵、服务到现场的思想。可以说，服务就是觉悟，服务就是水平，服务就是形象，服务就是本钱。其次，要看服务的本领高不高。就是要精通本职业务，具有较强的协调办事能力，熟悉服务对象，体察官兵疾苦，善于发现和解决问题。再次，要看服务作风正不正。要处于公心，秉公办事，做到无条件服务，决不允许不给好处不办事，给了好处乱办事，机关要防止和克服"门难进、脸难看、事难办"的不良作风。最后，要看服务的实效好不好。检验的标准就是官兵需要不需要、满意不满意、欢迎不欢迎、高兴不高兴。

四是抓好落实的素质。部队建设的一切工作，最终都要靠基层干部骨干抓落实，落实的质量好坏，关键取决于大家抓落实的能力和水平，抓落实不可能一劳永逸、一蹴而就，需要付出艰苦的劳动，需要一个完整的过程。我认为，要抓好工作的落实，一要抓好先行，探索路子；二要宣传鼓动，营造氛围；三要树好典型，积极引导；四要检查督导，及时纠偏；五要总结讲评，奖惩严明。

五是改革创新的素质。改革创新要坚持与时俱进，首先要有时代性，要求我们思想观念、理论认识要跟上时代的发展变化，注重用富有时代特色的观念和理论解决部队建设中遇到的新情况和新问题；其次要掌握规律性，与时俱进必须遵循客观规律，谁认识和掌握了规律，自觉按规律办事，谁就能掌握工作的主动权，违背规律就是盲目蛮干，就要受到规律的惩罚；再次要突出创造性，破除僵化的思想观念和陈旧的做法，防止"穿新鞋、走老路"，或者满足于"开会表态—制定计划—大搞活动—检查考核"等一成不变的套路，积极创造新办法，探索新途径，培养新典型，总结新经验，为基层建设注入新的生机和活力。还要注重实践性，部队建设的各项改革创新效果好不好，最终要靠实践去检验，有利于部队建设的，就要大胆地试、大胆地创、大胆地干；不利于鼓舞士气、提高部队战斗力的形式主义的东西，就要彻底改正，坚决摒弃。

（三）要切实把握提高素质的有效途径

良好的能力素质不是生来就有的，更不是天上掉下来的。也就是说，提高自身素质没有捷径可走，需要付出辛勤的劳动和汗水。古今中外许多有成就的仁人志士，无一不是靠自己发愤努力、不懈追求实现的。作为新时期的带兵人，要提高自身素质，履行好带兵的职责，除了个人努力学习实践外，还要靠各级领导的传帮带。这些道理大家都清楚，但是，同在一个单位工作，同在一个起跑线上，为什么有的同志提高得快、进步幅度大，而有的同志工作水平老是没有长进、缺少建树？关键是事业心、责任感不强，缺乏勤奋进取的精神。我们每一个同志都要树立立足岗位成才的意识，真正把部队当家建，把岗位当事业干，把部属当兄弟看，以夙夜在公、寝食不安、时不我待的精神，努力提高自身的能力和水平，履行本职，不辱使命，争当合格带兵人，为正风气、鼓士气作出自己的贡献。古人讲，业精于勤而荒于嬉。华罗庚说，勤能补拙是良训，一分辛劳一分才。根据我多年的切身感受和一些同志成长进步的经历，要想真正成才，归根结底离不开一个"勤"字。勤奋出水平，勤奋出政绩，勤奋出觉悟，勤奋出才能。

一是要勤于学习。我们正处在知识经济、知识军事的新时代，科学技术日新月异，国家改革不断深化，军事变革方兴未艾，军事斗争准备任务十分艰巨。在新的形势任务面前，我们不懂得、不了解、不熟悉的东西很多，只有不断加强学习，才能使思维层次和知识水平适应时代要求。搞好学习，对全局来说是个战略问题，对个人来说，是个终身课题。胸怀有多大，事业就有多大；能力有多高，政绩就有多高。知识是立身之本，素质高了，走到哪里都有用。许多同志成功的实践证明，出路千万条，素质最重要。素质是走向成功的"通行证"，素质是一生的"金饭碗"。我们一定要认清形势，看到差距，围绕提高"两个能力"，紧密结合实际，勤奋学理论、学军事、学科技、学历史、学经济、学法律，学习一切需要学的知识，尤其要重视加强新装备、新知识、新技术的学习，不断改善知识结构，提高自身素质。要把学习当作第一位的任务、第一位的需要、第一位的责任。要坚持有效的学习制度。目前有相当一部分干部要求入校深造的愿望比较强烈，大家的心情可以理解，但入校的指标很有限，还是要立足岗位，自学成才，坚持干什么，学什么、精什么；缺什么，补什么、强什么，切实做到知识有所增长，觉悟有所提高，工作有所建树。

二是要勤于思考。基层干部骨干常年与广大官兵生活在一起，掌握的第一手资料最丰富，获取各方面的信息最直接、最真实。能否对这些原始材料，去粗取精，去伪存真，由此及彼，由表及里，从中发现和掌握本质的、深层次的东西，关键在于勤于动脑、善于思考。要坚持理性思考，就是要站在政治和部队建设全局的高度，运用政治理论、政策规定、法律法规进行综合分析，作出正确的判断；

要坚持辩证思考，要运用马克思主义的立场、观点和方法，分析和认识问题，对事物作出客观辩证的结论；要坚持量化思考，对问题进行定性、定量分析，千万不能凭感觉、靠想象，搞大而化之，更不能听什么信什么；要坚持换位思考，领导和机关要设身处地替基层的同志想一想，多体谅他们的难处，基层的同志也要站在领导机关的角度，多从全局想一想，自觉为上级分忧愁，这样做不仅有利于密切上下级关系，而且也有利于发挥上下两个积极性，更好地解决问题。

三是要勤于实践。实践出真知，实践出经验，实践出人才。实践是检验真理的唯一标准。学习成才，提高素质，离开实践这个环节，只能是空谈，不可能成功。大家可能都知道，世界著名画家达·芬奇画蛋的故事，我国古代大书法家王羲之练字的经历，他们无不是经过了千万次悉心磨砺才获得成功。我们部队成长起来有作为的干部，哪一个不是从基层和艰苦环境摔打锻炼出来的！凡是在机关能办大事、挑大梁、独当一面的干部，哪一个不是长期加班熬夜拼出来的！要想成才，勇于实践太重要了。希望大家要在刻苦学习的基础上，勇于到艰苦的环境和岗位摔打锻炼，真正在实践中积累知识，增长才干，创造政绩，展示才华。

四是要勤于总结。善于总结，注重探索规律，这是提高自身素质的一个有效的途径，只有善于归纳和总结，把开展工作的过程当成探索规律的过程，才能不断地认识和把握规律，掌握工作主动权，由必然王国到自由王国。毛泽东思想就是来源于对中国革命实践的科学总结。在我们部队建设的实践中，凡是有生命力的典型经验，无不来自于广大官兵丰富的实践总结。所以我们说，总结出水平，总结出典型，总结出政绩，总结出人才，总结出战斗力。因此，一定要养成善于总结的好习惯，做到观察问题要用新眼光，分析问题要用新理论，解决问题要用新办法，判断是非要用新标准。通过不断地总结，切实把感性的认识理性化，把零散的做法系统化，把抽象的东西的具体化。我们不仅要总结成功的经验，还要善于总结失败的教训，做到吃一堑长一智，打一仗进一步。

三、抓基层打基础要注意的几个问题

打牢部队基础，提高基层建设整体水平，必须坚持从实际出发，贯彻全面建设的思想，高标准、严要求地抓好各项工作落实。

（一）从实际出发，围绕全面建设、整体提高做工作

从当前部队情况看，基层建设发展还不平衡，还存在不少薄弱部位、薄弱环节，一些单位追求"单项工作冒尖"，只顾"少数连队冒尖"，直接影响和制约着基层建设整体水平的提高。对此现象，一些基层干部深有感触地说，"搞单项冒尖，是头上戴了花，脚下流了血！"这一比喻形象尖锐。抓基层建设不从实际出发，只为出名挂号；不从长远整体出发，只顾一时效果。牺牲基层根本建设搞"短平快"，以致于到最后"流了血"！基层建设的方向是全面建设整体提高。何谓全面建设？固强补弱，全面抓工作，全面抓落实，使基层各项建设协调发展，没有明显弱项。何谓整体提高？促先帮后，使各个基层单位整体进步，共

同提高，没有连续几年的后进单位。"政治合格，军事过硬，作风优良，纪律严明，保障有力"是基层建设的标准和指导原则，是内容要求，也是质量要求，其本质就是全面建设，全面进步。要高标准、高质量地把"五句话"落实在基层工作中，就必须把重心和工夫放在全面建设和整体提高上，在全面建设、整体提高中求突破、有发展。确立了"全面建设、整体提高"的目标，对端正工作指导思想，促进经常性、基础性工作落实，具有重要的指导作用。济南军区某集团军"坚持在揭露矛盾解决问题中求发展，不断提高基层建设整体水平"的经验，很有说服力。这个集团军明确规定，团以上单位进行半年和年终总结、阶段形势分析，主要查找问题，总结经验教训。向上级汇报工作情况，要以汇报分析问题为主；对主动揭露并解决了的问题，不作为班子和干部的问题看待；对敢于揭露和解决问题的单位、个人，大张旗鼓地进行宣扬，对报喜藏忧、隐瞒问题的，则从严查处。他们还引导各级把保证"五句话"总要求在基层的落实，作为揭露矛盾解决问题的着眼点和落脚点，引导部队重点揭露和解决一个时期带倾向性的问题、潜在的问题，以及困扰基层的难点问题。对揭露出的问题逐个梳理研究，一抓到底，有效地促进了部队的全面发展。某坦克旅本着"立足长远发展，坚持打牢基础，分步搞好建设，实现全面进步"的思路，坚持后任接着前任干，在原有的工作基础上求发展；盯着薄弱环节做工作，在反复抓、抓反复中见成效；不断探索创新，在研究解决新情况、新问题中上台阶，部队的各项基础越来越坚实，基层全面建设不断有新的发展和进步。总之，要不断强化全面建设、整体提高的意识，自觉围绕这个阶段性目标，分析形势，找准差距，在克服薄弱环节、加强薄弱部位上多用气力，使基层建设的整体水平不断迈上新台阶。

（二）理清思路，坚持师以上重点抓旅团、依靠旅团"一线指挥部"抓基层

领导机关在工作指导上，必须坚持层次领导、按级负责，师以上重点抓旅团、依靠旅团抓基层。这个思路是领导机关工作指导上的一个大思路，也是抓基层工作方式方法上的一个大转变。过去，我们有些师以上机关习惯于"一竿子插到底"抓工作，都挤到连队"点瓜种豆"，你抓一下，他抓一下，致使基层难以招架，疲于应付。正像有位领导所说，连队像火炉，不按规律办事，你捅一下，我捅一下，就捅死了。与此同时，对旅团"一线指挥部"的建设指导必然不力，导致旅团抓基层能力不强。旅团直接面对基层，上级的指示要求，要靠他们组织基层实施，基层的问题和困难，要靠他们去反映去解决。忽视旅团的作用，越过旅团抓基层，只能抓住几个连队；依靠旅团抓基层，就等于抓住了所有连队。师以上重点抓旅团、依靠旅团抓基层，下大力提高旅团面对面指导的能力，充分发挥旅团"一线指挥部"的作用，把抓基层的担子实实在在地压在旅团党委和机关肩上，让"一线指挥部"唱主角，逐步走出一条师以上领导机关主要抓旅团、旅团全力抓基层的路子。某军通过总结经验教训，改变和纠正了抓基层的习惯性做法，除完成重大任务、解决倾向性问题需下到连队"解剖麻雀"外，平时坚持把抓基层的着力点放到抓旅团上，依靠旅团抓基层，这样做，既发挥了旅团作用，提高了"一线指挥部"的能力，又促进了基层全面建、整体

上，实现了整旅、整团的进步。旅团要做到指导到位，工作到位，抓连队到位。旅团不认真抓基层，工作方向就搞错了，要认清自己的职责，真正把全部心思和精力用在基层建设上。旅团在工作中不能搞文来文往、会来会去，必须进一步坚持了解情况到一线，检查督促到一线，解决问题到一线，服务保障到一线。在这方面，大多数旅团做得是好的，但也有少数旅团单位对自身的责任和特点认识不是很清，抓工作从基层需要出发不够，往往考虑迎合上级的喜好多一些；对上级的指示要求习惯于照抄照转，不善于做细化、结合、关闸、分流的工作；有的分心走神，忙于迎来送往，交际应酬较多。这些问题如果不注意克服，各项工作就不可能落到实处，基层建设就不可能搞好。师以上党委机关要努力为旅团抓基层创造条件，坚决克服领导工作中的官僚主义、形式主义，把旅团从"五多"中解脱出来，使旅团领导有更多的时间抓基层。当前部分师以上领导机关开会多、发文多、工作组多的问题仍较严重，牵扯了旅团领导和机关大量的时间和精力，打乱了部队正常的工作和生活秩序，逼出了许多形式主义的东西，其危害不可低估。一些旅团反映，师里下来一个科长，团里一般要有一名常委陪同；军里下来一个处长，一般要有两名主官陪同；师以上领导尤其是主官来了，在家的常委几乎都得陪同。在经费、物资上，师以上机关要尽可能向下倾斜，减轻旅团经费上的压力，宁肯自己日子紧一些，也要让旅团、让基层的日子过得好一些。对一些旅团欠债的问题，各级要从本级掌握的经费中拿出一部分为旅团补齐，让他们轻装前进。切实关心爱护旅团领导。军师领导每年至少要找旅团领导谈一次心，听一听他们的意见和要求，对旅团领导本人和家庭的一些困难，要尽可能帮助解决。特别是对旅团主官的进退去留，更要高度重视，在同等条件下，对他们的入学深造、提拔使用要优先考虑；对一些年龄偏大、德才优秀、在作战部队提拔不了的旅团主官，可交流到省军区系统提拔使用；在省军区系统也提拔不了的，可安排到条件好的分区、人武部任职；需要转业到地方工作的，组织要出面，尽可能把他们安排好。

（三）抓住关键和重点，切实把基层党支部和干部队伍搞坚强

加强基层建设，关键在支部，重点是干部，核心是书记。把基层党支部和干部队伍搞坚强了，连队党支部的战斗堡垒作用发挥好了，"一线带兵人"的素质和能力提高了，按照"五句话"总要求抓落实搞建设就有了可靠的组织保证。当前基层干部队伍建设状况总的是好的，但也存有很多问题，主要表现在：缺编数量较多；调整流动过快；部分干部不安心部队工作，想调动和转业的比较多，尤其是文化水平较高、专业通用性较强的干部，要求转业的更多一些；部分干部素质不高，从优秀士兵中提拔的干部缺乏正规培训，发展后劲不足；部分基层干部家庭生活困难，后顾之忧较多。加强基层党支部建设，核心是抓好干部尤其是主官。一是要把好选拔使用关，真正把那些素质好、能力强，有发展潜力的干部放到主官的位置上，不能配一些"过渡官"、"照顾官"。二是要加强和改进培训工作。初级指挥院校对课程设置和教学内容要作些调整和改进，除了现在所学的军事指挥和专业技术知识外，最后一年要突出基本章法的学习，加强带兵基本功的训练，有关院校和

教导队要尽可能扩大基层主官的培训量。在职培训要跟着任务和需要走，增强针对性和实用性。师团领导要利用检查工作、下连蹲点、考察支部班子等时机，手把手地教、面对面地帮，使基层主官尽快成为本职工作的"行家里手"。同时注意不搞"保姆式"帮、教，什么事都包办代替，要放手让他们干，让他们在实践中锻炼提高。三是要严格对基层主官的教育管理。要采取个人述职、群众评议、定期讲评等多种途径，切实把基层主官管好管住。某旅每年对基层干部进行一次全面考核，每年分类组织一次集中培训，每年进行一次严肃认真的教育整顿，每年树立一批基层干部标兵，每年组织一次机关干部与基层干部换岗任职的经验值得学习借鉴。

对于涉及基层干部队伍建设的一些政策制度问题也要有相应规定，比如：（1）主官代职的时间不宜过长，基层干部的代职时间一般半年左右，最长不超过 1 年；代职比例一个团级单位不能超过 1/10；同一连队的主官不能都是代职的；代理副职的同时不能再代理主官工作。（2）正确把握基层主官最低年限的规定，对那些表现突出，工作实绩显著的基层干部，只要上级岗位有空缺，任排职满 2 年、副连职满 1 年半、正连职满 3 年的，都可以提拔使用。少量先进典型、优秀标兵任满本职最低任职年限的，还可越职晋升。（3）从严控制基层主官的非正常流动。在一个连队任职不满 2 年的，一般不能调整，两个主官不能同时调整；连队出了问题要区分情况，不要轻易换人；要按照"超不调进"、"缺不调出"的原则，严格控制基层干部照顾性转业和调动。（4）逐步实行基层主官先培训，后上岗。提拔连长指导员，一般要先培训半年左右时间，从士兵中提干的要经过 1 年的培训。（5）机关干部和基层干部相互交流。对一些连长、指导员的培养对象，可有意识地放到机关工作一段时间，使他们了解全局，开阔眼界，提高思想理论水平；对机关年轻优秀的干部，要尽早把他们放到基层主官的位置上锻炼提高，一线指挥部的人员必须得懂基层，机关干部任过基层主官的比例起码应达到 2/3 以上。

（四）着眼打牢基础，把"两个经常"的工作做扎实

当前经常性思想工作不落实主要表现在：重视大课教育，忽视随机教育；只看表面稳定，忽视研究解决官兵深层次的思想问题；重形式，忽视思想工作的实效。经常性管理工作不落实主要表现在：强调敢管严管，忽视善管会管；注重集中居住部队和战斗连队的管理，忽视小散远单位和重点部位的管理；注重在"土政策"、"土规定"上打主意，忽视条令条例和规章制度的贯彻落实；注重对普通战士的管理，忽视班长队伍建设。士兵私自离队现象过去大都发生在比较后进的连队，现在先进连队也时有发生；前几年私自离队的大都是后进兵、农村兵和新兵，近年来城镇兵、两年以上老兵也有，甚至党员、班长、志愿兵中也出现了私自离队现象。过去士兵私自离队大多是想家或怕苦怕累，现在有的参与抢劫、盗窃等活动。士兵私自离队问题集中反映了当前部队中思想教育不到位、管理工作不落实和部分干部带兵素质低的问题。搞好部队建设，打牢部队基础，主要靠抓好经常性思想工作和管理工作。这是我们管好部队的看家本领，也是每个带兵人要学会和掌握的基本功。一些领导和机关虽然口头上也讲经常性工作重要，但注意力并没有真正放在经常性工作上，往往重单

项工作、轻全面建设，不注意把完成临时性、突击性任务与做好经常性基础性工作结合起来；检查衡量连队建设成绩，对有特色的东西看得多，对经常性工作不大注意；有的甚至离开《纲要》的规定搞这样那样的活动，进行名目繁多的评比检查，分散了基层抓经常性工作的精力。要改变基层经常性思想工作和管理工作薄弱的状况，必须从领导和机关抓起。

加强"两个经常"工作，一是要联系实际，着力解决基层思想作风纪律方面存在的突出问题，要采取有效措施，防止和抵制拜金主义、享乐主义、个人主义、封建迷信等腐朽思想文化对基层官兵的人生追求、价值取向、道德观念的消极影响，特别是要根治像拦路抢劫、吸毒嫖娼、走私贩毒，以及私自离队、打骂体罚战士、收受战士礼物、酗酒滋事等严重腐蚀部队的问题。这些年事故、案件不少发生在机关和直属单位，一定要高度重视抓好这些部位，防止出现"灯下黑"。二是要高度重视基层骨干队伍建设，特别要把班长队伍抓好。各级要认真落实总部关于加强班长队伍建设的规定，切实解决好对班长队伍建设、发挥班长作用重视不够、抓得不力，致使少数班长思想品质差，管理能力低，存有侵占士兵利益、打骂体罚战士等问题。班长的选拔使用必须由党支部推荐，经军人委员会评议，进行严格考核后，报主管部门审批。要坚决纠正重使用、轻培养的倾向，切实帮助班长提高能力。对班长队伍要经常检查讲评，发现问题及时纠正。对自身形象差、管理能力低的要及时予以调换。三是要严格执行条令条例和各项规章制度。新的共同条令颁发后，各部队都要专门安排时间组织学习，重点抓好干部骨干，努力使广大干部战士熟悉新条令，自觉按照新条令规范行为，做到人人按职责办事。所有干部都要熟练掌握条令条例，院校、教导队要把条令条例作为学员的必修课。通过上下共同努力，逐步形成按照条令条例教育管理部队的良好习惯，使基层教育管理更加经常化、规范化。

（五）充分调动积极因素，依靠基层官兵建设基层

广大官兵是基层的主人，基层建设的进步要靠他们去努力、基层建设的经验要靠他们去探索创造，各级要牢固树立依靠基层官兵建设基层的观念，把基层满意不满意、赞成不赞成、高兴不高兴作为工作的基本出发点，充分调动一切积极因素，切实增强基层的内在活力。调动官兵建设基层的积极，必须更加深入、更有成效地开展"双争"活动。当前部队中"双争"活动开展还不够经常、不够深入，有的单位评比不严格，往往是年初讲一讲，年底评一评，"双争"活动的激励和鼓舞作用还没有充分发挥出来。各级要经常对部队进行"双争"活动的再动员、再教育，采取多种形式，营造争先创优的良好环境，把争先创优的气氛搞得很浓。调动基层官兵的积极性，必须牢固树立"士兵第一、基层至上"的思想，全心全意为基层服务。从当前基层的呼声看，各级领导和机关在服务上要着重解决三个问题：一是还权。就是把条例和《纲要》赋予基层的权力还给基层，使基层真正有职有权，责权统一。总政组织部的调查显示，现在基层的临时性任务冲击正常性工作过于严重，机关部门指导"越位"，使得基层一些工作无法到位。当前领导手机关插手基层热点问题也很普遍，也在一定程度上影响了基层官兵主观能动性的发挥。各级

要充分相信基层，不能消极地防止基层出问题，在用权上卡基层，凡是连队应有的人权、财权、工作调整安排权等，应大胆地还给他们。连队日常工作应由连队自主安排，只要符合上级总的部署和要求，机关不得随意变更；对连队正副班长的任用、党员发展，战士休假探家、工作分配等应由连队决定；对战士提干、考学、转志愿兵学技术等，机关要充分尊重连队党支部意见，不得随意插手干预；连队经费物资，要及时如数发给连队，不得以任何理由截留、克扣。二是减压。就是要减轻基层超负荷的工作压力和事故案件的思想压力。当前基层超负荷的工作压力主要来自三个方面，接待工作组多，接收文电和上报材料多，完成临时性任务多。三是解难。就是要切实解决基层官兵和连队建设的实际困难。要有计划地安排机关干部下连代职，让基层干部特别是主官有探亲、休假的时间，有查体、治病的时间，有处理家庭问题的时间。对部队存在的家属就业、子女上学、看病住院难和伤病残人员滞留部队，以及文体设施、器材缺乏等问题，如果长期得不到解决，就会伤害官兵的感情，影响部队的凝聚力。如果我们真心实意地为基层服务，为他们排忧解难，对基层就是鼓舞，就是激励，对于调动官兵的积极性肯定会产生很大的作用。

四、抓好"两个经常"需把握的几个问题

加强经常性思想工作和经常性管理工作，已引起各级的普遍重视，从领导工作的角度讲，我认为需要着重把握以下几个问题。

（一）抓转变，切实端正领导思想和作风

"两个经常"的工作，贵在经常，难在经常，真正起作用的也在经常。而要真正做到坚持经常，领导思想和作风至少要实现四个转变。一是要从抓抓停停转到常抓不懈上来。一些单位共同的问题，就是有的领导同志和基层干部还没有完全摆脱过去那种"运动式"的工作方法，往往是大轰大嗡一阵风，工作时紧时松，热一阵冷一阵，个别的甚至"上级不强调不抓，领导不来检查不抓，部队不出事故不抓，战士不找上门来不抓"，即使抓一下，也是不痛不痒，走走过场。解决这个问题，最重要的是要增强各级干部的责任感，以对战士和部队建设高度负责的精神，愿意去做、勤于去做"两个经常"的工作。二是要从说得多、做得少转到立说立行上来。检验"两个经常"工作的成效，不是看会上表态表得怎么样，也不是看制订了多少条措施，而是要看说了是不是做了，订了是不是办了。一条一条地抓好落实，在实际工作中见成效。衡量"两个经常"工作好不好的根本标准看两条：一条是看经常不经常，一条是看落实没落实。三是要从就事论事转到抓根本、提高人的基本素质上来。做"两个经常"的工作，当然要解决官兵在日常工作和生活中遇到的各种具体问题，当然要防事故、防案件，但根本目的在于提高人的觉悟，提高人的基本素质，保持人民军队的性质，保证各项任务的完成。如果离开了这个根本，头疼医头，脚疼医脚，把"两个经常"的工作只是局限在预防事故案件、拾遗补漏上，往往会按下葫芦浮起瓢。抓住了提高干部战士基本素质这个关键，就抓住了"两个经常"的要害。这个问题抓不住，事故案件

就会防不胜防，堵不胜堵。我们强调抓"两个经常"的落实，就要下工夫调查研究，掌握新时期战士的特点，有针对性抓好以树立革命人生观为主要内容的经常性思想教育，经常灌输怎样学习、怎样工作、怎样生活、怎样做人的基本道理，打牢官兵的思想道德基础，增强自我约束和自我调节能力。四是要从少数人做转到"大家来做"上。"两个经常"的工作，实际上是群众性的工作。它内容多，范围广，难度大，单靠哪一个领导、哪一个部门、哪一个干部来做，都是远远不够的，必须大家来做。一些单位"两个经常"的工作成效比较明显，关键是各级党委、领导，机关各个部门齐抓共管，有一批素质较高、能够发挥作用的基层干部骨干队伍。而有些单位"两个经常"工作之所以落实不好，与基层干部骨干能力较弱，作用发挥不好，领导机关合力不强，仅靠少数人跳"光杆舞"有直接关系。因此，抓"两个经常"的落实，就要努力形成大家来做的局面。

（二）抓反复，发扬一抓到底的狠劲和韧劲

没有反复，就谈不上经常，也难以出成效。从部队人员构成看，部队是一个流动的集体，老的一茬人培养教育好了，新的一茬人又需要培养教育，从老百姓到合格军人的转变需要反复做工作；从人的思想变化规律看，旧的问题解决了，又可能冒出新的问题，即使原来已经做好的工作还会有反复，已经解决了的问题还会重新出现，不可能一劳永逸；从客观环境和条件看，也是不断变化的，难免出现一些新情况、新问题，需要及时地有针对性地做工作；从"两个经常"的根本着眼点看，提高人的基本素质，不是一日之功，需要下细工夫、慢工夫、实工夫。因此，做"两个经常"的工作，要抓反复、反复抓，不见成效不撒手，见了成效不松劲。一是对初见成效的工作要反复抓，不能见好就收。还要进一步抓紧抓好，不断发现新问题，解决新问题，摸索新经验，巩固和发展已有的成果。二是对容易反复的工作要抓住不放，一抓到底。比如部队的日常养成，很容易出现反复。良好的作风纪律培养难，保持下去更难，需要经常抓、反复抓。在这个方面，一些单位采取反复抓教育、反复抓活动、反复抓典型、反复抓检查的做法，使部队经常性管理中重复出现的一些问题得到了较好的解决。三是对人的教育培养，要经常抓、反复抓。做重点人的转化工作是这样，要提高干部骨干做好"两个经常"的能力也是这样。干部骨干某个方面的素质提高了，并不等于方方面面都提高了；一部分人素质提高了，并不等于所有的人都提高了；这一茬人会做"两个经常"的工作，并不等于下一茬人也会做。因此，对干部骨干的培训要常抓不懈。

（三）抓结合，在贯穿和渗透上下工夫

落实"两个经常"，一定要搞好结合。结合得好坏，直接影响着落实的好坏。不会抓结合，也就不会抓落实。我们下部队了解情况，经常听到一些反映，说是工作忙，任务重，没有时间和精力抓"两个经常"。实际上，这只是反映了问题的一个方面，还有一个不会结合的问题。怎样搞好结合？具体来说要做到两点：一是必须与中心工作和各项任务结合起来。不能离开中心工作、各项任务和部队的活动孤立地去做，也不能总想着有专门的时间、专门的场所单纯去做"两个经常"的工作，唯一的出路是在结合上做文章。比如在军事训练中，就需要把"两个经常"贯彻进去，通过搞好思想发动和宣传鼓动，不断克服各种思想障碍，充分调动官兵的练兵积极性；通过严格管理，抓好养成，培养部队严明的纪律，优良的作风。又比如，要解决干部骨干做"两个经常"工作能力弱的问题，光指望专门培训，往往不现实，但是，如果和各级教导队培训干部骨干、各种类型的短期集训结合起来，把"两个经常"作为培训的一个重要内容安排进去，问题就不难解决。二是"两个经常"本身也要结合起来。经常性的思想工作离不开经常性的管理，经常性管理也离不开经常性的思想工作，两者相辅相成，很难截然分开。离开思想工作抓管理，必然导致管理简单化；离开管理抓思想工作，往往造成迁就照顾。为什么有的单位除名、处分多，事故案件也多，就是"两个经常"结合不好；有的单位处分少、除名少，部队事故案件也少，一个重要原因就是结合搞得好。要把"两个经常"有机地结合起来，关键是要牢牢把握"两个经常"的工作对象，把两者的着眼点都集中在提高人的基本素质上。因此，抓"两个经常"的落实，必须在"两个结合"上下工夫。

（四）抓重点，着力解决主要矛盾

突出"两个经常"工作的重点，就要坚持重点单位重点抓，重点人工作重点做，重点时间重点防，重点目标重点管。一是从单位上看，要重点抓好直属分散单位，彻底解决"灯下黑"的问题。从一定意义上讲，直属分散单位管好了，预防事故案件的工作就做好了一半。一些单位把直属分散单位的管理摆到党委工作的重要位置，机关相对固定人员抓直属分散单位，业务部门按系统、按专业承包直属队，把放心的干部用在不放心的位置，还对机关勤杂人员实行集中居住、集中教育、集中训练、集中管理。这些做法都是行之有效的。二是从人员上看，要着重做好重点人或者说个别人的转化工作。事故案件的发生，往往总是集中在少数重点人身上，教育和管理好重点人，转化好重点人，应当引起各级领导的高度重视。做重点人的工作，还是要落实三句话："及时发现，确实弄清，妥善处理。"坚持"两手抓"，一手抓教育转化，一手抓组织处理，把着眼点放在教育转化上。三是从时间上看，要重点做好八小时以外的工作。八小时外，历来是事故案件的多发时段，是教育和管理工作的重点。做八小时以外的工作，就要坚持条令条例规定的各项规章制度，保证各类人员八小时之外都在管理之中；就要广泛开展文化娱乐活动，满足官兵的精神需求，培养健康向上的道德情操，促进"两个经常"的落实。四是从目标上看，要着重抓好"五库一室"（武器库、弹药库、爆炸物品库、油料库、毒气库和连队兵器室）的管理。在抓好基本设施达标的同时，严格各项制度，经常检查督促，加强安全警戒，确保万无一失。只要把重点抓住了，教育和管理工作跟上了，就能有效地防止恶性事故和案件发生，部队内部稳定就有了可靠的保证。

（五）抓难点，在解决困扰部队的棘手问题上见成就

抓不住难点，"两个经常"就很难有突破，就很难向深度发展。难点问题解决得好坏，是检验"两个经常"有没

有战斗力的重要尺度。那么，什么是"两个经常"的难点呢？从多年教训和现实情况看，难点有三：一是志愿兵的管理。志愿兵是一支相当大的队伍，管好了，能够发挥骨干力量，促进部队建设；管不好，也容易变成一种消极能量。只要志愿兵的管理形成了基层天天管、旅团月月抓的局面，就不愁志愿兵管不好。二是关系兵的管理。这些人在部队虽然人数不多，但对他们的管理难度较大。对这类人员除了教育帮助之外，最主要的是严格管理，不能看背景，不能论来头，不管是谁都要一视同仁、严格要求。除此之外，还要采取措施，在征兵、调动上把关，尽量减少关系兵。对私自招来的关系兵，在做好工作的基础上，要坚决清退，以维护兵员管理的严肃性。三是伤病残战士的处理。对暂时走不出去的，应加强管理。在看病治病上要提供方便；对一些尚能坚持工作的，尽量让他们干一些力所能及的事情，使他们同样处在组织中、管理中、工作中。事实证明，做"两个经常"的工作，不能避难就易，而应当迎难而上，敢于啃硬骨头，越是难解决的问题，越要下工夫解决好。

（六）抓典型，不断增强工作的生机和活力

常言说："一个典型就是一面旗帜"，"抓了一个人，带动一大群"，"抓了一个点，带动一大片"。做"两个经常"的工作，同样需要有一批叫得响、推得开的典型。从目前情况看，抓典型需要注意以下几点：一是要代表广泛，不能一花独放。既要有单位的，也要有个人的；既要有已经宣扬过的老典型，也要有新典型；既要有稳步发展的，也要有短时期内进步快的；既要有部队的，也要有机关的。

二是要实事求是，不能涂脂抹粉。典型并非十全十美，只有正确看待它的缺点和不足，才会使典型真实可信。"两个经常"工作的内容是多方面的，一个单位不可能所有方面都好，因此，不能搞"高大全"式的典型，尤其不能什么样的典型都出在一个单位。三是要一视同仁，不能"特种喂养"，既送"特供药"，又施"特供肥"。靠"吃小灶"成长起来的典型，是难以让人服气的。四是要正确估价。典型的成长离不开大家的支持和帮助，一个单位的成绩往往是多方面的合力产生的。为了突出典型，采取不适当的方法搞纵向对比和横向反衬，把过去的工作说得一无是处，把现在的工作吹得天花乱坠；或者把其他单位说得如何如何糟，把典型单位说得如何如何好，都是不符合辩证法的。五是要突出个性。典型只是某方面的先进代表，并不是说一方面好各个方面都好。因而，不能把典型当成一条捕鱼的船，得什么风就扯什么篷，需要哪方面的典型，就往哪方面扭。这样的"多角度"典型是推不开的。各级党委机关要从政治上爱护典型，关心其成长进步，当典型出现问题时，也要勇于揭露和帮助解决，一视同仁地进行处理。既要大力宣扬推广典型的先进事迹和经验，也要正视他们的缺点和不足，而不能姑息迁就。同时，要教育典型谦虚谨慎，虚心学习别人的长处，不断丰富和提高自己，取得新的更大的进步。

五、加大思想政治建设力度，把握拒腐防变斗争的主动权

拒腐防变的斗争是两种世界观、两种意识形态的激烈

斗争，可以说是一场没有硝烟的战争。历史与现实一再告诉我们，在意识形态领域的斗争中，你退他就进，你弱他就强，不积极进攻就可能败下阵来。在这方面，我们党历来是主张和坚持打主动仗、进攻仗的。新中国成立前后，面对资产阶级的种种诱惑和旧的封建残余的严重影响，毛泽东及时向全党敲响了"两个务必"的警钟，领导全党开展了大规模的"三反"、"五反"运动，确保了我国由新民主主义向社会主义的顺利过渡。当前，抵制资本主义的腐蚀、加强思想政治建设、发扬光荣传统已刻不容缓。团以上领导干部和机关的同志，肩上挑着两副担子，既要改造、提高自己，又要管好、带好部队。面对拒腐防变的严峻形势，一定要强化主动进攻的意识，加大拒腐防变的工作力度。

（一）要重视调查预测，增强政治上的敏感性

现在有些单位的工作比较被动，没出事不想事，出了事又怕事，"按下葫芦浮起瓢"，被事故和问题牵着走，陷入处理不完的问题、总结不完的教训之中，有一种防不胜防、堵不胜堵的感觉。造成这种被动的局面，主要是调查不深入，预测不及时，对新形势下部队思想变化的规律研究掌握不够。面对快速发展的形势，部队官兵的思想在不断变化，因此，思想政治建设必须调查在先，预测在前，善于从个别现象去发现倾向性问题，及时准确地把握官兵的思想现状和发展趋向，真正做到见微知著，防患于未然，把潜在的危险掌握在预测之中，把问题解决在萌芽状态。团以上党委要特别重视定期分析部队思想政治建设形势，各级领导干部要深入基层多进行蹲点式、解剖式的调查，

注意把握发现问题、解决问题的时机和规律。比如，当国内外形势发生重大变化时，要及时掌握部队的动向，注意抓好部队的稳定；当改革开放遇到暂时困难时，注意引导官兵辩证发展地看问题，增强大家的信心；当改革中的利益关系调整涉及干部战士家庭及亲属的切身利益时，要组织大家学好政策，顾全大局；当班子调整时，要引导干部正确对待名利，理顺思想情绪；当部队执行急难险重任务时，要了解官兵的心理变化，做好统一思想的工作。只要我们掌握了这些带规律性的东西，做工作就会主动得多，解决问题的针对性就会更强。

（二）要增强思想政治工作的原则性和战斗性，坚决防止和克服软弱无力的倾向

近年来，思想政治工作原则性战斗性弱化的问题带有一定的普遍性。这是一些教育效果不好的主要原因之一，也是一些问题难以解决的根源所在。有的讲大道理理不直、气不壮，有的对明令禁止的照样违犯，有的单位同一类案件事故重复发生，就是因为思想政治工作缺乏原则性战斗性。在一些同志看来，现在许多问题与社会大背景大气候有关，解决起来很难。这种软弱无力的状况，是必须纠正的。思想政治工作的鲜明风格就在于原则性战斗性，其效果和威力也就在原则性战斗性之中。不讲原则的政治工作，是软弱的政治工作；不讲原则的政治干部，是不合格的干部。当前，增强政治工作的原则性战斗性，就是要理直气壮地讲大道理，讲传统，旗帜鲜明地驳歪理，用大道理管住小道理；要理直气壮地树典型、学先进、正是非，敢于抵制各种不良倾向；要理直气壮地处理问题，对不能正确

对待个人名利地位、跑官要官、封官许愿、甚至捕风捉影写匿名信等行为，要进行严肃批评和帮助，对违犯政策纪律的人和事，不管涉及什么人，该批评的批评，该处理的处理，决不能姑息迁就，让正气得到弘扬，让一切消极东西没有市场。

（三）要加强组织建设，培养一支坚强过硬的思想政治工作队伍

比如旅团这级班子，思想政治工作队伍主要包括政工首长、政治机关、营连政治干部和连队思想骨干四个层次。一些单位思想政治工作比较薄弱或软弱，与思想政治工作队伍不够坚强有直接关系，这个问题应当引起足够的重视。政治主官一定要务"政"，站到思想政治建设的第一线，把主要精力和工作投向放在思想政治建设上，亲自抓教育，亲自掌握情况，不能把过多的时间用于接待应酬、与地方交往和处理琐碎事务上。政治机关要集中力量抓好"一个根本、四个教育"，认真研究如何使教育贴近实际，解决问题。搞教育不仅要看时间、人员是否落实，更重要的是看解决了什么问题；不仅要看采取了哪些形式和办法，关键要看实际效果。对基层政治干部，除了选准配强外，要注意提高素质，增强其事业心、责任感。过去，连队的思想骨干很活跃、很管用，有点什么问题，很快就能知道，就能靠上去做工作，现在不大起作用了，这支"小指导员"队伍还是要建起来、用起来。特别是各级党组织，要加强组织领导，带头发挥作用，把做好思想政治工作当作第一位职责。有人说思想政治工作难做，政工干部难当。我看，正是由于难，才说明地位重要，工作需要。广大政治干部

在加强思想政治建设上，要有所建树，有所作为。真正做到善于讲清道理，以理服人，发挥真理的力量；会做转化工作，调动积极因素，关心人，爱护人，体贴人，发挥情感的力量；能够率先垂范，言行一致，以模范行动带动人，发挥榜样的力量。

（四）要搞好综合治理，营造加强思想政治工作的氛围

拒腐防变，加强新形势下思想政治建设，是一个系统工程，各级、各个部门、各类人员都要做，把思想政治工作贯彻到各个方面。也就是说，要把各方面的力量调动起来，把各种办法和措施利用起来，坚持教管并举，疏堵结合，把解决思想问题与实际问题、社会力量与部队力量、领导的积极性与群众的积极性、正面典型的激励与反面教材的警示有机地结合起来，形成群策群力、齐抓共管的良好局面。要坚持思想教育领先的原则，坚持不懈地用先进思想和进步精神灌注于官兵。管理工作主要是管人，管人主要是管思想。在教育和做好思想工作的基础上，该堵的要堵住，该封的要封住，不让去的地方坚决不能去，不让看的坚决不看，用严格的制度、严格的纪律来规范和约束官兵的言行。对基层物质文化生活枯燥单调的问题，要积极想办法改善和解决，不断优化小环境。怎么安排好战士的业余生活，怎么管理好部队，各单位要很好地研究，拿出实实在在的办法，尽力把战士的精神生活搞充实，把心拴在军营里。

六、抓基层要练好"六功"

（一）联系群众，练好"知情功"

"知情功"过硬，就是指领导干部对部属一定要做到"四个知道，一个跟上"。即：领导要知道部属在什么位置，干什么、想什么、需要什么，思想工作要跟上。联系群众，是"知情功"过硬的基础和桥梁。怎样才能联系群众呢？一要放下架子，有虚心向群众学习的态度，这是联系群众的基础，是练好"知情功"的首要条件。否则，官气凌人，盛气十足，即便是再"刻苦"也练不出"知情功"。二要有一批得力的思想骨干。骨干是思想战线的雷达，能够及时地搜索信息，反映情况，使领导对问题了如指掌。三要定期跟班作业，定期参加军事训练，定期与群众一起娱乐，真正让群众感到是在真抓实干。这样的领导干部就有威信，群众有话才愿意和你说。四要落实好谈心制度。每年要与直接部属谈两三遍心，而且只有同志式的、兄弟式的谈心才叫水乳交融，才能谈到家。五要善于向部属的家人了解情况。凡是部属亲人找上门的时候，都要亲自接见，向亲人介绍部属的思想、工作、进步等情况，再向亲人了解一下部属的个性、特点等。六要坚持好思想分析制度。分析时要一个人一个人地分析、一个问题一个问题地分析，切实把思想动态搞准，有的放矢地做工作，才能解决问题。

联系群众讲起来容易做起来难。它反映了一个领导者的世界观，工作的深入刻苦，对群众的感情，个人的精神状态等等，这就不是个小问题。要在思想上摆正自己与群众的关系，群众虽然是自己的下级、部属，但又是兄弟、同志，彼此之间没有贵贱之分，对部属只有教育、帮助的义务，没有轻视、鄙视的权利。关系摆正了，联系群众就会更自觉、更积极，更富有成效。

（二）深入调查，练好"分析功"

深入调查能通过表面现象看到问题的本质，不被现象所迷惑，要善于分析、比较，注重思想基础，看一贯表现，不被一时一事的假象所迷惑，否则，思想工作就掌握不了重点，就无的放矢，甚至"下错药"；能通过个别问题看到倾向性问题，不让其形成气候，许多个别问题与倾向性问题有着密切的联系，个别问题解决不好，就可能导致倾向性问题，领导者头脑必须很清醒，要小中见大，对个别问题早抓早治，防止蔓延，形成气候；能通过简单问题看到潜在的复杂问题，及时消除隐患，善于运用发展的观点、联系的观点观察事物，分析问题，及时发现隐患，争取工作的主动权，有苗头早抓，没有苗头早防；能通过实际问题看到思想问题，增强工作针对性，对群众的各种实际问题，要进行实事求是的分析，善于透过实际问题看到其思想问题，把解决实际问题与解决思想问题结合起来，防止片面性；善于通过现实表现预测未来的发展，实施正确引导。人们的思想活动是有规律可循的，要认真学习和运用"交换、比较、反复"的方法，潜心观察，掌握规律，预测发展，积极引导，变后进为先进，促先进更上一层楼，永不停步。

（三）发扬民主，练好"决策功"

了解情况不是目的，了解情况是为了正确决策、解决好各种问题和矛盾。要保证决策的正确性和创造性，除了个人要有较好的决策水平外，起码有三个民主形式不可少：一是党委或党支部集体研究决策问题的民主形式不可少；二是党员民主生活会的形式不可少；三是征求群众意见的形式不可少。现在有不少领导同志工作满足于自己明白，不注意让"一班人"和群众明白，结果形成了跳独脚舞的局面。出了不少力，也抓不出成效；挨了不少批，还感到很冤枉。过去有句话叫"将不明白，累死三军"。领导同志一定要做明白人。在不同时期，各级可能有不同的工作重点，但在任何情况下，我们都要坚持实事求是的原则，既要坚决执行上级的指示，又要善于结合自己本单位的实际，用上级指示的精神解决自己的问题。不要上级讲十条，回来也讲十条，上级布置一件事，就完成一件事，上下一般粗，这样做绝对不是个好领导。

（四）勤奋学习，练好"说理功"

说理是领导者的一门基本工夫。"说理功"过硬，首先要真正懂理，懂建设有中国特色社会主义的理论和党的基本路线的道理，懂政策、法律和上级指示的道理，懂自身建设规律的道理。这些道理靠平时注意学习，注意积累，不断提高自己的水平。我个人的体会，一要天天读一个小时的书。中午睡觉前读半个小时，晚上睡觉前读半个小时，日积月累，就能有进步。二要天天看报。报纸是最现实的老师，它反映的信息最快，经常读报，可以从报纸上悟出很多道理，学习很多经验。三要天天写笔记。写笔记不是为了凑篇数，主要是记录自己的读书读报的心得体会和工作中的心得。经常归纳，久而久之，就会积累丰富的知识和经验。四要善于积累资料。领导干部都要有个剪辑本，凡是能启发自己的好东西，都要把它剪下来、贴上来，便于学习和查找资料。五要善于思考问题。这勤那勤，勤于思考是最根本的。懒于动脑子，是最大的懒惰。所以，我们一定要克服事务主义倾向，坚持思考问题，才能有收获，达到"说理功"过硬。

（五）注重"班子"，练好"组织功"

要想使各项工作落到实处，必须善于发挥各个组织的作用。一是要发挥好党委的核心领导作用，在重大问题的决策上把好方向关；二是要发挥党支部的战斗堡垒作用，通过党支部一班人把上级党委的意图、指示落实到实际工作之中；三是要发挥好共青团员的突击作用，凡是中心任务都要对他们提出具体要求；四是要发挥好各种群众组织的助手作用，凡是评功评奖、处分人等问题，都先让群众评议。现在基层不是有些矛盾不好处理吗？关键是没有运用好各种组织的作用。遇到棘手问题，如果先让群众组织评议，然后交党支部研究，支部形成意见后再交群众评议，许多事情就好办了。现在有些同志自己干事不少，出力不少，还闹出不少意见，很重要的问题是没有把其他人的积极性调动起来，没有把各个组织的力量发挥出来，缺乏"组织功"。所以，要善于健全组织、运用组织、发挥各种组织的智慧和作用。

（六）自我约束，练好"身教功"

"身教功"有两个方面，一是"唱功"，一是"做功"。所谓"唱功"，就是讲清道理；所谓"做功"，就是拿出样子。在这两功中，我看"做功"更重要些。因为任何一个领导都要富有实干精神，"七分干、三分说"，"喊破嗓子不如干出样子"等等，就是说的这个道理。"身教功"一是靠真抓实干，二是靠严格管理。对他人严，敢抓敢管，必要时敢于唱"黑脸"，要真理，不要面子，把群众管好，把干部管住。对自己严，工作上像"火车头"，带头干；处理"热点"问题，像"水准仪"，一碗水端平，公道正派；生活上像"水晶石"，透明度很高，一尘不染，经得起群众的监督。在战争年代，我们党的干部大多并不认识几个字，群众却很佩服，就是因为他们打仗冲锋在前，退却在后；平时吃苦在前，享受在后。虽然现在领导干部文化提高了，能说了，但要求自己不够严，缺乏艰苦创业精神，有的甚至还不廉洁，这怎么能调动群众的积极性呢？古人云："公生明，廉生威"，毛主席早在延安时就专门题词："身教重于言教"。讲的都是自身形象的作用问题。事实证明，哪个单位领导形象好，哪个单位就有凝聚力，哪个单位就能团结奋进。否则，这个单位或领导个人迟早要出问题。所以，廉洁的问题是我们党的事业生死存亡的大问题。

七、基层思想政治教育要抓好七个主要环节

基层思想政治教育要搞好，关键要抓好以下几个环节：

（一）认真开好教育准备会

首先，政治机关应进行教育前的调查研究，把官兵的思想底数摸清；其次，要明确准备会不仅是政委、主任布置教育、讲教育重点，提要求，而且要让指导员汇报各单位人员的思想状况和教育中打算解决的主要问题。这样把教育前的情况弄清了、典型找准了，教育才有针对性，才能解决问题，才有效果。如果只是你讲我听，这样的会虽然开了，也只是流于形式。

（二）精心组织指导员备课

指导员备课，不要让他抄书本，要他弄清准备讲几个什么实际问题，准备表扬几个什么好人好事，准备批评几个什么倾向，准备搞几个什么配合活动，做到没有典型不讲课，不联系实际不讲课，没有批评表扬不讲课。现在的指导员文化高了本是件好事，但是容易脱离实际，讲得玄而又玄，讲得都对，就是战士听不懂，让人难接受。指导员备课应让班长参加，让他们讲出战士中的思想问题，和他们一道进行分析研究，这样既增强了教育的针对性，也提高了班长引导发言的能力。教育课讲得好不好，关键是联系实际紧不紧。基层连队上课不联系实际，说得再好也不管用。现在有的单位授课，不靠指导员，这不行，这样讲课肯定贴不紧实际。连队讲助人为乐的事，就要让战士讲，用战士自己的语言教育战士，这样把大道理讲得通俗化，把理想讲得实际化，不然大道理讲得越高就越玄。我们不要以为讲课规格越高，质量就越好，那就错了。有一次济南军区团以上政治部（处）主任集训，我先后听了97

人的发言，凡是情况熟悉的，联系实际好的，讲得都很生动。实践证明，凡是能联系实际，解决思想问题的课就是好课，不能解决问题讲得再好也白搭。团里上大课偶尔上一次可以，不能包，你越包，指导员授课能力就越弱。有的主任就讲：你对他不放心，他就不用心；你对他不放手，他就不动手。像这样打起仗来就不行，因为他不会做工作！因此要帮助他、指导他，多向他们交任务、压担子、教方法，这是培养干部的最好途径。比如上党课，团里的领导每半年可以搞一次，这样，可以起到示范引路的作用。再如方针政策或理论教育，领导要亲自抓，要亲自讲，因为让指导员讲可能就讲不深刻，讲不到点子上。因此，该谁讲的课就谁讲，该哪一级抓的就哪一级抓。让班长参加备课、讲问题，班长在讨论中才能发现问题，积极引导。能够解决一个思想问题就是一份收获，不解决问题的不管用。

（三）讲课力求形象生动

现在的指导员，有的讲起课来战士就是听不懂。我当兵以来，遇到不少好指导员，他们哪有什么文化，他们读了多少书？但他们对我的教育培养和搞教育的一些方法，讲的一些具体内容至今记忆犹新。我当新兵时，有一次指导员上保密教育课，就把我叫去说："张文台，现在我给你一个任务，你去每个班收3个笔记本。回头查一查有没有什么部队番号、编制之类的泄密东西，然后再去垃圾堆里找些废纸，看一看有没有泄密之类的字词。"我回头按指导员说的去做，果然发现不少泄密的东西，我就记在笔记本上。上课时指导员讲一段保密常识，就念一段笔记本上或废纸的上话，然后问大家："这是不是泄密呀？"大伙一想都说："是"。因为那些话都是我们连战士写的，所以大家震动很大，也很受教育。这个指导员没什么文化，但他会联系实际，所以一堂保密课讲得很生动，使我终生难忘。现在不少指导员课讲得太抽象、太玄乎，就是不讲连队。

还有一次是我在洛阳步校学习，我们队的刘指导员在纪念二七大罢工时讲的教育课。指导员备了两个星期的课，觉得还是不行，就把我们召集起来，问用什么方法好。我们都说："不知道，那时我们都没有出生。"指导员说："没有出生，就是个情况，我们可以让一个经历过的人讲。"我们班副班长的爷爷参加过二七大罢工，是当时湖北省工会的一位负责人。于是，指导员就给我们副班长3天假，把他爷爷接来。上课时，指导员先讲二七大罢工的背景，然后请副班长的爷爷讲参加二七大罢工的经过。他讲一段，指导员评一段，讲得很感人，评得非常贴切。最后，当讲到国民党杀害了多少人的时候，指导员让全队学员起立，向烈士默哀，不少人都哭了。后来学校让指导员去讲课，引起了轰动。解放军报以《刘指导员的一堂课》为题作了连续报道。二七大罢工时，指导员也很小，但他让有感受的人讲，课讲得形象、生动，很吸引人，直到现在，我都忘不了。因此，要达到教育的目的、效果，讲课的方法是很重要的。

（四）教育者自身树好形象

自身要求严、形象好，道理不用多讲，战士就信服。我在洛阳步校学习时，正是三年自然灾害时期，好多人吃不饱饭。我们队长每年发12斤饼干票，进行艰苦奋斗教育时，联系毛主席对自己"三不"的要求，将自己和妻子节省下来的24斤饼干票交给了组织，他说："毛主席带头不吃猪肉，我作为党支部书记和爱人一起每人每月节省1斤饼干票，共24斤，现在交给组织。"我当时是党小组长，他给我规规矩矩敬了个礼，将饼干票交给我，在场的人都感动得哭了。那时他的家属和小孩都瘦得要命，可仍然每月节省下来饼干票。他这种行为深深地印在我心里。

对干部的教育处理也要注意方法。现在个别单位处理干部简单化，干部犯错误，有时是过失，不是意识问题。我在步校学习时，我们队有个区队长因调戏妇女受处分。对他进行教育时，指导员先让我这个小组长跟他谈心，问他近期有没有做对不起组织的事，他就前前后后地讲了，认识很深。他小时候随爷爷要过饭，要饭时脚被狗咬了个大牙印。参军后表现也不错，在抗美援朝时立过功。指导员就让人到他家把他爷爷早年要饭的讨饭棍、烂衣服拿来，和他的军装挂在一起。讲课时，指导员说："你好好想一想，你是怎么从一个讨饭孩子成为一个功臣的，爷爷当年那么苦，自己现在这么甜，还犯错误，作为一个功臣，能对得起组织吗？"并让他站到乒乓球案上，挽起裤子让大家看被狗咬的牙印。这个区队长只讲了三句话，在场的人都哭了。指导员最后说："你出身再好，如果不改造思想，也要犯错误。"同时又说，处分后大家绝不要歧视他。最后经讨论给他一个警告处分。这次教育只搞了20分钟，但教育效果很好。后来这个区队长工作十分积极，他带的区队一直是先进，年底还立了功。由此可见，教育不能只看时间长短，关键是看有没有用。现在有的领导对干部的处理太简单化，动不动就挂起来甚至撤职。培养一个干部不容易，撤职就解决思想问题了吗？这种处理问题的方法是不妥当的。

（五）善于运用典型示教

记得我在军校时，指导员教育大家刻苦训练，并没有讲大道理，而是叫过来一个同学，对大家说："这名同学虽然没跳过木马，但吃的苦比我们多，我都看见了。"随后他让这名同学撩开衣服，让大家看他被木马撞红的肚皮，并说："这名同学花的力气比我们多，很能吃苦，大家要向他学习，我也相信，这名同学三两天就会过去的。"果然，第二天这名同学就跳过去了，这对其他同学有很大的教育意义。现在有的干部就不行，对好的拍肩膀，对差的不耐心帮助，他怎么进步？这是不负责的。指导员讲课确实要讲方法。比如在一次拉练中一个学员掉队了，脚上打了泡，班上的学员都看不过去，说："怎么能掉队呢？"指导员却说："你看他现在多不容易啊，在家还离不开父母呢，现在吃多大的苦，80公里急行军，已经很不容易了，还有20公里，掉队了他会赶快赶上的。"这样，掉队的同志很快就赶上去了。

（六）注重多种形式配合

指导员讲课要运用多种形式配合，如运用家信。战士的家长中各方面的人都有，家信有写得很好的，多数是父母对战士的教导，让他怎么做，好好干。这对我们很管用。有时候我们上了半天课，还不如人家的一封信作用大。某连指导员课讲得非常好，就是善于运用家信，讲课时穿插运用，效果很好。总政领导到该连视察时，对他的这种做法非常赞赏。现在条件好了，有摄像机，家访时给家长录录像，回头放给战士看看，看看家长对子女是怎么鼓励的，效果一定会很好。

（七）开展启发自我教育

指导员上课，联系实际讲一些马列主义的基本道理是非常必要的，如果能用战士的语言甚至让战士上台讲一讲，利用战士思想启发战士，不仅能够活跃气氛，而且还会收到更好的授课效果。有时我下去听课，心里很难受。他讲得对，我知道，但这都是书上的，不是连队的，不是战士自己的。费这个劲还不如组织战士搞个文艺活动，搞个比赛活跃一下气氛。现在有的指导员参加了一些函授学习，这对于解决学历是一个很好的途径，也有助于工作能力和水平的提高，但是仅仅依靠函授，想从根本上提高是不可能的。指导员是做人的工作的，不在兵中锻炼，光函授能行吗？指导员的工作能力，关键在于锻炼，要多听、多看、多想、多干，因此，自己千万不要别出心裁也搞"函授"。本来指导员就应该到现场，不应该离兵，你给他布置函授作业，使他更不能深入现场，怎么指导？指导员应与兵打成一片，和兵一块训练，可以知道兵的苦处；跟兵一起聊天，可以知道兵的思想；和兵一起劳动，可以摸准兵的脉搏。搞单纯的函授，只能是自欺欺人，还会带来一些副作用：一是指导员客观上要做作业，要脱离士兵；二是培养出来的不少只会搞教条主义，不会联系实际。指导员要注意实际工作能力的提高。实践证明，没有实际工作能力的人，不仅在部队吃不开，就是到地方也是不受欢迎的。

育人树人篇

十年树木，百年树人。这句话的道理浅显而又深奥，树可以活百年以上，但十年就可以定型成林，形成规模效应。人极少活到百岁，但塑一代新人、树一代新风却需要百年。社会主义是区别于一切旧制度的新事物，育人树人更需时日，成在育人树人，败也在育人树人。帝国主义的政治家把"和平演变"的希望寄托在第三代、第四代身上，也从反面告诉我们育人树人是何等的艰难。要巩固社会主义制度没有上百年的时间是不行的，百年树人理在其中。钱财不足国家贫，人才不足国家衰。人才为政事之本，得人才者兴，缺人才者衰，失人才者亡。要广揽人才，重用人才，培养人才，保护人才，管理人才，使人尽其才，才尽其用，才能青山永在，河水长流。育人树人要靠各级领导的爱才之心、识才之眼、用才之道、育才之方，要靠建立和完善有利于育人树人的良好机制。

总　论

　　人是生产力要素中最根本的要素，人力资源是第一资源。在生产力与生产关系、经济基础与上层建筑中，人是一肩二任，是核心。科技是第一生产力，人是科技的发明者、掌握者，是名副其实的第一中的第一。有了人，才有了人间的一切奇迹。党的十六届五中全会强调，要"加强人力资源能力建设，实施人才培养工程"。加强人才队伍建设，关键是要树立正确的人才观。人才就是才能较高、以创造性的劳动成果对社会发展和人类进步作出一定贡献的人，是劳动力中层次较高的部分。是能够用科学方法来进行思维的人，包括知识素质和工作能力。知识素质是指个人做好本职工作所必须具备的基础知识与专业知识；工作能力是指胜任某种工作的主观条件或者是顺利完成某种活动的一种心理特征。心理健康或具备健康的心理是工作能力的基本条件。在"有德"的前提下，只要有一技之长，能为工作发挥作用的人都是人才；只要勤奋学习、勇于实践，愿意为工作奉献，人人都能成为人才。钱学森搞原子弹是人才，时传祥掏大粪也是人才。三百六十行，行行出人才。没有哪一个事业不能成就人才。人才可以有"学历"和"职称"，但"学历"加"职称"并不等于人才。人才层次的高低不在于身份和职务，而在于创造性思维和创造性工作的能力。目前，加强人才队伍建设，主要是指党政军人才、企业经营管理人才和专业技术人才三支队伍的建设。在新世纪新阶段，人才要有新标准，识别人才要有新方法。应做到三点：建立新的人才素质模型，对人才进行科学测评和鉴定，选拔出合格、优秀的人才；根据国家、军队科学发展的需要，制定人才交流规划；建立人才资质评荐机制，推荐引进优秀人才。斯大林说，"干部，人才，是世界上所有宝贵的资本中最有决定意义的资本。"毛泽东说，"政治路线确定之后，干部就是决定的因素。"人才一词在俄语中写作塔兰特。塔兰特是大希腊、巴比伦、波斯等地区的货币单位。把人才称为"财富"由此转化而来。朱元璋说"人才，国之宝也"，就是把人才当作国家的宝贝。财富的"财"字就是宝贝的贝加人才的才。财富是人创造的，是人类劳动的凝结，包括体力劳动和脑力劳动。没有体力劳动就没有财富，而知识则可创造更多的价值，人才活动是创造价值的倍增器。正是从这个意义上说，人才是能增值的财富。领导人才的指挥管理劳动以及其他各方面人才的发明创新，是一种高层次的复杂劳动，是一种创造更大价值更多财富的劳动。党中央反复强调，"增强党的执政能力，巩固党的执政地位，最根本的是要不断培养造就出一大批高素质的善于治党治国治军的领导人才和其他各方面人才"。"人才为政事之本，也是建军治军之本"。刘邦起事时是一个名不见经传的小吏，身边没有几个人，后来他得了韩信、张良、萧何，才能杀出关中，与项羽争夺天下。楚汉相争刘邦得胜，就在于刘邦善用人才。《史记》上有这样两段，一段是刘邦与韩信的对话，"上问曰：'如我能将几何?'信曰：'陛下不过能将十万。'上曰：'于军何如?'曰：'臣多多益善耳。'上曰：'多多益善，何为我所禽?'信曰:'陛下不能将兵,而善将将,此乃信之所以为陛下禽也。'"另一段是刘邦自白"夫运筹策帷帐之中,决胜于千里之外,吾不如子房。镇国家,抚百姓,给馈饷,不绝粮道,吾不如萧何。连百万之军,战必胜,攻必得,吾不如韩信。此三者,皆人杰也,吾能用之,此吾所以取天下也。项羽有一范增而不能用,此其所以为我所擒也。"北伐战争时,叶挺独立团,打头阵、当先锋,威震敌胆,打不烂、拖不垮,被称为铁军,是因为有叶挺这员铁将。抗日战争时第二次国共和作,新四军成立,毛泽东选中了叶挺当军长,蒋介石也同意叶挺当。叶挺当团长,战斗力倍增,一个团可以当几个团用;当军长,新四军迅速发展壮大。红军长征到达陕北时,只剩下不到3万人,但这3万人却不是一般的3万人,都是身经百战的骨干,高中级干部占了很大比例。部队整编为八路军时,有的团长当连长、师长当营长、军长当团长。我军有了经过长征保留下来的骨干,很快发展到了30万,到抗日战争结束时,已是近百万大军,足以可以和蒋介石相抗衡了。可以说,没有人才作为中坚力量就没有我军的大发展。毛泽东早在1937年就指出:"要造就一大批人,这些人是革命的先锋队。这些人具有政治远见。这些人充满着斗争精神和牺牲精神。这些人是襟怀坦白的,忠诚的,积极的,与正直的。这些人不谋私利,唯一的为着民族与社会的解放。这些人不怕困难,在困难面前总是坚定的,勇敢向前的。这些人不是狂妄分子,也不是风头主义者,而是脚踏实地富于实际精神的人们。中国要有一大群这样的先锋分子,中国革命的任务就能够顺利的解决。"后来,他还说,只要我们党有一两百个真懂马列的人,中国革命的胜利就确定无疑了。

　　从保卫国家的安全和人民的生命财产这一意义上讲，人才的价值直接关系到财富的得失。未来的军事竞争，说到底是人才的竞争。从我国国防和军队建设的实践看，人才资源是革命成功和胜利最宝贵、最重要的资源。他们不仅在反侵略中打出了军威、打出了国威，而且在不同的历史时期，积极参加社会主义建设，在工业、农业、能源、水电、交通等许多关系到国家命脉的重点建设工程中，取得了辉煌的成就，发挥了不可替代的作用。原因是多方面的，但从智力创造财富这个角度看，人才在其中起到了至关重要的作用。马克思说："不论财富的社会形式如何，使用价值总是构成财富的物质内容。"古往今来的战争大都是为了争夺财富，侵略战争是掠夺别人的财富，反侵略战争是为了保卫自己的财富。战争的结果或者是造成政权的更迭，或者是造成了利益的再分配，说到底是为财富而战。甲午海战前，经过洋务运动，中国的经济有了很大发展，当时，海军舰船80000吨，号称亚洲第一，世界第七，超过美国的海军；日本72000吨，铁甲舰不如中国，战斗力低于中国。甲午海战中的3次海战，中国海军真正展开的是黄海海战，日本海军是在无法取胜的情况下收兵的。北洋水师的下层官兵要求主动出击，以李鸿章为首的高中级官员缺德少才，却让舰队退守威海港，消极保存势力，造成全军覆没。中国败就败在战略的错误和指挥的失误。战术的灵活弥补不了战略的迂腐；基层官兵的英勇顽强弥补不了高中级指挥军官的腐败无能。甲午战败，割地赔款，清朝政府人财两失，从此一蹶不振。从1840年鸦片战争到八国联军侵华战争，中国因战败与外国所签各种不平等的条约和协定多达700多个。为战争赔款所付出的白银，仅在两次鸦片战争、中日战争和八国联军侵华战争中就高达7.1亿两，加上延期利息共计16亿两。清政府的腐败无能，屡战屡败的深层次原因之一是人才的缺失。

从事业兴衰的层面上看，人才是最重要的财富。"人才聚，事业举；人才散，事业亡。"得人才者得天下，失人才者失天下。春秋战国时期，天下大乱，诸侯为图谋大业，都拼命争夺人才。秦始皇统一六国，是因为得人才；秦二世亡国也是因为失人才。司马迁在史记中说，"秦失其鹿，天下共逐之，于是高才疾足者先得焉"。伊拉克战争，萨达姆为什么败得又快又惨，主要是高中级将领被美国用金钱收买，大量将领叛变，部队散了架，萨达姆成了"穷光蛋"。1927年我党创建了人民军队，打响了武装反抗国民党的第一枪，在22年的战争中，从小到大、从弱到强，用小米加步枪战胜了国民党的飞机加大炮，除了有一条正确的政治路线以外，就是因为培养和造就了一大批优秀的军事人才。正是因为有了以毛泽东为统帅的这样一支久经沙场的军事人才队伍，才有了中华人民共和国的建立和抗美援朝的胜利。1956年毛泽东在总结匈牙利事件的教训时指出，我们有这样一套不同时期培育出来的干部队伍，才能任凭风浪起，稳坐钓鱼台。要真正使军队实现"两个根本性转变"，从量的扩张到质的提高，再创军队建设和发展新优势，关键在人，在于开发一支适应高技术战争要求、数量充足、门类合理、素质优良的军事人才队伍。说起来人人都能认识到人才的重要性，但在实际工作中，一些地方和领导只重视专业技术单方面的人才和外来引进的人才，对指挥管理及其他方面的人才和身边的人才忽视甚至轻视；有的只重外表不重实绩，过于看重高学历、高职称、高资历、高身份；有的过于求全责备，容不得人才有个性和缺点；有的不能做到知人善任。我们要摆脱旧的人才观念，树立科学的人才观，坚持德才兼备的原则，把品德、知识、能力和业绩作为衡量人才的主要标准，不拘一格看人才，放宽视野选人才，大力营造人人尊重人才、人人争当人才的浓厚氛围。

一、求才有心

古往今来，得人才者得天下。得人才者事业兴的道理与得人心者得天下，失人心者失天下的道理一样路人皆知。但知道道理是一回事，真正做到又是另一回事。这是因为除了阶级立场、阶级局限性外，还有一个世界观方法论问题。作为领导者要成为求才、聚才的有心人。

要有诚心。心诚则灵。历史上有许多求才若渴的佳话。其中刘备三顾茅庐被广泛传颂久经不衰。刘备经庞统推荐得知诸葛亮是治国之才，时年诸葛亮28岁且在隆中农舍闲居，说轻了是个隐士，说重了就是一个无业游民，从地位上讲跟刘备相差甚远，从年龄上讲小刘备十几岁。用张飞的话讲，派几个人把他捆来即可。可刘备不但亲自登门请诸葛亮出山，还叫上关公、张飞一同前往。一连两次扑空，第三次诸葛亮正在家中睡觉，刘备不便打扰站在雪中等候，张飞要烧茅草房受到怒斥。刘备求才心之诚可昭日月。有了刘备的三顾茅庐，才有了隆中对，才有了三分天下有其一，才有了诸葛亮的鞠躬尽瘁，死而后已。当今世界军事领域的竞争，归根到底是人才的竞争。没有一大批高素质的军事人才，科技强军就失去了强有力的支撑。值得重视的是，我们有些领导同志一面喊着缺人才，一面却又不爱惜人才，对人才缺乏诚心诚意。比如说，有的单位从地方高校接收的大学生干部，不到10年就转业了80%以上，大部分三五年就安排走了。这固然有大学生本人不适应的因素，但与我们帮助和保留人才缺乏诚心有很大关系。对待人才，我们决不能"叶公好龙"、"武大郎开店"，必须有对部队建设高度负责的精神和甘为人梯的宽广胸怀。

要有公心。就是对待人才，要从党的事业和人民的利益出发而不是从一己私利出发。人才是国家的栋梁，爱护人才就是爱护国家的利益，培养人才就是增加国家的利益，保护人才就是保护国家的利益，重用人才就是重视国家的利益。公心是任人唯贤的基础，没有公心就谈不上"内举不避亲，外举不避仇"。没有公心求才不是求贤，而成了求"亲"，求才出不了近者、亲者的小圈子。"人家的庄稼，自己的孩"。熟悉的人、进了小圈子的人，怎么看怎么顺眼，没有才的也成了有才的。对生疏的人、没有进圈子的人采取排斥的态度，求才成了求全责备。我在山西见到一个大老板，他从百元起家，经过20多年的奋斗成为全国闻名的企业家，其根本经验就是一条：求才要有公心。只要对企业发展有用的人，不管年龄、地位、学历、经历，他都要想办法去求、去挖；没有本事的人再亲近的人也不要，谁推荐也不行。他说，"家族式企业往往不是坏在老爷身上，而是坏在少爷、舅爷、姑爷、师爷手里。我对这'四爷'是严防死守。"一个私有企业都知道用公心去求人才，我们的领导干部在主管一个地区、一个部门、一个单位时更要出于公心求人才，或者是"人才"找上门时用公心待之。

要有热心。俗语说："世上无难事，只怕有心人。"我认为对这种"有心人"最正确的理解应该是满怀热忱的人，也就是对人才有着深厚的感情，满腔热情地投入的人。有一颗火热的心就没有求不到的人才。热心、热情是最容易感动人的；冷漠、冷酷是最容易伤人心的。第二次世界大战结束后，美军没有首先从柏林搬运机器设备等战利品，而是把4500多名德国科学家抢运回国，特别是把火箭专家布劳恩、核专家海森堡加上此前已挖去的爱因斯坦，世界科技中心迅速转移到了美国。这反映出华盛顿的决策者对人才的热心程度由来已久。1949年渡江战役后，解放军摧枯拉朽，国民党土崩瓦解。蒋介石想的是抢运金银财宝，毛泽东想的是留住人才，先后多次发出紧急指示，采取了许多具体措施保护挽留了一大批人才。毛泽东的热心、热情使民主人士感叹不一。新中国成立后钱学森等科学家能抛弃优厚的待遇，冲破重重阻力回国，除了他们的爱国之心、报国之志外，与毛泽东、周恩来的热心、热情是分不开的。

二、识才有眼

善于发现人才，不拘一格降人才。画鬼容易，识人难。能辨别人才是领导干部的基本功，是党委班子的重要职能。

眼力要远。眼力够不上要借助唯物论辩证法。看干部要做到"六少六多"：一是少看资历多看潜力，二是少看现象多看本质，三是少看小节多看大节，四是少看文凭多看水平，五是少看唱功多看做功，六是少看关系多看政绩。如何看干部？德是核心，能是关键，勤是根本，绩是标准，廉是保证。如何辩证地看干部，要坚持群众路线，坚信群众的眼光是亮的，在斗争实践中考察识别干部。不看资历，看潜力；不看学历，看能力。用党内民主直选堵住领导干部"带病上岗"的路，改变官场上的"逆淘汰"现象；解决领导干部能上不能下和终身制的问题，克服因形而上学式的卡年龄而造成的人才资源浪费。既要看到民主直选，废除讲台阶、卡年龄是一个渐进的过程，又要看到我们经过多年的试点，在保证措施得力的情况下，可以把步子迈得大一些。实现由少数人选人、看人到民主选人、看人。经济学有两个术语：盘活存量、扩大增量。人才工作中的长远眼光，也要在盘活存量、扩大增量上做文章。重点是要在建立盘活存量的基础上扩大增量。"泰山不让土壤，故能成其大。河海不择细流，故能就其深。"要充分发挥干部选拔任用工作的导向作用，用事业留人、用感情留人、用适当的待遇留人，给每个人施展才华的空间，使每个人才都能真正把心思凝聚到事业上。

眼界要宽。善于发现人才，团结人才，使用人才，是领导者成熟的主要标志之一，是眼界宽阔的重要表现。每个领导同志都要真正树立起与时代要求和职责相称的人才观。得时者事必兴，得人者事必成。上不失天时，顺应自然；下不失地利，遵循规律；中不失人和，尊重人才。没有眼光的人只能见人所见，有眼光的人却能见人未见。按照四不唯，既不唯学历、不唯资历、不唯经历、不唯身份的原则看待人才。到群众中、到实践中选人。坚持公开、公正、竞争、择优的原则，扩大识人、选人渠道，打破论资排辈、打破地域行业、打破"圈圈""点点"，变"伯乐相马"为"赛场选马"，变"上级组织选人"为"完善的制度选人"，确保把优秀人才选拔出来，量才使用，用其所长。眼界放开天地宽，冲破局限人才来。群众中蕴藏着人才，实践中孕育着人才。找人才去深山，寻蛟龙去深海。群众就是高山，实践就是大海。

眼光要活。就是不拘一格降人才，不把活人看死了、看偏了、看扁了。人是可以改变的。人才有很大的可塑性。看人才既要看现实表现，更要看发展潜力。眼光活就活在善于看人才的潜能，让个性得到充分伸展，让潜能得到最大发挥。近代比较权威的看法是：正常人只运用了自身潜力的 2%—5%。也就是说，最成功的人也只运用了自身潜力的 5%；最失败的人，只要正常，也运用了自身潜力的 2%。苏联学者做了一个形象的比喻：一个正常人如果发挥了自身潜藏能力的一半，那么他将掌握 40 多种外语，学完几十门大学的课程，可以将叠起来几人厚的全苏百科全书背得滚瓜烂熟。让平平之人有了特长、特点；让有特长、特点的人长处变得更长，短处变得短了。一个单位既出不了有特长的人，也留不住有特点的人，这个单位一定出不了人才。

三、用才有胆

没有将军胆就没有将军座，没有用才胆就用不起人才来。战争年代是敌人为我们选人才用人才，枪林弹雨就是用人之胆。和平的环境、执政的条件下，讲的是秩序、是按部就班，人们最容易接受的是中庸之道，用人才没有足够的胆量是不行的。特别是在学历论、经历论、年龄论、台阶论盛行的情况下，破除论资排辈太难了。卡年龄、讲台阶一方面稳定了干部，另一方面又限制潜能，浪费了人才。对人才要多包容、用其长。对干部要做到政治上放心，政策上放开，工作上放手，调动积极性，激发创造性。用公道的人就要容忍他的刚直，用质朴的人就要容忍他的粗疏，用聪明的人就要容忍他的圆滑，用恭敬的人就要容忍他的拘谨，用善辩的人就要容忍他的狡黠，用诚实的人就要容忍他的直爽，用守纪的人就要容忍他的刻板，用机灵的人就要容忍他的多变，用豪放的人就要容忍他的骄傲。

　　有些人才，可能优点比较突出，缺点也比较明显，这就要扬长避短，把有棱角的人才、两头冒尖的人才用起来，让长处得到最大限度的发挥。牛犁田，马拉车，各用其长。不能老牛拉破车，老马犁水田。我在某集团军工作时，军党委曾任用了一位30多岁的年轻人当371医院的一个科主任。当时在医院上下议论不少，但我们还是坚持这样做了。为什么？一个小医院，就这么一个年轻人，做了几十例心脏手术，次次成功，很了不起。有的年龄很大，但做不到，这就是科学。科学面前不论年龄大小，也不论级别高低。30多岁正是出成果的时候，就要大胆使用，就要让他们挑重担。今年全国院士大会的常务执行主席周国泰，是总后军需部被装研究所的所长，还不到50岁。如果没有这么一批带头人就没有希望。用对一个人，激励一大片；用错一个人，影响一大群。尊重知识、尊重人才，不能只喊在嘴上，一定要在配班子、用干部中体现出来。要按照科技强军的要求，大胆提拔指技合一的复合型干部，注重使用科技干部。要采取得力措施，尽快使作战部队团以上班子的知识、专业结构和合成程度有较大改善。多鼓励、放手脚，放开手脚好走路。让谋发展的人得到发展，让干实事的人得到实惠，让关键时刻过硬的人得到重用。

有些人才，可能出点毛病甚至挫折，但只要不是思想品德问题，就要关心、爱护，大胆支持。有人说，人才有用不好用，庸才好用没有用，这话说得很深刻。领导对部下应该是出点子、压担子、做样子、发旗子，而不应事必躬亲，包办一切。对部下，一要放心，二要放手。对人才要多一些尊重和理解，少一些求全责备。不然，人家就不好干，人才也会变成庸才。放手使用人才。要为人才提供展示才华、创新知识的有利条件，让他们有一个宽松的环境，能放心、放手地去工作，想象力、创造力得到尽情的发挥。多监督、不放纵。经常听到"领导也是人"、"人才也是人"之类的话，这些话如果是为了回击对人才的苛刻要求是有道理的。问题是往往说这些话的时机场合是为了掩盖错误或者是开脱罪责。说这些话的时候貌似一个标准，实际上已经采取了对人对事的双重标准，使罪过成了错误，大错成了小错，以至于领导干部和有本事的人受到的惩治与普通的人受到的惩治形成反差。这种对人才的放纵是十分有害的。一个人的德才是一个常变量。越是人才越要严格要求，越要加强监督。对他们的工作态度、处事方法、业余生活都要全方位监督。严是爱，松是害，不管不问要坏菜，对人才也是非常适用的。敢管、严管、管严，理直气壮地管住，不管是专家还是权威一样要求，本身体现的也是用人之胆。加强政治修养，要严格防止不重理想重实惠，不重艰苦图潇洒，不比贡献比得失，不靠组织靠关系，不琢磨工作琢磨人的现象出现。在市场经济条件下，领导干部应保持正确的生活态度、文明的生活方式、高尚的生活情趣、严格的生活作风，经受住各种诱惑。领导干部要做到"五防"：思想上防演变，不能丧失信念；政治上防摇摆，不能没有立场；经济上防贪占，不能以权谋私；工作上防松劲，不能混日子；生活防腐化，不能贪图享受；作风上防特殊，不能脱离群众。

选贤任能应做到：能者上，平者让，庸者下，恶者罢。对各级干部都应严格入口，畅通出口。严格入口就是坚持德才标准，坚持公开公正的方法，确保干部政治上靠得住，工作上有本事，作风上过得硬，老百姓信得过。畅通出口，就是坚持能上能下。确保干部平等竞争，充满活力，上者受教育，下者有出路，让者给奖励。上下均为大局，升降都为事业。重用能人干大事，帮助庸人干小事，团结小人别坏事。要改变用人模式，努力做到机关、基层、院校标准统一，机关干部、基层干部、院校教员标准统一，克服进了院校成死棋，进多大的机关可以当到多大的官，身边的人、处有利位置的人、机关的人镀金捞资本，曲线提职，优先提职，空头任职，搞假经历等问题。进出机关应任职一年后再提职。公平就是水平，合力就是能力，落实就是政绩。按照"四不唯"的要求，打破出身，让那些懂基层、懂训练、懂指挥、懂后勤、懂技术、懂战争、有政治头脑和战略远见的各种人才茁壮成长。

四、育才有方

科技的竞争说到底是人才的竞争。有了掌握科技的人才，没有科技可以发展科技，有了科技可以掌握科技。在部队，先进的军事理论要靠人去研究；先进的装备，要靠人去掌握；人与武器装备的最佳结合，也要靠人发挥主观能动性。因此，科技强军，关键是培养人才。谁有了科技人才，谁就有了强军之本；谁培养了科技人才，谁就为科技强军做出了重大的贡献。要加快实施人才战略工程，否则，信息化军队是建不成的，信息化战争是打不赢的。各级党委和领导，要牢固确立"人才是第一资源、第一战斗力"的思想，强化培养人才是最大政绩、带出人才是最大本事、拥有人才是最大优势的观念，切实把人才培养摆上党委的重要日程、作为军政主官的第一责任。要确立"大人才"观，院校要培养高素质人才，机关要引进高素质人才，班子要配备高素质人才，努力形成立体的人才群体。要针对有些管理干部科技素质不高、技术干部中创新拔尖人才较少、参谋人员谋划能力不强、士官队伍文化水平和专业技能欠缺等问题，采取超常措施，通过多种途径，加快人才队伍建设步伐。要坚持正确的人才标准，按照德才兼备、又红又专的要求，大力培养、选拔和使用那些政治思想强、业务技术精、作风纪律硬、个人生活节俭的人。要营造优秀人才脱颖而出的良好环境，真心实意地鼓励人才干事业，全心全意地支持人才干成事业，千方百计地帮助人才干好事业，为现代化建设提供强有力的智力支持和人才保证。

树大自直，人大自正，讲的是环境对成长的影响。树成材需修枝打杈，人成才要培养教育。人没有自然成才的，自生自灭出不了人才。人才培养是门科学。"修枝打杈有学问"。军事人才的培养有其自身的特点和规律。军队人才培养的现状是：加强了对官兵科学文化素质的培养，但瞄准世界科技前沿阵地、夺取科技领域"制高点"的意识不强，对培养适应高技术战争的现代军事人才抓得不够；在人才培养的体制上，虽然恢复了院校教育军官培训基本走上正规化，但院校教育如何与部队教育紧密结合、军官的长期培训如何与短期培训和在职培训紧密结合有待进一步探讨；在人才培养的模式上，虽然根据"四有军人"的目标和部队需要培养出大批合格的指挥军官专业、技术军官，但如何适应高技术战争中联合作战的要求，培养既懂高新科学技术，又懂现代指挥作战的通用型人才还缺乏探索；在人才培养的机制上，虽然注意了人才成长整体环境的建设，但如何打破院校、部队、机关之间的封闭，拓宽人才交流的渠道，造成人才全面成长的良好条件，还没有走出很好的路子，等等。这些问题说明，在培养人才的问题上，现代化战争的客观需要同我军现代化水平比较低的矛盾还没有很好地解决，使干部队伍出现了年龄相对轻了，但优秀的不多；学历相对高了，但水平低的不少；经历相对好了，但能力弱的大有人在。特别是片面强调学历，纸上谈兵、庸人带兵对军队建设带来了不小的危害，与打赢高技术条件下局部战争的要求很不相称。

　　培养人才没有更多的高招，一靠学校培养，二靠实践锻炼，三靠言传身教，效果如何要看个人的勤奋学习和认真领悟。院校部队一体化。教育是人才培养的基础。实现院校部队教育训练一体化对人才培养的效益至关重要。风平浪静，训练不出好水手；平平常常，培养不出好人才。《现役军官法》构建的军官培训体系，简单地说，就是通过落实"三项基本制度"，即："经院校培训提拔军官的制度"，在"三级"培训体制的基础上，建立了"逐级晋升培训"制度，"在机关任职的军官应当经过相应院校培训"的制度。完成任职前的学历教育，接受任职后的继续教育。基本思想就是要求每一个军官，从任职前的基础教育开始，直到退出现役为止，伴随着个人的成长进行和岗位变换，每一步都必须接受相应的培训和教育。从而，实现军官职业教育的制度化、规范化、经常化和终身化。随着我军干部生长制度和院校培训制度进一步改革，将有更多知识型人才走上指挥岗位。他们经过院校的系统培训，是我军指挥干部队伍中充满活力的新一代，但他们又往往缺少实践摔打和磨炼，把他们培养成不仅具有渊博的理论知识而且具有丰富实践经验的指挥干部，是新时期干部队伍建设的一个重大课题。国家改革开放和我军推进现代化建设的伟大实践，为培养新一代优秀指挥干部开辟了广阔的实践课堂。我军利用这一契机，加大指挥干部锻炼力度，逐步形成了在初级院校生长、在中高级院校深造、在多方面实践锻炼中走向成熟的指挥干部成长模式。

加大人才培养力度。各级领导要强化校长意识，履行校长职责，想方设法培养提高干部，为人才成长不断"充电"、积蓄后劲。院校、训练机构要充分发挥培训基地作用，不断提高教学水平和人才培养质量。各级要舍得把年纪轻、素质高的干部送校深造，鼓励和支持干部攻读研究生。岗位锻炼制度化。最缺人才的地方，往往是压制人才最厉害的地方，你没从根本上培养啊。我们在这个问题上应该深思和猛醒。你要培养他，给他创造条件，你得用他。给猴子一棵树，给老虎一座山。岗位锻炼就是给猴子一棵又一棵的树，给老虎一座又一座的山。一个岗位就是一所学校。只有复合的经历，才有复合的素质。如果机关干部不懂部队、部队干部不懂机关，指挥干部不懂技术、技术干部不懂管理，步兵干部不懂兵种、兵种干部不懂合成，院校干部不懂部队、部队干部不懂院校，就很难成为复合型人才，也难以适应信息化战争的要求。从走开交流的路子调整，打破圈子。活水养活鱼。人事活起来，人才就会多起来。多年来，军委总部出台了一些干部交流的政策规定，但好多规定并没落到实处，有的口头上讲要搞五湖四海，实际上却存在着门户之见和圈子现象，以及由此造成了以圈取人的问题。圈子内的人不行也行，圈子外的人行也不行。用人的人为了多一些自己人有意划圈子、经营圈子；想得到重用的人想尽办法找圈子、钻圈子。这种现象对党的用人政策造成了极为严重的损害，也严重挫伤了广大干部的积极性。要改变这种状况，把院校与部队，机关与基层交流的制度落实到位，就必须拿出更加具体有力的措施，加大干部交流的力度，在更大范围调整使用干部，彻底打破圈子和近亲繁殖。可以考虑提副团职出团，提正团出师（院校），提师出军，提军职跨大区。打破一潭死水，人才越挪越活。

　　要走出一条干部交流的路子，通过多岗位、多领域的锻炼，培养造就更多的复合型人才。复合型指挥人才作为支配部队行动的中枢，是确保打赢的关键之所在。在未来军事斗争中，要实现军委的战略意图，既需要特别过硬的部队，更需要特别优秀的复合型指挥人才。经验表明，实行军官岗位交流轮换，是在实践中发现人才，提高军官素质，防止军官在一个地方任职时间过长形成的懈怠心理等消极因素的有效措施。干部岗位转换的未来趋势是：军、政、后干部岗位互换；指、技干部岗位互换；部队与机关、部队与院校干部互换；部队与部队之间交流；各军兵种之间指挥干部岗位互换。根据既懂政治又懂军事、既懂指挥管理又懂专业技术的要求，要把各级领导干部培养成复合型人才，任务相当艰巨。发达国家军队重视军官经历的做法，很值得我们借鉴。美国军官从排长成长为将军，必须进8次以上院校，有14个以上岗位的经历。英军规定，军官两年必须变换一次岗位。日本、德国、意大利等国军官平均一年要变换一次岗位。要善于依托新装备催生人才并向成建制形成战斗力拓展。部队建设需要人才一个很突出的方面，就是驾驭使用新装备迫切需要人才。要使新装备成建制、成系统形成战斗力，既需要操作使用人才、维修保障人才，也需要懂行的指挥人才。以新装备为载体，发挥新装备的"活教材"作用，通过成建制形成战斗力的实践培养人才，应成为最直接、最快捷、最有效的人才培养方式。岗位锻炼要进一步强化。岗位既是获取真知、积累经验、增长才干的平台，也是基础知识转化为应用知识、学历转化为能力的载体。在干部年培训率不高的情况下，绝大多数干部的成长提高基本靠岗位锻炼。各级应本着对部队建设和干部成长高度负责的精神，切实解决不舍得放、不愿意要、交流不动等问题。真正走开机关、部队、院校之间干部交流的路子，搞好旅、团主官兵种间换岗，基层营连主官兵种间、军政间及指技间的换岗锻炼。

积极探索创新，力求人才的新突破。学历低的领导干部需要学习，学历高的也需要学习。因为学历低的不学习跟不上去，学历高的不用心同样也会被淘汰。有统计资料表明，知识的倍增期，20世纪60年代是10年，70年代是6年，90年代是4年。比较明显的是电子计算机，一到两年就更新一代。这个资料上还讲，60年代到90年代，世界上的新发明新创造超过了公元以来的总和。这说明，不论学历高低，不学习就会落后，就会被淘汰。所以，在知识爆炸的年代，大家都要加强学习，大家都处于同一起跑线上，都是平等的，都不能骄傲自满。在济南军区学习高科技知识经验交流会上，有一个同志的发言对我启发很大，这就是：靠关系吃饭，是个泥饭碗，随时可能打掉；靠文凭吃饭，是个铁饭碗，随时可能生锈；靠本事吃饭，才是金饭碗，到什么地方都能发光。参谋人才作为指挥员的"外脑"，在作战中负有提供信息、出谋划策、上通下达、组织协调、检查指导等责任。能不能与党委首长同步甚至超前思维，适时提出高质量的意见和建议，对首长能否实施正确指挥起着至关重要的作用。而目前机关干部中，高学历的人多、高素质的人少；单一型的人多、复合型的人少；事务型的人多、谋略型的人少；经验型的人多、创新型的人少，真正能够协助党委首长提出大主意，组织大活动，总结大经验的"大参谋"还不多。领导要善于在压担子和重大任务中言传身教培养人才。做领导，使人怕不如使人爱，使人爱不如使人敬，使人敬不如使人学。首长可敬，师长可学，兄长可亲。说能说明白，能讲出个道理来；干能干明白，能抓出政绩来；写能写明白，能总结出经验来。如果说，你没有这些起码的能力，你要想有所作为，肯定不行。当然这些能力必须是慢慢积累，厚积薄发。我曾经给自己写了副对联："苦事累事窝囊事事事都干，怨声骂声批评声声声都听。"当一个领导干部，只想舒舒服服干事，只想干出名挂号的事，那是不行的。个人要有成才意识。目标任何时候都不能动摇，时间任何时候都不能颠倒，思考任何时候都不能教条，学风任何时候都不能浮躁。要着力提高"五种能力"：头脑清醒，提高政治领导能力；集思广益，提高运筹决策的能力；组织协调，提高解决问题的能力；适应需要，提高改革创新的能力；坚持制度，提高自我约束能力。

总之，领导抓育才，首先要有才；领导尽责任，首先强素质。领导带头学习，是一种重要的导向。有的领导同志不是把主要心思用在工作、学习上，而是用在应酬、享乐和琢磨个人问题上；不是尽心育才、甘为人梯，而是嫉贤妒能、害怕部属超过自己；不是选贤任能、让人才脱颖而出，而是论资排辈、压抑人才成长。这样，既影响自身形象，也影响下面成才。实践证明，"有德无才干不成事，有才无德干坏事，德才兼备干大事"。要刻苦读书学习，不断积累知识；努力改造思想，不断提高境界；自觉参加实践，不断增长才干。切实做到：在认认真真学习上有新进步，在堂堂正正做人上有新追求，在兢兢业业做事上有新成效，在清清白白做官上有新形象，在扎扎实实育才上有新政绩。在自己的任期内，既要干出一番事业，又要带出一批人才，这才是明白的领导。

专　　论

一、大力实施和推进人才培养系列工程

实施人才培养系列工程，是加大人才培养力度、推动部队全面建设的重大举措。要真正解决人才匮乏这个制约部队现代化建设和军事斗争准备的"瓶颈"，必须对人才培养进行宏观思考、全面论证、通盘考虑、总体设计、逐步推进。实施人才培养系列工程要着眼军事斗争和部队现代化建设需要，以科学发展观重要思想为指导，以确保履行好"三个提供一个发挥"新使命为根本目的，以坚定的政治信念与良好的军事素养相统一、高超的指挥艺术与精湛的专业技术相统一、广博的知识与适应本职需要的工作能力相统一、深厚的理论功底与丰富的实践经验相统一、高素质的个体与优势互补的群体相统一为基本标准，构建紧贴实战需要、紧贴新装备、紧贴本职岗位的人才培养体系，形成多层次、多渠道、立体化的培养方式，突出复合型指挥人才、智囊型参谋人才、专家型科技人才、骨干型士官人才的培养，造就数量充足、结构合理、素质优良的新型军事人才群体，为军队现代化建设提供坚强有力的组织保证和人才支撑。

（一）深刻认识人才队伍建设的现状，增强抓人才培养系列工程的紧迫感和自觉性

实施人才培养系列工程，既是大势所趋，更是现实所迫。这些年来，各级领导干部对抓人才队伍建设的认识不断深化，做了大量卓有成效的工作，人才队伍的素质不断提高，各级领导班子的结构进一步优化，在促进和推动部队的全面建设上发挥了重要的组织保证作用。但是用履行领导部队现代化建设和打赢高技术局部战争使命的要求来衡量，领导干部特别是团以上领导干部素质不够适应的问题仍然十分突出。从调查了解到的情况看，这种不适应主要表现在以下几个方面：

第一，理论素养不够适应。实事求是地分析我们团以上领导干部的理论素质状况，有相当一部分同志理论根底比较薄弱。起码有"三个缺乏"：缺乏对理论的系统掌握，对理论的学习了解比较零碎，还没有从科学体系上加以把握，在不少方面只知其一、不知其二，只知背几个词句、不知其精神实质；缺乏对党的新的理论成果的深刻理解，尤其是对社会主义市场经济理论、科学发展观重要思想的理解，还停留在较浅的层面上，直接影响到观念的更新、视野的开阔和对新情况新问题的研究解决；缺乏自觉的理论思维，分析认识问题凭经验、靠感觉、就事论事，不善于理论思考，抓不住事物的本质和规律，尤其是回答解决部队反映的深层次思想理论问题，如"社会主义还行不行"、"马克思主义还灵不灵"、"改革开放的道路还能不能走通"等，显得力不从心。对各单位进行理论考核，通过现场答题、述职述学、群众评议，不同程度地反映出一些

同志基本理论知识不足、运用理论解决实际问题的能力较弱等问题。一些同志思考问题的层次不高，决策朝令夕改，工作抓不到点子上，说到底就是理论素质不强。理论素质是领导素质的核心和灵魂。对一个领导干部来说，理论素养上的欠缺是很大的缺陷。没有理论上的坚定，就不会有政治上的坚定；没有理论上的成熟，就不会有政治上的成熟；没有深厚的理论功底，就不会有较高的领导水平。

第二，科技素质不够适应。现在干部素质上的"短板"不少，但科技素质弱是最大的"短板"。平时的学习培训也是学习一般的军事知识和政治理论的多，学习高科技知识的少；学习微机一般操作的多，利用网络开展工作的少。我听部队不少领导同志讲，面对社会主义市场经济的深入发展，面对滚滚而来的科技革命浪潮，面对高技术条件下的现代战争，面对部队越来越多的高新武器装备，有一种强烈的落伍感和危机感。事实正是如此，有的由于对新装备的原理、性能、特点掌握得不够，在训练中往往不能熟练使用新装备；有的由于对高科技战争的形态、规律掌握得不够，在战法的研究上往往深不进去、搞不出名堂，有的对相关的科技知识掌握得不够，抓科技练兵往往拿不出多少新思路、新办法、新成果。

第三，文化水平不够适应。目前部队学历状况，不仅无法与发达国家军队相比，与一些发展中国家相比，差距也很大。俄军98%的军官受过高等教育，指挥军官全部是大学本科毕业。印军明确规定，军官在任命前必须获得学士学位，晋升营以上职务必须具有硕士学位。实践证明，这化那化，首先要有文化。过去毛主席讲，没有文化的军队是愚蠢的军队，是不能战胜敌人的。现在也可以说，在高新技术突飞猛进的今天，科技文化素质不高的军队是弱智的军队，是根本打不赢现代战争的。

第四，任职经历不够适应。我们的干部大都是一个专业干到老，经历比较单一，"瘸腿"的比较多。这种经历的不全面，直接影响和制约了复合型人才的成长。发达国家军队重视军官经历的做法，很值得我们借鉴。日本、德国、意大利等国军官平均一年要变换一次岗位。一个岗位就是一所学校。只有复合的经历，才有复合的素质。如果机关干部不懂部队、部队干部不懂机关，指挥干部不懂技术、技术干部不懂管理，步兵干部不懂兵种、兵种干部不懂合成，就很难成为复合型人才，更难以适应高度合成的现代战争要求。

第五，实际能力不够适应。从最近对各级各类干部考核的情况看，师团职领导干部优秀的占 52.7%，机关干部优秀的占 40.4%，基层干部优秀的占 33.4%，专业技术干部优秀的占 31.1%。这说明，不仅基层干部、机关干部、科技干部都有个经验不足、能力不强的问题，团以上领导干部能力水平也有一个亟待提高的问题。有的专家认为，一个出色的部队领导干部，需要具备从政治上观察思考问题的能力、宏观谋划能力、科学决策能力、统筹协调能力、指挥管理能力、开拓创新能力、依法治军能力和综合概括能力。用这"八个能力"的标准来衡量，我们团以上领导干部恐怕不少同志是有差距的。对人才队伍素质存在的"五个不够适应"的状况，各级党委领导必须有清醒的认识。要看到，人才素质上的差距比武器装备上的差距更为严重，这种差距是带根本性的差距。如果不尽快改变我们人才队伍素质不高的状况，就难以落实科学发展观对干部队伍建设提出的新标准、新要求，就难以实现中央军委把人才培养作为一项刻不容缓的战略任务和人才建设质量上台阶的要求，就难以适应部队建设的现实需要和跨越式发展的新形势。我们一定要有强烈的危机感和忧患意识，充分认识人才培养的重要性和紧迫性，切实防止和克服畏难情绪、等靠思想、无所作为等消极状态，以时不我待、积极进取、迎难而上的精神，大力实施和推进人才培养系列工程。

（二）积极探索创新，促进人才培养系列工程的发展和突破

人才培养系列工程是一个新课题，在实施过程中必然会遇到许多新情况、新问题，只有贯彻改革精神，在创新中寻求新思路、研究新对策、解决新矛盾，才能使人才培养系列工程取得新突破。应主要在以下四个方面下工夫、求突破：

第一，要在重点人才的培养上求突破。实施人才培养系列工程，是要提高整个人才队伍的素质，但必须突出重点，着力培养四种类型的人才。一是复合型指挥人才。指挥人才作为支配部队行动的"中枢"，是确保打赢的关键之关键。实现军委的战略意图，既需要特别过硬的部队，更需要特别优秀的复合型指挥人才。把团以上领导干部培养成复合型人才，是相当艰巨的任务。二是智囊型参谋人才。参谋人才作为指挥员的"外脑"，在作战中负有提供信息、出谋划策、上通下达、组织协调、检查指导等责任。能不能与党委首长同步甚至超前思维，适时提出高质量的意见建议，对党委首长实施正确指挥起着至关重要的作用。三是专家型科技人才。科技人才特别是工程技术人才担负着

操作、维修、保养武器装备等任务，是部队战斗力的重要组成部分。随着部队高新武器装备的日益增多，需要越来越多的专业技术精、学术造诣深、创新能力强的高素质科技人才。现在，部队专业技术干部尤其是作战部队工程技术干部不仅在数量上严重短缺，而且存在着文化层次低、攻关能力弱等问题，难以适应提高部队现实作战能力的要求。四是骨干型士官人才。士官在军队建设和作战中具有特殊的作用，是一个重要的人才群体，是军官联系义务兵的桥梁和纽带，是做好"两个经常"工作的助手，是组织士兵训练和操作、使用、维护及管理武器装备的骨干。按有的同志的话说，叫做"兵头"和"教头"。士官队伍的素质怎么样，作用发挥得如何，直接影响部队建设的质量。以上四类人才具有特别重要的地位作用，要求我们在培养上必须放在重中之重的位置，拿出切实可行的规划，采取具体有力的措施，给予充分到位的保障。还要特别指出的是，要高度重视地方入伍大学生干部的培养问题。这几年，部队先后接收地方入伍大学生干部，这些同志文化基础好、知识层次高、发展潜力大，是部队建设的一笔宝贵财富，也是新型军事人才的重要来源。这批人培养使用好了，可以大大改善我们人才队伍的整体结构，增强部队建设的活力，提升部队建设的层次。各级要充分认识他们的重要培养价值，重点培养、用其所长，尤其是对具有指挥人才潜质的，要大胆放到主官岗位上摔打磨炼。同时，注意让他们上好基层磨炼这一课，积蓄发展能量，在营连岗位上不满两年不要轻易调往机关，防止出现再"回头补课"的现象。

第二，要在培养渠道方式上求突破。近年来，经过各级的探索实践，已初步形成了从地方引进、送院校深造、搞短期培训、抓学历升级、依托新装备催生、进行换岗代职锻炼、到生产厂家见习及个人自学提高等人才培养路子，对加快人才培养步伐、提高人才培养质量发挥了重要作用。应当说，这些渠道都是行之有效的，需要继续坚持。但也应当看到，随着人才培养系列工程的实施，必须进一步开阔视野，调整思路，改进方式，拓展渠道。尤其是对育才质量、层次、数量起重要作用的几种渠道，更要进一步研究探索。对于发挥着培养主渠道作用的军队院校，要继续挖掘潜力。在充分用好总部下达的送学计划指标、选拔优秀干部送校深造的同时，积极借助军队院校师资、设施的优势，采取联合办班、委托培养等形式，有计划地选送需要重点培养的骨干人才脱产学习，进一步走开路子。在充分论证的基础上进一步采取措施，各单位也要发挥主观能动性，力争在培养高层次工程技术人才上有更大的作为。要在扩大培训范围、增加培训容量、调整培训内容、提高培训质量等方面拿出新举措，为人才培养作出新贡献。依托国民教育育才要向纵深发展，主要是向培养模式多样、专业需求对路、数量规模扩大、超前培养储备的方向发展。说部队建设需要人才，很重要的是驾驭使用新装备需要人才。对专业人才的需求不仅层次高，而且类型多。要成建制、成系统形成战斗力，既需要操作使用人才、维修保障人才，更需要真正懂行的指挥人才。以新装备为载体培养人才，是最直接、最快捷、最有效的人才培养方式。随着新装备不断列装，依托新装备催生人才将越来越成为部队培养人才的重要渠道。各单位在这方面已经做了一些有效的探索，要在总结、规范、坚持的同时，进一步开动脑筋，切实发挥新装备的"活教材"作用。向成建制形成战斗力的实践要人才，岗位锻炼要进一步强化。有的同志形象地说："院校培养是主渠道，依托培养是快车道，岗位锻炼是大课堂。"这话说得有道理。岗位既是获取真知、积累经验、增长才干的平台，也是基础知识转化为应用知识、学历转化为能力的载体。现在的问题是，一些同志忽视岗位成才，一提到人才培养，往往就想到送院校培训。这种观念必须转变。"学习在工作中、成才在岗位上"，广泛开展岗位练兵、比才竞能活动，有力促进官兵能力素质的提高。这是岗位成才的一种有益探索，值得很好提倡。干部交流和换岗锻炼是岗位成才的重要形式。但从目前情况看，干部的培养性交流步子迈得不大，换岗锻炼刚刚起步，这与《现役军官法》的要求和干部成长的需要还不相适应，必须进一步统一认识，继续探索，加大力度。搞好干部的培养性交流，关键是要有大局观念和长远眼光，本着对部队建设和干部成长高度负责的精神，切实解决"不舍得放、不愿意要、交流不动"等问题，真正走开机关、部队、院校之间干部交流的路子。换岗锻炼作为一种新的尝试，尽管有些地方需要改进，但方向一定要坚持。要着眼提高素质，搞好旅团主官兵种间换岗。基层营连主官不仅要搞好兵种间换岗，还要搞好军政间及指技间的换岗。

　　第三，要在吸纳招揽人才上求突破。从地方积极引进部队急需、培养难度大的特殊人才，是部队人才队伍建设的重要途径和必由之路。随着部队现代化建设的推进，各类特殊人才紧缺的矛盾越来越突出。这几年，各单位通过接收地方大学生、特招地方专业技术人才等途径，陆续引进了一些人才，对缓解人才紧缺的矛盾起到了重要作用。

但总的看，我们的思想还不够解放，步子迈得还不够大，一些高层次的拔尖人才引不进来。各级领导在人才队伍建设上，既要有识才的慧眼、育才的方法、用才的气魄，又要培养爱才的情感、拿出聚才的招数、营造留才的氛围。从当前情况看，引进优秀人才有两点需要特别注意：一点是要提高物质待遇，在职级确定、家属就业、子女入学、岗位津贴、住房、用车等方面给予特殊政策。在引进高层次人才上，一定要打破传统观念，舍得下本钱，切实把上级给予的政策用足用活。另一点是改进引进方式。针对师以下单位在引进高层次人才上自行联系路子窄、协调起来难度大、有些实际问题不好解决的情况，统一组织力量，采取上下结合、"集团采购"的办法加以解决。另外，有的单位聘请知名专家学者当顾问、作导师为部队建设出谋划策，帮助解决重大技术难题。这种育才于社会、用才于军营，积极利用军内外高层次人才的智力和技术优势为我服务的思路和办法，很值得提倡。我们在吸纳引进人才的同时，还要注意做好保留人才的工作，不要使很多有价值的人才白白流失了，要用良好的工作、学习、生活环境聚合人才，同时还要做出硬性规定，对高学历、高层次的人才从严控制，没有特殊情况不得让其转业，坚决杜绝人才流失的现象。

第四，要在健全人才成长的动力机制上求突破。用良好的动力机制促进人才成长，具有根本性、全局性、长远性的作用。实施人才培养系列工程，需要做的工作很多，但很重要的是要健全有利于人才成长和优秀人才脱颖而出的动力机制。近几年，在一些单位推出的"两力工程"、"末位帮带"、"一推三考"等举措，对激励干部成才发挥了重要作用。从多年来的实践看，激发人才成长的动力，需要靠思想教育，启发觉悟、自觉成才；靠事业凝聚，实现事业有成、人尽其才；靠竞争激励，奖优罚劣、盘活人才；靠典型示范，立起标杆、形象引导；靠制度约束，规范行为、促其成才，但最重要的是靠公正用人激励。用人公，人才兴；用人歪，人才衰。党委用人看德才、重政绩、听公论，官兵就会爱学习、强素质、干事业。公正用人，关键是在两个方面下工夫。一方面是以公开求公正。不少同志说："干部用不用，群众起作用；领导公不公，群众有杆秤"。我们要着重从民主推荐、晋升考评、任前公示等环节入手，进一步解决干部任用中的公开公正问题，变暗箱操作为开箱操作，变注重"相马"为注重"赛马"，变少数人选才为群众荐才。另一方面是以公道求公正。用人要公正，关键是领导要公道。做到这一点，除了我们领导同志要坚持立党为公、任人唯贤、运用公开考核成果之外，很重要的是党委集体把关，严格按程序办事。主要是落实好"五个不研究"，即：下级党委不报不研究，群众评议通不过不研究，政治部不考核不研究，常委之间酝酿得不充分不研究，对进师旅以上班子的两个"一把手"不共同认可不研究。切实通过公开公正用人，使那些埋头苦干、思路清晰、政绩突出的得到重用，使那些不思进取、工作平庸、打不开局面的产生危机感，使那些弄虚作假、欺上瞒下的受到处理，彻底扭转那种"自己提升找关系、别人提升查背景"的不良风气，形成"靠素质立身、靠品德做人、靠实干创业、靠政绩进步"的良好氛围。

（三）切实履行抓落实的责任，确保各级党委人才培养的决心意图落到实处

毛泽东曾经说过："抓而不紧，等于不抓"。人才培养系列工程作为今后人才队伍建设的规划和蓝图，要成为现实、取得成果必须抓得紧而又紧才行。

第一，主官挂帅，尽好责任。一个单位的人才培养系列工程能不能有效实施，人才培养工作能不能打开新的局面，关键在两个"一把手"。我们讲"一把手"要管全局、抓大事，很重要的就是要抓好人才培养这件事关部队建设全局的大事；一个明智的、有远见的、有作为的领导，一定是在人才培养上花心血、下气力、有建树的领导。两个"一把手"一定要强化"校长"意识，强化人才培养系列工程是"主官工程"的意识，强化出人才就是最大政绩的意识，切实负起谋划统筹，提出思路，拿出对策的责任；协调关系，组织力量，形成合力的责任；检查督促，跟进指导，解决矛盾的责任；提供服务，搞好保障，排忧解难的责任。真正使人才培养系列工程责任到位、保障到位、措施到位，确保落到实处。

第二，端正思想，注重实效。人才培养工作是一项实打实的工作，是为"三个提供一个发挥"新使命提供组织基础的工作，要求我们必须有科学的态度和求实的作风。以往的实践证明，部队开展一些活动，往往容易出现开始的时候"刮风"，搞一段时间就放松的现象。实施人才培养系列工程，从一开始就要"实"字当头，做到善始善终。各级一定要本着对部队长远建设、未来作战和干部成长进步高度负责的精神，进一步端正指导思想，少说多做、真

抓实干，一步一个脚印地抓好各项育才工作的落实，决不能搞"应景工程"、"半截子工程"，让我们的人才培养系列工程经得起群众的检验、经得起实战的检验、经得起历史的检验。人才培养工作是部队建设的一个永恒课题，必须长计划、短安排，持之以恒、常抓不懈，决不能"上面大讲就大抓，上面小讲就小抓，上面不讲就不抓"。人才培养工作是一项规律性很强的工作，周期长、见效慢，不能急于求成、急功近利，要下真工夫、长工夫、慢工夫、细工夫，甘于做默默无闻的工作，推动人才培养系列工程扎扎实实向前走。人才培养工作还是一项很复杂的工作，需要统筹兼顾，把握方向，正确处理人才培养与部队建设的关系，实现相互促进、协调发展；正确处理提高思想政治素质与提高其他素质的关系，确保德才兼备、全面过硬；正确处理打牢文化基础与增强实际能力的关系，做到理论和实践两个"翅膀"都硬起来。

第三，尽力而为，加大投入。人才培养工作离不开强有力的经费物资保障。近年来，各级充分发挥主观能动性，积极筹措资金，用于人才建设。但从总体上看，经费投入不足、物资保障不力仍然是制约人才培养工作发展的一个突出问题。尤其是人才培养系列工程启动后，经费物资不足的矛盾将会越来越突出。各级一定要把解决经费物资的投入问题作为实施人才培养系列工程的突出问题来抓，牢固确立"在人才培养上的投入是部队建设最根本的投入"、"往人才上投资就是往打赢上投资"的思想，在经费比较紧张的情况下，把握好投资方向，尽可能向人才培养上倾斜。各级一定要认真落实，还要开动脑筋，广开渠道，多方筹资，采取"单位补贴一点、地方支持一点、个人自负一点"

的办法，努力满足人才培养的需要。

　　第四，正确引导，加强规范。实施人才培养系列工程的过程，是一个探索前进的过程，出现一些问题和偏差是很难避免的，领导的责任就是要加强引导，注意总结，搞好规范，保证育才工作健康顺利地开展。从当前情况看，要重点搞好两个规范。一是要规范学历升级教育。现在，学历升级教育的秩序比较乱，官兵所学专业离本职需要比较远，重文凭轻水平的现象比较突出。有的单位多头联系办学，有些官兵自己联系函授学习，缺乏统一组织。这方面的问题，部队反映比较多。对学历升级教育，总的是方向要坚持、结构要调整、渠道要精选、质量要提高。各单位要摸清学历升级教育的底数，加强统一管理，坚持以军为主，控制和压缩函授规模，扩大军队自学考试数量，严把质量关口，切实克服学文的多、学理的少，学民用的多、学军用的少，学平时需要的多、学战时需要的少等现象，确保文凭、水平双"丰收"，使学历升级教育逐步走上有序轨道。二是要规范在职培训，进一步明确各级培训的职责分工，是当前加强培训指导需要突出解决的一个问题。根据各级职责和这几年的实践，军区主要是依托陆军学院、合同战术训练基地、干部培训基地和各类专业训练机构，负责师旅以上领导干部理论和高科技知识轮训，"四级书记"、"四长"的培训，师旅团参谋长和政治部（处）主任轮训，新提升师职干部培训，有组织、有计划地抓好团以上机关干部和部队难以承办的专业技术骨干的培训。军级单位主要是负责团职干部的理论和高科技知识轮训，新提升团职干部培训，营职干部的短期业务培训，相应职级的专业技术干部培训，与师级单位一起抓好连长、指导员的培训。旅团级单位主要是负责连队副职、排长、司务长的集训，新毕业学员的上岗前培训，以及改行干部的补差培训。各级各类培训要增强计划性、连续性和针对性，确保质量和效果。

第五，提高素质，以身示范。"学高为师，德高为范。"领导抓育才，首先要有才；领导尽责任，首先强素质。领导带头学习，不仅仅是一种个人行为，更重要的是一种工作导向。我们每个同志都要刻苦读书学习，不断积累知识；努力改造思想，不断提高境界；自觉扎实实践，不断增长才干。切实做到：在认认真真学习上，要有新进步；在堂堂正正做人上，要有新追求；在兢兢业业做事上，要有新成效；在清清白白做官上，要有新形象；在扎扎实实育才上，要有新政绩。在自己的任期内，既要干出一番事业，又要带出一批人才。

二、积极适应新的形势，培养造就合格人才

院校是"集体干部部"，是人才成长的摇篮，在培养干部方面负有特殊的历史责任。培养造就合格人才，学校党委领导、机关干部必须具有很强的政治业务素质。

（一）刻苦学习，在打牢理论功底上下工夫

第一，理论上的成熟，是一个党成熟的标志，也是一个干部成熟的标志。一个没有用理论武装起来的党，不可能成为先进的党；一个没有用理论武装起来的共产党员，不可能具有坚强的党性；一个没有用理论武装起来的领导干部，不可能担当改革开放和现代化建设的大任。当前，

国际形势复杂多变，国内改革开放各种新情况、新问题不断涌现，我们的干部要保证在任何情况下不动摇，经受住各种风浪的考验，没有坚实的理论功底是不行的。理论上不清楚，对一些问题的认识就可能似是而非，或者是人云亦云。为什么有的人对改革开放充满信心，而有的人却怀疑、困惑，甚至发生政治问题；为什么在一些错误思潮面前，有的人能够理直气壮地批驳抵制，而有的人却观望徘徊；为什么在利益调整面前，有的人能够正确对待，而有的人却缺乏承受能力，说到底是个理论素养问题。也就是能不能掌握政治上的"望远镜"和"显微镜"的问题。清醒的党委才能带出清醒的机关，清醒的党委和机关才能带出清醒的部队。院校的责任和使命是教书育人、培养人才。党委机关自身理论功底不厚实，就难以指导好教学。从教育整顿检查的情况看，理论学习自觉性不高的问题，在院校还带有一定的普遍性。应该看到，这些同志文化水平高，有热情，有朝气，思想比较敏锐，接受新事物快。但也有明显的不足和弱点。不少同志缺乏对马克思主义的系统学习，缺乏对党的历史和优良传统的深入了解，缺乏严格的党内生活、艰苦环境和基层工作的锻炼。纵观一些干部的成长，必须具备两个方面的素质，一方面要有坚实的理论功底；另一方面要有丰富的实践经验。这就好比是鸟的翅膀，只有两只都过硬，才能飞得更高、更远。我们有些干部之所以发展潜力不大、后劲不足，就是因为理论素质低，认识、分析、解决问题能力差。因此，学习理论是党委机关担负责任的要求，又是个人成长进步的需要，既是当务之急，又关系到长远发展。好学风才能带出好校风，名师才能出高徒。

第二，理论学习，关键在自觉，主要靠自学。在调查中了解到，当前对学习理论问题，还存在一些模糊认识。有的认为工作忙，没有时间学；有的感到理论离实际远，学了用不上。工作忙、时间紧是客观事实，但越忙越需要用理论做指导，没有理论的实践，是盲目的实践，缺乏理论指导的行动是盲人骑瞎马。时间就像海绵里的水，只要肯挤，还是有的。现在实行双休日，看书学习的机会比过去多了，关键是看有没有责任感、紧迫感。希望大家像毛泽东在延安时期所倡导的那样，一是挤时间学，二是钻进去想，三是在实践中用。努力营造一种学理论、讲政治的浓厚氛围，长期坚持，必有好处。

（二）自觉奉献，在改造世界观上下工夫

改造世界观是一个人毕生的课题。周总理有句名言叫"活到老，学到老，改造到老"。这深刻反映了树立正确世界观是一个长期、艰巨的过程。正确的世界观不会随着党龄的增加、职务的提升自然形成，需要在长期学习中修养、在实践中磨炼、在监督中提高。为什么在金钱女色面前，有的能拒腐蚀、永不沾，有的却成了俘虏；为什么在权力面前，有的能秉公办事，有的却以权谋私，成为历史罪人；为什么在荣誉面前，有的能当作激励、继续前进，有的却背上了包袱、作为骄傲的资本。根本的原因是世界观问题。实践告诉我们，世界观的转变是一个根本的转变，早改造早进步，晚改造晚进步，拒绝改造犯错误。党委领导和机关干部，在爱岗敬业、抵制"酒绿灯红"影响方面，总的看来是好的，机关干部中也有许多不计名利得失、工作成绩突出的好同志。保持这种精神要做到"三个始终"：

第一，要始终保持爱岗敬业的革命热情。高昂的工作热情和执著的敬业精神，来源于崇高的人生境界。机关有的同志事业心、责任心不够强，工作应付凑合，得过且过，工作年头不短，却没多大长进。水平不高没压力，本事不大不努力；工作拖拉疲沓，缺乏干不好工作吃不好、睡不着觉的劲头。实践证明，凡是敬业精神强，吃苦多，干事多的人，素质提高就快。反之，如果一天到晚一点压力没有，一点苦也不愿吃，进机关时间再长，也不会有多大出息。过去有句老话，叫做自在不成才，成才不自在。一分耕耘才有一分收获。要自我加压，养成看书学习的习惯，调查研究的习惯，积累资料的习惯，思考问题的习惯，总结经验的习惯，不断提高自身素质。领导要多给机关交任务、压担子、搞传帮带。要深入扎实地开展"争当优秀机关干部，争创先进科室"活动，充分调动敬业奉献的积极性。

第二，要始终保持艰苦奋斗的政治本色。要注意"三戒"：一要戒奢，发扬艰苦朴素的作风，不要把心思花在吃喝玩乐上；二要戒惰，培养那么一种寝不安席、食不甘味的革命精神，不要贪图安逸，虚度时光；三要戒庸，保持旺盛的斗志，不要自甘平庸，无所作为。

第三，要始终保持拒腐防变的人生态度。学校一般地处大城市，与地方交往多，周边社情和治安环境比较复杂。要把好思想关，端正人生态度，自觉克服个人主义、拜金主义、享乐主义的影响，坚决抵制"酒绿灯红"的诱惑，打牢拒腐防变的思想基础；要把好生活关，不要摆阔气、讲排场、盲目攀比，找准正确的参照系，不能以个人感情代替政策，重关系忘掉纪律。

（三）勤奋工作，在改进服务质量上下工夫

领导就是服务。学校党委机关的一切工作都要为教学服务、为基层服务。服务就是方向，服务就是政治，服务就是觉悟。

第一，要切实改进服务态度和作风。服务好，首先是要态度好。这并不需要花多少钱、给多少物。要坚持为教学服务、为基层服务的方向，时刻把教学的需要、基层的困难、学员的冷暖挂在心上，心系基层，情系教学。要心往教学想，人往基层走，钱往教学花，物往教学用，多为基层雪中送炭，少为机关锦上添花。绝不能搞自我服务，更不能搞倒服务。要坚决克服"门难进，脸难看，话难听，事难办"的现象。下面的同志到机关办事，能马上办的，就不要拖；需要机关几个部门之间协调的，就不要推；能上门服务的，就不要叫基层的同志来。真正把尊重知识、尊重人才体现在实际工作中，形成尊师重教的良好风气。

第二，要坚持把服务的重点放在解决影响教学的关键环节上。要进一步改善教学条件，对现有的教学设备要革新挖潜；对教学急需的，要立足学校现有条件，该投资的投资，该更新的更新，该引进的引进，设备改善了，才能更好地培养人才。要下大力提高教员队伍素质，广泛开展岗位练兵活动，经常组织学术交流，多为他们的学习提供便利条件，该送出进修的要送出进修，该提供科研经费的要提供科研经费，努力培养更多的学科带头人。要积极为教职员工排忧解难，对他们的实际困难和问题，要心想到，话说到，事办到，解除他们的后顾之忧，用感情温暖人心。

　　第三，要运用政策调动大家的积极性。政策具有法规性、长远性和根本性。一个好的政策，能调动千百万人的积极性，能温暖一大片人的心。因此，在一定意义上讲，领导机关制定和运用好政策，就是最好的服务。近几年，根据上级有关规定和学校实际，在综合管理、科技干部和基层干部管理等方面制定了许多规定、措施，设立了教学基金、科研基金和管理基金。这对教职员工的激励作用是十分明显的，要在实际工作中进一步运用好。要打破论资排辈、吃大锅饭的框框，对成绩突出的，该重奖的要重奖，该重用的要重用，该提拔的要提拔，促使拔尖人才脱颖而出。要大力宣传典型，发挥他们的示范作用。学校典型还是不少的，有的还受到了全军、全国的表彰，要加大宣传力度，努力形成学先进、赶先进、当先进的浓厚氛围。

　　（四）勇于创造，在提高领导水平上下工夫

　　一个单位建设得好不好，关键在于党委领导能不能正确地把握全局，依据上级精神和本单位实际，形成自己的思路，作出科学的决策，并确保决策的实现。在结合中创造、在创造中发展。衡量一个党委领导水平高不高，一个很重要的方面，就是看有没有改革创新的意识。只有不断创新才能求得发展，只有积极进取才能有所作为。实践证明，凡是发展快、有作为的单位，其领导班子大都有改革创新、积极进取的精神；凡是墨守成规、故步自封的领导班子，单位建设水平肯定不高。当前，学校建设发展还面临许多困难和问题，怎么解决？凭老经验、老办法办事，等、靠、要、守，都是不行的。等，只能丧失良机；靠，只能无所作为；要，是不能长久的；守，也是守不住的。

出路还在改革。要在改革中前进，在竞争中发展。

第一，要进一步坚定学校改革的信心。改革肯定会遇到一些这样那样的困难，要克服畏难情绪，不能因为有困难就退缩不前，动摇决心。看准了的，就要坚定不移抓下去。改革本身就是一种探索，难免会出现一些问题和偏差，甚至要冒一定风险。对此，不能瞻前顾后，左顾右盼。凡是有利于加速学校发展步伐，有利于提高整体办学水平，有利于培养又红又专高质量人才，就要大胆地干，大胆地创。正确的就坚持，不足的就加油，错误的就改正。这样，群众就会拥护，领导就会支持，也一定能大有作为。

第二，要选准教学改革的突破口。国家和军队改革都有宏伟蓝图，学校改革也要有符合自己实际的规划。当前，制约学校建设发展的因素很多，突出的是资金问题和人才问题。在这方面，这几年做了不少尝试。像培养教学骨干，积极引进人才，实行优生优分，开设微机联网等，取得了一些成果，要继续努力。比如引进人才问题，要进一步开拓视野，不仅仅局限于部队内部。对地方高精尖人才，也要考虑引进。引进一个高素质人才，可以带动一个学科、甚至几个学科的发展；出高档次科研成果，可以使学校的声誉倍增。当然，引进人才要把好关。既要看才，又要看德，尤其要看政治素质，不要引进一个人才，背上一个包袱。再比如解决资金困难问题，立足于自力更生，这是对的。但是，也要学会利用别人的优势发展自己，借水行舟，借梯上台阶。

第三，要讲求效益。改革的根本目的在于求发展、出效益。要注意把革命精神和科学态度结合起来。无论上什么项目，都要充分论证，集思广益，力争上一个成一个，打一仗，进一步，尽量减少失误，避免走弯路。要坚持社会效益、经济效益一起抓，严格按照政策法规办事，自觉维护军队院校的形象和声誉，绝不能见利忘义。

（五）从严治校，在加大管理力度上下工夫

新形势下如何落实从严治军的要求，是摆在我们面前的一个必须共同解决好的课题。从严治军，关键在于各级干部能不能严格按照条令条例和各项规章制度实施正规化的管理；能不能带头学条令、用条令，从自身严起，从机关严起，以良好的形象垂范部队。学校这两年管理工作有进步，但是仍然存在一些问题。有人员管理上的，也有车辆管理上的，还有物资管理上的。这些问题在一定程度上，影响了正常的教学秩序和工作秩序。要切实把管理工作作为学校建设的一项重要内容，常抓不懈。

第一，要进一步强化管理意识。要充分认识到，学校管理好，才能有一个好环境，才能形成好校风。加强管理不仅仅是为了防事故、防案件，更重要的是通过正规的管理秩序、严谨的治学风气、有效的管理办法，形成管理育人的良好环境。学校学员数量多，女同志多，临时工和施工人员多，干部分散居住多，枪弹训练使用多，管理的难度很大。要认清特点，把握规律，进一步增强管理工作的针对性和有效性。

第二，要严格落实各项制度。抓管理，主要是依据条令条例和规章制度。要严格一日生活制度，努力形成正规的工作秩序，要严格组织生活制度，使人人都在组织中，人人都在管理中，人人都在监督中，不能有特殊的党员和特殊的干部。长期脱离组织的个人，终究要犯错误，经常不受监督的干部，必然要出问题。要深入扎实地开展好"双四一"活动，准确掌握每个人的情况，及时发现和解决问题，防患于未然。

第三，要从领导机关严起，从直属队抓起。领导机关当楷模，直属队当样板。前几年发生的一些问题，多数出在机关直属队。因此，一定要从机关和直属队抓起。要按照"三严"、"四自"的要求，切实加强对团以上领导和机关干部的教育管理。要求下面做到的，自己要首先做到；要求下面禁止的，自己首先要止住。其身正，不令而行；其身不正，虽令难从。要一级管一级，一级带一级，一级给一级做好样子。对直属分散单位管理，党委要经常议，领导要专人管，职能部门要牵好头，机关要合力抓，通过实行严格的责任制，杜绝"灯下黑"。

第四，要扶正压邪。一些单位管理工作之所以老出问题，重要原因就是赏罚不明，该表扬的得不到表扬，该处理的不能兑现，挫伤了大家的积极性。从严治校，就是要严在赏罚分明上。对做得好的，该表扬的表扬，该奖励的奖励，对落实制度不严格、管理工作漏洞多、发生严重问题的，该通报的及时通报，该处理的严肃处理，绝不姑息迁就。尤其对个别人，党委要统一思想，采取有力措施，切实管住管好。每处理一个人、一件事，都要防止简单化，要组织开展讨论，通过一件事，教育一大片，把一个人的教训，变成大家的共同财富。

经常性思想作风纪律建设是一项长期任务，有些问题还要反复抓，已经改了的，要保持巩固。需要下一步改的，要按照制定的措施，一项一项地抓好落实。要进一步加强政治业务建设，努力建设基础设施一流、教学质量一流、人才素质一流、教研水平一流的学校。

三、教医研单位要突出抓好三支队伍建设

（一）必须加强领导队伍建设，努力培养造就一批
善谋发展、深孚众望的领班人

这是建设一流教医研单位的核心。各级领导，特别是
党委一班人，政治要过硬，思想要敏锐，业务要精通，具
有凝聚各方面力量的本领。只有这样，才能真正把单位领
导好、管理好、建设好，走在全军同行的前列。

一是要强化政治意识。有的教医研单位保障的对象特
殊，许多工作都有很强的政治性。各级领导要坚持从政治
上观察和处理问题，分析形势要有政治眼光，能够站在战
略和全局的高度去思考，把握好医院建设的方向；制定决
策要坚持政治原则，始终保持清醒头脑，自觉与党中央、
中央军委保持一致；处理问题要考虑政治影响，增强政策
纪律观念，切实做到明辨是非、令行禁止。二是要提高复
合素质。教医研单位知识密集、技术密集、人才密集，领
导干部要胜任本职，必须要有复合型的素质。要勤于学习，
牢固树立勤奋学习、终身学习、随时学习的观念，掌握复
合型知识，提高复合型能力，打牢复合型基础，成为知识
型领导；要善于总结，认真思考，研究探索，提高认识和
运用客观规律的水平，做到打一仗进一步，不断提高管理
能力。三是要端正领导作风。牢固树立领导就是服务的思
想，把服务老干部和官兵作为一切工作的出发点和落脚点；
充分发挥党委班子的核心领导作用，集中精力议大事、抓

大事，积极解决影响和制约医院建设的急难问题；坚持与时俱进，开拓创新，保持良好的精神状态，从领导自身抓起，用自身的模范行动弘扬正气、带动部属、凝聚人心。

（二）必须加强专家队伍建设，努力培养造就一批德技双馨、享誉医坛的领衔人

这是建设一流教医研单位的关键。医院建设，专家为本。这些年来，有的医疗院所之所以成果累累，之所以长盛不衰，之所以声名远播，靠的是人才济济，靠的是名医名家。所以说，专家队伍建设，对教医研单位发展具有基础性、战略性、决定性的作用，必须高度重视、常抓不懈。各级党委和领导，一定要牢固确立培养人才是最大政绩、带出人才是最大本事、拥有人才是最大优势的观念，扎扎实实推进人才战略工程建设，形成人才辈出、群星灿烂的良好局面。

一要靠实践锻炼人才。教医研是一个大舞台，为广大科技工作者大干事业、大展宏图提供了广阔空间。作为这类单位的领导，要知人善任，选准、配强和用好学科带头人，尤其要给中青年学科带头人压担子，让他们唱主角、挑大梁，在实践中摔打锻炼，尽快成才。作为老院士、老专家、老教授，要发扬"人梯精神"，把培养新人作为第一位任务，做到像姜泗长院士那样，"技术精益求精，诲人桃李天下"，使我们的事业薪火相传、后继有人。二要用科研带动人才。科研需要人才，科研又能培养人才、提高人才。我们科研的起点一定要高，始终瞄准世界医学发展的最前沿，紧紧跟上当今医学科技的新发展；要加强与国内外知名医院和科研机构的学术交流，取长补短，学习新知识、

掌握新本领；要积极消化吸收国内外先进技术，拓展医学新领域，迈出发展新步伐，多出成果、多出精品、多出人才，不断增强医院的影响力和权威性。三要以良好机制激活人才。尊重人才成长规律，坚持公平竞争、公正用人，积极为各类人才各显其能、施展才华创造条件。要认真解决他们学习、工作和生活中的实际问题，坚持用宏伟的事业凝聚人才，用崇高的精神激励人才，用真诚的感情关心人才，用适当的待遇吸引人才，使大家都有一种实现价值的自豪感、献身国防的成就感、得到尊重的荣誉感，真正把大家的心思和精力凝聚到共同的事业上来。

（三）必须加强保障队伍建设，努力培养造就一批甘当配角、精通业务的管家人

一要增强服务观念。教医研单位的后勤人员，要牢固树立为医疗服务、为科研服务、为专家教授服务、为伤病员服务的思想，转变服务理念，规范服务流程，改进服务作风，做到了解情况到一线，检查监督到一线，解决问题到一线，服务保障到一线。院务部门要成为党委的好参谋，医院的好管家，专家教授的好朋友，部队官兵的好榜样。二要提高管理水平。要坚持从严治院，认真落实条令条例，建立良好的工作、学习和生活秩序，确保安全稳定。要深入探索新形势下教医研单位后勤管理的特点规律，积极改进管理方法，不断创新管理手段，实现经验管理向科学管理的转变，真正做到优质、高效、低耗。要加强管理监督，建立完善规章制度，实行严格的岗位责任制，不断提高后勤管理的规范化、法制化水平。三要改善保障条件。要瞄准国际一流，加大经费投入，搞好设施设

备建设，继续保持在国际、国内的领先优势；要按照环境优美、功能齐全、设施配套、风格独特的目标，搞好营院建设，以舒适的环境让人舒心，以优质的服务让人称心，真正把教医研单位建设成为现代化、高水平的教学科研和医疗保健基地。

四、贯彻科技强军战略，加快军事人才培养

科技强军是加强新时期军队建设的重要战略思想。我军战斗力能不能从根本上得到提高，能不能打赢一场现代技术特别是高技术条件下的局部战争，经受住 21 世纪军事变革的考验，关键是看我们能不能依靠科技进步，发展先进武器装备，加快人才培养，从"硬件"和"软件"两个方面最大限度地增加科技含量，实现人与武器的最佳结合，提高整体作战能力。从部队的情况看，有以下四个方面的问题应重点解决好。

（一）要进一步强化科技强军意识

科技强军思想的提出，既是贯彻新时期军事战略方针的必然要求，也顺应了世界军事斗争发展的大趋势；既是历史经验的科学总结，也是部队建设的客观需要。从历史上看，凡是观念更新比较快、重视科学技术开发和运用的军队，往往能打胜仗；相反，凡观念陈旧、战略战术死板的军队，往往要吃败仗。这充分说明，不重视科学技术的军队，也是不能打胜仗的军队。作为指挥员，任何时候都要注意更新观念，不能光靠老经验办事；任何时候都要重视新技术装备的运用，特别是高技术的作用，使之变成战

斗力，才能如虎添翼。

从部队实际情况看，新的军事战略方针确立以来，广大官兵对科技强军重要性的认识有了明显的提高，学习科技知识之风开始形成，但是对科技强军战略方针的理解还不够深刻，贯彻不够得力的问题仍然不可忽视。当前，主要有三种表现：一是信心不足，感到我军与西方强国的军队相比，科技含量差距较大，再发展也赶不上，再学习也差得远；二是认为与自己关系不大，感到科技强军主要是上级的事，是科研部门的事，同陆军特别是军以下单位没有多大关系；三是办法不多，还没有找到一条学科技、用科技的好路子。因此，要组织部队深入学习党中央、中央军委关于科技强军的重要论述，认真研究高科技对未来军事斗争的影响，积极探讨打赢高技术条件下局部战争的对策。通过学习研究，进一步确立科学技术就是战斗力的意识。要在向科技要质量、要效益上下工夫，确立有所作为的意识；要在立足本职岗位、为科技强军作贡献上下工夫，强化人在科技强军中起决定作用的观念；要在刻苦学习、努力提高自身素质上下工夫，树立敢打必胜的信念。还要克服片面性，不要一强调传统优势，就忽视改革创新；一强调人的决定因素，就忽视技术的作用；一强调有什么武器打什么仗，就产生忽视武器装备更新的片面认识。要自觉地研究新情况，解决新问题，掌握新科技，形成新的战斗力。

（二）要加强高科技知识学习

这几年，部队在开展学习高科技知识方面，总的形势是好的，但从掌握的情况看，也还存在一些值得注意的问题。一是学习的深度不够。满足于一般学习和了解的多，紧紧围绕作战、训练需要学习的少；学习单方面知识的多，学习综合性知识的少；零碎学习的多，系统学习的少；学习眼前急需知识的多，着眼未来发展、超前学习的少。二是学习内容层次不清。不同职务、不同专业、不同岗位、不同知识结构的人，学习内容和要求没有什么区别。上下一般粗，官兵"齐步走"。三是学习没有制度保证。内容没有具体规定，时间没有专门安排，落实情况没有检查和考核，缺经费、缺教材、缺教员。这些都是影响学习质量提高的突出问题，必须下大力解决。

第一，要明确科技强军是长远的战略思想，学习高科技知识是我们各类人员的共同职责。指挥员学习科技知识，才能统领部队训练和作战；政工干部学习科技知识，才能把高技术条件下局部战争中的政治工作做到点子上；后勤人员学习科技知识，才能实现保障有力；专业技术人员学习科技知识，才能更好地发挥技术专长；地方人员学习科技知识，才能更有力地支援部队的现代化建设。要努力形成讲科学可敬、学科学光荣、用科学有功的良好氛围。

第二，要把学习高科技知识纳入教育训练总体部署之中。做到内容上有统一计划、时间上有具体安排、经费上有专项保障、教学上有明确分工、考核上有统一标准，常抓不懈，确保人员、时间、内容、效果"四落实"。

第三，要把学习高科技知识作为培养使用干部的重要条件。一般情况下，干部提升必须经过院校培训，以提高指挥能力和科学文化素质；考核班子，要把学习高科技知识情况作为考核的一个重要内容，作为使用干部的一个重要依据；要舍得选拔一些文化素质高、发展潜力大的干部，送学校培养深造，甚至出国留学，以储备更多的人才。要大力宣扬苏宁那样的"想现代化、钻现代化、干现代化"的先进典型，激励大家勤奋学习。各级干部特别是领导干部要率先垂范，努力使自己成为学习高科技知识的带头人，实践科技强军的引路人，驾驭未来高科技条件下局部战争的精兵强将。

（三）要加速人才培养

世间一切事物中，人是最活跃、最具有驱动作用、最富有创造力的因素。当今世界综合国力的竞争，主要是高科技的竞争。而高科技的竞争，说到底还是人的竞争、人才的竞争。就部队来讲，先进的军事理论要靠人去研究，先进的武器装备要靠人去掌握，人和武器的最佳结合要靠人去实现。因此，科技强军，关键是要把人才培养好。我军广大官兵素质总体上是好的，各类人才层出不穷。但人才培养的现状与未来战争需要相比，差距还比较大，具体表现就是"两个能力不够"，即：干部指挥现代战争的能力不够，部队打赢现代战争的能力不够。干部中具有单兵种指挥经验的多，具有合成指挥能力的少；具有一般指挥经验的多，但同时具有高科技素养的少。专业技术干部素质存在的问题是人才结构不合理。一个是分布不合理。一方面有些单位和专业大量超编，学非所用，另一方面有些单位和专业却长期缺编，特别是重点作战部队高科技装备技术人才缺编问题比较突出，致使一些装备难以发挥应有的作战效能。第二个是知识结构不合理。第三个是年龄结构不合理。要把培养人才作为一项战略任务来抓，既是军队建设的长远大计，也是科技强军的当务之急。应下大力抓好落实。培养人才，没有更多的高招，主要是"三靠"：一靠院校培养；二靠实践锻炼；三靠勤奋学习。院校培养要改革培训内容，提高培训层次，跟上时代步伐，培养更多的各类层次特别是高层次人才。教学内容既要着眼部队实际，又要有超前意识；既要组织学员学好指挥，也要学习与本级指挥相适应的高科技知识；既要突出指挥院校与专业技术院校的不同特点，也要注意互相渗透结合，学习合成知识；既要搞好大中专培养、教育，也要注意向本科、研究生发展；既要抓好第一次进院校官兵的培养，也要扩大在职干部学员的招收名额，进行回院校再深造；既要部队自身加快培养，也要适当地多接收一些地方的本科生、研究生入伍。要大力开展学术研究，不断深化战法、训法改革，组织高质量的实兵演习、首长机关对抗演练、比武等，为军队人才充分施展才华提供舞台。要拓宽交流渠道，实行军政交流、机关与部队交流、指挥岗位与技术岗位交流，提高人才的综合素质。要建立、完善军兵种交叉训练协作区，组织空军军官到陆军学习步兵、炮兵、装甲兵等知识，陆军各兵种指挥员也到空军的飞行师、团学习空军作战指挥及有关知识，共同研究高技术条件下联合作战的有关问题。要大力倡导干部战士在职自学，鼓励参加各种夜大、函大以及地方的一些科技讲座和短期培训班，要有计划地组织干部进行短期集训，开办科技夜校，建立完善人才竞争机制，奖优惩劣，激励官兵自学成才，岗位成才。

（四）要充分运用科技成果

学习的目的全在于运用，应用中才能深化认识。把科技成果转化为部队的实际战斗力，是科技强军的内在要求，也是指挥员应引起高度重视的问题。实践证明，高科技知识的运用是一个广阔的领域，只要我们以科技知识为动力，在改革装备、改革训法、改革战法上下工夫，让科技知识进入我们的思想，高度重视它；进入我们的训练，认真掌握它；进入未来军事斗争准备，努力驾驭它，就一定可以大有作为。一是运用先进的信息技术、计算机技术、多媒体技术和新的军事理论，开发作战指挥辅助决策系统，使指挥自动化向更高层次发展。二是与科研部门及新武器装备制造厂建立密切联系，力求边研制、边生产、边装备、边编写教材、边组织训练、边形成战斗力，最大限度地缩短新装备战斗力形成的周期，消除"没有新装备等新装备，有了新装备又怕新装备"的现象。三是运用高科技知识和新的军事理论改革训法、战法，使训练与实战接轨。四是对现有武器进行改革挖潜，通过运用新技术增强现有装备的作战性能。在这方面，不少部队进行了有益探索。总之，只要我们充分运用先进的科研成果，对现有装备不断进行技术革新，现有装备就一定能在现代战争中发挥巨大威力。

五、重视加强对大学生干部的培养

李国发是济南军区的一个基层干部典型，他由一名普通的地方大学生成长为一名合格的战士、一名优秀的基层军官。纵观其成长的经历，我感到作为一名青年学生，要走好军营之路，成为一名合格的领导干部，成为军队和国家的栋梁之才，必须从以下五个方面努力。

（一）刻苦学习掌握知识

知识就是力量。用知识去指导生产，就能提高生产力，用知识指导军事，就能提高战斗力；用知识指导政治工作，就有说服力；用知识去建设班子，就有凝聚力；用知识武装起来的军队才是不可战胜的。毛泽东曾指出，知识无非有两部分，一部分是书本知识，也就是经过几年寒窗掌握的知识，这叫基础知识；另一部分就是实践知识，就是把知识转化为指导实践的行动，变为创造的能力。这种知识比书本知识更可贵。要有知识，首先不能满足于现有的知识，因为你现在掌握的知识在你一毕业时，就淘汰了一半以上，所以必须不断学习新知识。过去我们有个说法"变学校教育为社会教育"，在这个教育领域中，光有知识不行，要利用原有的知识去开发新知识，跟上新时代。同时，把所学的知识转化为实践，用知识指导行动，指导工作；创造新知识，用发明创造来显示你的价值。如果说，你只掌握了书本知识，不能继续深造，那就要落后，即使你深造了，读了不少书，不能创造新知识，也不行。要巩固基础知识，学习新知识，创造新知识，这样，才比较完善，才算真正有知识。一个人的价值不在于他掌握了多少知识，而在于他创造了多少知识。有许多科学家正是这样，在他研究的领域中有突破，站在众人肩膀上，但超过了众人，这样的人才是真正有作为的人。要想有地位就要有作为，没有作为就没有地位。什么时候我们都要相信这一条。要老老实实向我们的干部学习，老老实实向我们的战士学习，老老实实向实践学习，在学习中完善自我。群众是创造历史的动力，群众是上帝，群众是老师，个人永远是小学生。

你把自己估计得越高，群众就越不买你的账。要有这样一种心态，遇到困难时要多向群众学习，遇到挫折时用知识去攻克，这样你才会有作为。所以，我们每一个人一定要刻苦学习，只有确实拥有知识，才有立身之本。

（二）顽强磨炼提高觉悟

觉悟是在实践中锻炼出来的。在实践中提高觉悟，用自己的思想觉悟去改造实践，才能实现自己的价值。提高觉悟，一靠传统哺育，经常用优良传统和鼓励自己；二靠学习英模，心中要有几个英模形象，照他们的样子做；三靠领导教育，我们好多同志包括一些领导同志，忍着家庭的不幸，像老黄牛一样工作，这就是觉悟；再一个是靠战士影响，他们无私奉献的精神、吃苦耐劳的精神，都是激励我们的动力。这些年，我经常和机关干部一起去送老兵，看看他们，当兵三年，走的时候就提着个包，但他们对部队非常留恋，又是栽纪念树，又是送纪念匾，又是照纪念像，又是做最后一次饭，站最后一班岗，让人非常感动。看看他们，我们还有什么想不通的。所以，要向战士们学习。毛主席讲过：把别人的本事集中到一个人身上，他的本事就大了。把别人一点一滴的觉悟集中到一个人身上，他的觉悟就高了。事实上，挫折就是财富。有挫折怕什么？越受挫越要奋发。谁没有受过挫折？可以讲大挫折大进步，小挫折小进步，没有挫折难进步。再就是困难。困难怕什么？克服一个困难，就提高一分本事，就创造一分政绩，可以说谁克服的困难多，谁的政绩就大，这是真理。再就是吃苦，吃苦怕什么？毛泽东在长沙上师范时讲过，吃得草根，百事可成。也就是说，只要能吃苦草根的，什么事都能干成。还有一个通俗的话，叫有钱难买少来贫。就是讲年轻人吃苦是好事。还有就是你经常会遇到一些不愉快的事，这最能锻炼我们心胸，一定不要把它当坏事。你只要用这样一种观点来看待问题，你就处处都有自己尊敬的老师，时时都有自己可学的东西，天天都可以提高升华自己的境界。所以，没有觉悟的人是不行的。这个觉悟就是要有献身国防的觉悟，有了这个大目标，什么困难都能克服；就是要有为人民服务的觉悟，为人民的利益敢于献出自己的一切，什么个人的委屈都能忍受；就是要有为"四化"奉献自己聪明才智的觉悟，有了这种觉悟，什么想象力创造力都能发挥出来，才能创造更多的聪明才智。如果没有这个大目标，老是想着个人的问题，想得太多了，就会被个人的利益压倒。比如，有的人做一项本来应该做的工作，但总是想着自己，甚至写个论文名字谁先谁后都很在乎，争来争去，闹不团结，好事变成了坏事。遇到挫折的时，你把它变成财富；遇到委屈时，你能把它变成开阔视野的机会；遇到苦难时，你能把它变成一种意志。这样，就提高了觉悟，升华了境界。如果你整天喝着茶水，在恒温条件下讲觉悟，你讲啥？没有觉悟，人是没有灵魂的人，是不会有什么大的作为的。你可以查查，历史上哪一个名人不是为人民的利益在孜孜不倦地奋斗，最后才流芳千古的。相反，那些只为自己出名的，到头来都是遗臭万年。

（三）积极工作创政绩

政绩既是衡量知识容量的尺度，也是衡量自己社会价值的标准。在重大问题上有突破，你的社会价值也就实现了。你是搞新闻的干部，要能抓住好的新闻线索，思路要敏锐，在全国叫得响，这就实现了你的社会价值。你是学电子计算机的，为部队自动化建设做贡献，也就实现了自己的价值。你做行政干部，以身作则，会管兵会带兵，创造先进单位，像李国发那样，就实现了自己的社会价值。所以，政绩是通过拼搏来创造的，自己的价值是通过拼搏来实现的，个人的才华也是在拼搏当中去显示的。离开拼搏精神，价值难以实现，才华难以显示。

（四）善于总结加强能力

我讲的这个能力，是综合能力。因为我们现在培养干部的方向是从单一型向综合型发展，从经验型向知识型发展，从一次性培训向长期的培训发展。在提高自己才能的过程中，总结是个桥梁，总结才能把理论和实践联系起来。所以说，进步比较快的人都是善于总结的人。毛泽东战争年代讲过：我是靠总结经验吃饭的。当然他这个经验是上升到理论上的经验，不是经验主义那个朴素的经验。一些人搞城市暴动学苏联的经验，他觉得不行，最后，提出了农村包围城市，找到了中国解放的道路。个人也是这样，办一件事，思考一次，找着规律，就能进步。总结出规律性的东西，才能把具体的经验上升到理论来思考，通过总结，才能提高自己的综合能力。大学生干部应像李国发那样，必须有自我约束能力，遵守军队的纪律，因为军队就是要有铁的纪律；必须有团结协调的能力，和大家打成一片，因为军队是个大家庭，没有团结协调的能力就成了孤家寡人，个性太强那是不行的；必须有宣传教育的能力，像李国发那样讲道理讲得让大家信服；必须有一定的专业技术能力，好给你每一项任务都能干出成绩来，都能打开局面；再就是必须有综合概括能力，你不但能自己干出来，而且还能写出来。我们提倡做"三个明白"的干部：说能说明白，能讲出个道理来；干能干明白，能抓出政绩来；写能写明白，能总结出经验来。如果说，你没有这些起码的能力，要想有所作为，肯定不行。当然这些能力必须是慢慢积累，厚积薄发。当一个领导干部，只想舒舒服服干事，只想干出名挂号的事，那是不行的。我们走上领导岗位，别光听好的，好的可能是不真实的，牢骚当中倒可能有真理，有的人听到骂声、怨声就心急，就要追究，追究个啥？你手中有真理还怕吗？你没有真理，改了不就好了吗？所以，一个人要想在事业上有作为，境界上必须升华，可以讲，境界不高是没有作为的。我认识的人中有不少确实很聪明，但后来他们就因为老是想着自己的事，群众不喜欢他，组织不喜欢他，领导也不喜欢他，结果被淘汰了。你有本事必须借着群众这个舞台，借着组织这个舞台，才能施展出才华来。群众是广阔的"天空"，个人即使是个"鲲鹏"，离开了天空也是飞不起来的。而且你这个"大鹏"还必须是"两个翅膀"都过硬，一个是知识的翅膀，一个是实践的翅膀，只有一个翅膀过硬，永远也飞不高、飞不远。所以，希望大家把实践经验和书本知识结合好，使自己能成为腾空而飞的"大鹏"。

（五）坚持锻炼强健体魄

身体好是干好工作的保障。试想一个战士整天有病，怎么能打仗？怎么能吃苦耐劳？毛泽东在年轻时曾写过一篇文章，讲人有三个东西不能少，一个是觉悟，一个是知识，再一个就是健康的体魄。他把人比作是一艘轮船，把觉悟比作罗盘，把身体比作船体，把知识比作是船上的货物。三者缺一不可。身体好、有知识而没有觉悟是不行的，这就像船很好、装的东西挺多而罗盘不行一样，早晚要触礁，而且马力越大偏离方向越远；有了觉悟，有了强壮的身体，没有知识也不行，因为只有一只空船跑来跑去是没有意义的；如果你觉悟很高、知识也不少但身体不强壮，那也不行，这就等于你的船随时都面临着沉没的危险，随时都可能被淹死。所以必须是方向正，有觉悟，身体好，这样才能成为有用的人才。毛泽东把德、智、体作为教育方针，一定意义上讲，也是由此而来的。拿出一定时间注重锻炼身体的人，往往是斗志昂扬的人，往往是在关键时候能够承受巨大压力、在大风大雨中不会"感冒"的人，也是能够在事业上有作为的人。现在有一些年轻人，不注意锻炼身体，岁数不大就得了这样那样的病，最后积劳成疾、英年早逝，非常令人痛心。希望大家加强身体锻炼。

作为一个领导干部，要始终注意依靠四个方面的力量。第一是靠真理的说服力，手中要有真理，走遍天下都不怕；第二是靠人格的感召力，榜样的力量是无穷的；第二是靠感情的凝聚力，和大家团结到一块，共同走好自己的人生，走好军营之旅；第四是靠原则的生命力，坚守原则是胜利的保障。希望大家在军营中大有作为。曾经有人讲"不愿意当将军的士兵不是好士兵"。作为雄心壮志是可以的，但不完整，还应加上一句话，就是"当不好士兵的人绝对当不好将军"。如果不想当将军，没上进心，不愿意献身国防，就没有了动力。将军都是来自士兵的，过去有句话"宰相发于粗布，将军起于卒伍"。如果你不从卒伍开始，怎么能当将军?

六、加大科技强军力度，加速军事人才培养

（一）认清肩负的重任，把科技强军作为紧迫的战略任务来抓

走科技强军之路，向科技要战斗力，是顺应世界军事变革作出的必然选择，是实现军队现代化建设的必然要求。要把科技强军摆上重要位置，真正抓出成效，各级党委和领导必须在思想观念上有新的升华和飞跃。

第一，要站在战略的高度领会战略决策。经济全球化、信息网络化，使军事斗争与政治、经济、外交斗争更紧密地交织在一起，牵一发而动全身。不谋全局者不足以谋一域。美军就特别重视培养军官的战略意识，初级指挥院校开设了近10门国际关系和世界战略课程；要求战区司令、师长、旅长都要注重战略问题研究，人人能就国际热点问题充当军事发言人。战略是筹划和指导战争全局的方略，关系到国家、军队的发展方向和前途命运。冷战结束后，面对复杂多变的国际风云，党中央、中央军委从我国国情、军情出发，作出科技强军的战略决策，为军队发展指明了方向。有些同志对落实科技强军的战略任务，之所以重视程度不高、工作力度不大，喊得紧、抓得松，推一推、动一动，主要原因是观察和分析问题的起点不高，眼界狭窄，习惯于自己与自己比有进步，满足于在小的范围内不落后，缺乏开放意识和宽阔视野，缺乏长远眼光和战略思考。我们可以扪心自问：对国际战略格局的变化问

题、世界军事革命的挑战问题、作战对手的发展态势问题、部队建设长远发展问题、现实军事斗争准备问题等，是否高度关注，经常思考。我们必须看到，提高战略素养，既是深刻领会科技强军战略的需要，也是贯彻科技强军战略的内在要求。各级党委要结合传达贯彻中央军委的指示，组织班子成员带着国际大背景，联系思想和工作实际，系统学习、深刻领会科技强军战略思想，努力提高思维层次和思想境界，增强抓好科技强军的自觉性、主动性。

第二，要从讲政治的高度把握战略决策。讲政治有其丰富内涵和时代要求。提高讲政治的能力，既要加强思想政治建设，注重从政治上掌握部队，又要着眼战斗力建设，不断提高打赢能力。"打得赢"是我军建设的根本任务，是讲政治的最高体现。科学技术已成为战斗力生成的第一要素。有资料表明，在西方发达国家军队中，科技对战斗力的贡献率已达到60%以上，而且有不断增大的趋势。从一定意义上讲，谁占领了科技制高点，谁就占领了军事斗争制高点。抓住了科技强军就抓住了部队建设的主要矛盾，就找到了提高部队打赢能力的必由之路。对战争的概念和打赢问题，我们要有新的认识和理解。战争离我们并不遥远，较量可能就在眼前；军事斗争准备越充分，越能够遏制战争、赢得和平。有资料介绍：美国国家导弹防御系统（NMD）、美日战区导弹防御系统（TMD）一旦部署完毕，我们会受到更大牵制；日本1994年以来每年搞两次以我为假想敌的军事演习；印度一直把我作为最大威胁，在中印边境逐步蚕食有争议地区；南中国海问题很复杂，我们现有的力量鞭长莫及。应该清醒地看到，面对以美国为首西方敌对势力的战略分割和包围，面对周边安全环境的严峻形势，科技强军不仅是具有丰富内涵的战略课题，也是事关能否向党和人民交出合格答卷的重大政治问题。作为一级党委和领导，不瞄着强敌谋打赢，不下大力向科技要战斗力，就是政治上的最大糊涂。

第三，要从对历史负责的高度落实战略决策。科技强军是一场争夺激烈的接力赛，哪一程耽误了，都会造成难以弥补的损失和被动。回顾中华民族百年屈辱的历史，对落后就要挨打的惨痛教训刻骨铭心，也深感肩上的担子分外沉重。能否抓住科技强军机遇，迎头赶上，关系到党和国家的长治久安，关系到中华民族能否真正屹立于世界民族之林。机不可失，责无旁贷，稍有贻误和闪失，就会拉大与强敌的差距，就要犯历史性错误。对每一个同志来讲，科技强军也是大浪淘沙、优胜劣汰的过程。在其位就要负其责，早抓早主动，晚抓就被动，不抓要被淘汰。要以责任为激励，变压力为动力，切实加强对科技强军的领导。坚持大事大抓，把科技强军作为部队建设的中心任务摆上重要位置，建立健全党委议科技制度，定期分析形势，加强检查监督，逐步形成规范，尽快抓出成效。坚持大事具体抓，把科技强军的战略任务变成党委的具体思路。各单位要结合实际制定科技强军的规划，找准突破口和切入点，拿出实实在在的举措。坚持大事大家抓，形成一盘棋。党委要很好地发挥核心领导作用，加强统筹协调，围绕向科技要战斗力和保障力，凝聚方方面面的智慧和力量，真正使科技强军成为部队建设的主战场，成为各级、各部门的主攻方向。

（二）抓住人才队伍这个关键，为科技强军提供强有力的保证

人才是兴军之本，必须把培养和造就大批高素质人才作为军队现代化建设的根本大计来抓。科技强军最需要的是人才，最紧迫的任务是培养人才。科技之树要结硕果，人才队伍这个根一定要扎深。

要适应科技强军需要，树立现代人才观。领导干部对待人才的真实态度、培养力度，直接关系到单位的兴衰、事业的成败。古往今来，得人才者得天下。刘邦依靠张良、萧何、韩信，打败了实力雄厚的项羽；刘备三顾茅庐请诸葛亮出山，使得三分天下有其一；马歇尔重用巴顿，扭转了北非战局。斯大林曾深有感触地说："人才，干部是世界上所有宝贵的资本中最宝贵、最有决定意义的资本。"当今世界军事领域的竞争，归根到底是人才的竞争。没有一大批高素质的军事人才，科技强军就失去了强有力的支撑。值得重视的是，我们有些领导同志一面喊着缺人才，一面却又不注意爱惜和使用人才。比如说，有的单位从地方高校接收的大学生干部，不到 10 年就转业了 80% 以上，大部分三五年就安排走了。这固然有大学生本人不适应的因素，但与我们培养帮助和保留不够有很大关系。对待人才，我们决不能"叶公好龙"、"武大郎开店"，必须有对部队建设高度负责的精神和甘为人梯的宽广胸怀，真正树立起与时代要求和职责相称的人才观。

要着眼科技强军要求，营造有利于人才成长的良好机制。抓人才队伍建设要靠各级领导的爱才之心、识才之眼、用才之道、容才之量，更要靠建立和完善有利于人才

成长的良好机制。一是要形成尊重知识、重用人才的正确导向。用准一个人激励一大片，用错一个人挫伤一大片。尊重知识、尊重人才，不能只喊在嘴上，一定要在配班子、用干部中体现出来。要按照科技强军的要求，大胆提拔指技合一的复合型干部，注重使用科技干部。要采取得力措施，尽快使作战部队团以上班子的知识、专业结构和合成程度有较大改善。二是要加大人才培养力度。各级领导要强化校长意识，履行校长职责，想方设法培养提高干部，为人才成长不断"充电"、积蓄后劲。院校、训练机构要充分发挥培训基地作用，不断提高教学水平和人才培养质量。各级要舍得把年纪轻、素质高的干部送校深造，鼓励和支持干部攻读研究生。要走出一条干部交流的路子，通过多岗位、多领域的锻炼，培养造就更多的复合型人才。三是要拓宽吸纳优秀人才的渠道。从地方接收大学生将逐步成为干部生长的主渠道，各级党委对此要高度重视，实行严格的责任制，在扩大引进数量的同时把好质量关，确实把部队需要的高素质人才招进来。对特殊人才要采取优惠政策，特事特办。四是要放手使用人才。要为人才提供展示才华、创新知识的有利条件，充分挖掘他们的潜能。对人才要多一些尊重和理解，少一些求全责备。有人说，人才有用不好用，庸才好用没有用，这话很深刻。五是要舍得在人才队伍建设上加大投入。科技工作是一项艰辛的脑力劳动，许多科技干部长年累月地超负荷运转，有的科研项目要持续五六年，有时昼夜奋战十几天。当领导的一定要真心实意地关心爱护他们，当好科技干部的"后勤部长"。

广泛开展科技大学习活动，努力提高官兵的科学文化素质。科技强军要全面提高、整体发展，就一定要坚持科技大学习，全面提高官兵的科学文化素质。学历高是优势，不坚持学习也会落伍；基础差并不可怕，只要肯学愿钻也会有所作为。领导和机关要带头加强"两个武装"，以提高中心组学习质量为带动，以在职自学为主要形式，有计划地搞一些层次较高的讲座和轮训，努力提高理论素养和科技素养；专业技术干部要从本专业需要出发，根据总部制定的自学课目指南自主选择学习内容，搞好继续教育，提高创新能力和技术保障水平；基层干部和士官，主要根据本职需要确定学习内容，以在职自学和集中轮训为主，以学历升级为牵引，改善知识结构，提高专业技能；士兵要以岗位成才为主，着眼熟练掌握手中武器和装备展开学习，实现人与武器装备的最佳结合。各级要加强对官兵科学文化学习的组织领导，提供必要的时间和条件，善于借助地方师资力量搞好辅导。

（三）加强科学指导保证科技强军的持久活力和健康发展

科技强军是一项新的伟大事业，需要满腔热情、埋头苦干，更需要探索规律、科学指导。

一是要充分发挥思想政治工作的优势，为科技强军提供强大的精神动力。要重视发现、培养和树立科技强军典型，加大这方面典型的宣传力度。对在科技强军中作出突出贡献的人员要实施高功重奖，立功受奖名额要向科技方面倾斜。广泛开展比武竞能活动，发扬科技民主，尊重官兵的首创精神。报刊、文艺宣传和创作部门，都要以科技强军为主旋律，积极为科技强军鼓与呼，让科技强军的口号响起来、香起来，形成浓厚持久的科技强军氛围。

二是要坚持从实际出发，端正科技强军的指导思想。科技强军一定要科学抓，决不能把好"经"念歪。要坚持高标准，但不能搞高指标。应根据本单位担负的任务、现有力量和科技水平，制定切实可行的规划和发展目标。对现在干什么，今后抓什么，要心中有数，不能头脑发热，一味追高。要舍得大投入，但不能搞大呼隆。该花的钱要舍得花，但一定要量力而行、注重效益。不能只看花了多少钱，买了多少微机，更要看微机开发使用得怎么样、网络建设得怎么样、人员素质和工作效率提高得怎么样。上大的项目一定要充分论证、科学决策，把好钢用在刀刃上，避免造成浪费。要只争朝夕，但不能急功近利。一定要坚持科学精神，按客观规律办事，循序渐进。切不可工作刚开始，出了一点小成果，就忙着总结经验；或把过去的老成果搞点新包装，当成新政绩。要想在科技强军上有所作为，就要耐得住寂寞，下一番苦功。

三是要注重改革创新，推动科技强军向纵深发展。一方面加强军事理论的探索研究。一支军队要攀登打赢高峰，也必须抢占军事理论的制高点。世界军事理论的发展十分迅猛，从合同作战到联合作战，从线式到非线式，从机械化到信息化，需要我们及时追踪军事斗争发展的趋势，不断加强军事理论研究，尽快拿出系统管用的成果。另一方面，要借科技强军的东风，搞好科技兴训、科技兴政、科技兴后、科技兴装。这方面的前景很广阔，要本着改革创新的精神，兼收并蓄，推广运用，不断提高各项工作的科技含量。

党性锻炼篇

　　有党员，才有党；有党，就有了党性；有了党性，也就有了党员的党性修养。党的团结统一，一靠思想政治路线的正确，二靠组织纪律的严明，三靠党员的党性修养。党性修养显现党员的定力、功力、魅力。我们是党领导下的人民军队，党员是部队的中坚骨干力量，领导干部党员，是中坚中的中坚、骨干中的骨干。加强党性锻炼是全体干部乃至全体党员的长期任务。党员、干部的道德修养，不仅关系他们的个人品行，而且关系党的整体形象，关系到保持党的先进性，关系到巩固党的执政地位。要教育引导党员、干部特别是领导干部自觉加强道德修养，常修为政之德、常思贪欲之害、常怀律己之心，牢固树立马克思主义世界观、人生观、价值观和正确的权力观、利益观、地位观，模范遵守社会公德、职业道德、家庭美德，坚决抵御各种腐朽落后思想文化的侵蚀，永葆共产党人的高风亮节。人生一切都应该是美丽的，长得美要感谢爹娘，灵魂美要加强修养，服装美要穿着适当，语言美要说话恰当，行为美要心地善良。忙里偷闲益健康；闹中取静乃修养。

总　　论

一、党性姓什么

共产党员要进行党性修养，首先要弄清党性是什么。党性是一个政党所固有的本质属性。不同阶级的政党有不同的党性。党性是阶级性、阶级利益的最高体现，它以阶级性为基础。党性是党的阶级性，但又不直接等同于阶级性，党性是阶级性的"升华"。党性不仅具有工人阶级的一般特性，而且把工人阶级与现代化大生产相联系，代表最先进生产力这一阶级本质，升华为共产主义的崇高理想信念；把工人阶级高度的组织纪律性与团结精神，升华为党的民主集中制和铁的纪律；把工人阶级大公无私、集体主义的优秀品质，升华为全心全意为人民服务的根本宗旨；把工人阶级的战斗性和革命彻底性，升华为为了人民的利益不惜牺牲一切甚至宝贵生命的革命英雄主义精神。因此，无产阶级政党的党性是无产阶级阶级性最高而集中的表现，是马克思主义政党所特有的一种认识，一种能动力量，是全党统一思想和凝聚力量的强大武器。修养，最初的意思是指通过内心的反省，培养一种完善的人格。"修犹切磋琢磨，养犹涵养熏陶。"党性修养，就是党员的自我教育和自我改造。具体说，就是用无产阶级的思想意识去改造自己的非无产阶级思想意识，用共产主义世界观去改造自己的个人主义世界观。党性修养的过程就是对人的世界观、思想意识改造和修养的过程。党性修养的要义，就是共产党员立身行事都必须严格按照党性原则办事，用党性原则对自己进行本质的改造。

（一）党性姓无不姓资

阶级斗争诞生了共产党，共产党通过阶级斗争达到消灭阶级，消灭国家，实现共产主义的最终目标。中国共产党是工人阶级的先锋队，反映工人阶级的意志，代表工人阶级和中国最广大人民的利益，党性就是无产者阶级性最高而集中的表现，就是无产者本质的最高表现，就是无产阶级利益最高而集中的表现。既然无产阶级的本质属性是党性的集中体现，那么，目前强调党性姓无不姓资，不但有很强的针对性，而且具有长远的战略意义。这是因为，虽然新时期阶级关系发生了新变化，并将继续发生变化，但阶级斗争在一定范围内长期存在，还必然会在一定条件下激化。剥削阶级残余的存在、新生资产阶级分子的不断产生、各种刑事犯罪分子的滋生，以及帝国主义"和平演变"的图谋，使意识形态领域里无产阶级与资产阶级的斗争会伴随着改革开放的全过程。这种斗争必然反映到党的建设中来。从党性修养的角度讲，新时期党内的主要矛盾是：永远保持党的先进性要求与腐蚀党的肌体、影响党先进性的资产阶级意识形态以及生活方式之间的矛盾。所以，每个党员必须用无产阶级的思想意识去同自己的各种非无产阶级意识进行斗争；用共产主义世界观去同自己的各种非共产主义世界观进行斗争；用无产阶级的、人民的、党的利益高于一切的原则去同自己的个人主义思想进行斗争。党员党性修养的无产阶级性在民主革命时期，表现为为推翻三座大山，实现新民主主义的纲领不怕流血牺牲；现在则表现为为全面建设小康社会，为社会主义的自我发展、自我完善，维护人民的根本利益不怕失去自己的好处。因此，把握党性修养的阶级性有利于分清大是大非，保持旺盛的革命斗志，自觉抵制资产阶级思想腐蚀侵袭，永葆共产党人的本色。如果党性姓了资，共产党员就变了质。

（二）党性姓公不姓私

中国共产党的党性，是工人阶级和广大人民群众根本利益的最高而集中的表现，就是立党为公。党除了人民群众的根本利益外，没有任何私利。立党为公是普遍性的、抽象的和具有共性的，是存在于全党共性的、体现党的性质的东西；同时，它又是具体的、个性的，具体体现在每个党员的学习、生活、工作中，体现在对事对人的立场、观点和方法上，体现在党员的先锋模范行为之中。党性姓公不姓私，是共产主义运动的一贯要求。共产党与共产主义运动是紧密连在一起的。没有共产主义运动的蓬勃兴起，就没有共产党的发展壮大。共产主义运动靠"为公"来动员和号召群众。自有阶级社会以来的一切斗争，只有共产主义运动是绝大多数人参加的、为绝大多数人谋利益的运动。立党为公是共产主义运动存在并发展下去的基本条件，是共产党"合法性"的前提。在党的第十次代表大会上，周恩来针对林彪集团结党营私的教训，第一次在党的代表大会上提出了立党为公的问题。党性姓公不姓私，是对每一个党员的基本要求。党员要有立党为公意识，始终把党和国家的利益放在第一位，做党的人要为党做事，为党分忧。党性姓公不姓私，说着容易做着难；一时做到容易，长期做到难。有些问题找到了，解决不了。就像医生看病一样，诊断是一回事，找准病根和治疗措施得当又是另一回事。何况，再高明的医生自己给自己做手术都是难上加难。理论和实践的关系一再证明，提倡革命加拼命、大公无私，能做到的是少数，但对正气是极大的弘扬、对士气是极大的鼓动、对安逸享乐是有力的约束。为国、为民、为公号召十分做不到五分；而为己、为私，松动一分就可以做到十分。在少出力多得利、不出力也得利，现得利、得大利的利益观驱使下，理论上针尖大的洞，实践上就会有斗大的风，斗大的风又会撕大这个洞。一旦立党为公蜕变为立党为私，共产党也就站不住了。

　　（三）党性姓民不姓己

　　这是从执政党的角度来讲党性的。共产党作为执政党，代表人民执政，就是党的各级干部在代表党执政。执政为民，全心全意代表和维护最广大人民群众的根本利益，是我们党区别于其他任何政党的根本标志，也是我们党在人民群众中安身立命的政治基础和重要前提。一个政党能够执政，从根本上说，就是要能够得到绝大多数人民的拥护。因此，党性姓民不姓己，是对党员干部执政为民的根本要求。各级领导手中都掌握着一定的权力，要做到党性姓民不姓己，就必须树立正确的权力观，牢记我们的权力是人民给的，官员是人民的公仆，权力只姓民不姓己，绝不能用来为自己谋利；必须牢记人民是创造世界历史的根本动力，而自己只是沧海一粟，要视人民利益重于泰山，自觉为人民真心诚意办实事，尽心竭力解难事，坚持不懈做好事。干部党员做到党性姓民不姓己，才能有效地防止既得利益集团的出现。既得利益集团是指一批人靠党和人民赋予的权力捞取了既得利益，并为维护这一既得利益，而形成了一致的观点和看法，按一定的规则或潜规则办事。既得利益集团口头上也喊"执政为民"，实际上是"执政为己"，把权力据为己有，把工作的平台看做是自己的势力范围，心中只有自己，而没有人民。领导干部的党性姓己不姓民，就从根本上掏空了共产党的执政资源。

二、修身为什么

保持共产党员先进性教育，把党员的党性剖析作为重要内容，并且要求把党性修养列入保持共产党员先进性长效机制的重点。为什么强调党性修养？是因为我们党遇到了激烈的国际竞争的考验、执政的考验、改革开放特别是社会主义市场经济的考验和西方"和平演变"的考验。如果说从西柏坡进北京城的第一次赶考，共产党人已交出了合格答卷的话；那么，这一次还没有交出合格的答卷，也可以说"考试"还在进行中。但已经有少数党员甚至党的领导干部，由于缺乏党性修养，经受不住"考验"，败下阵来。有的革命热情减退，理想信念动摇，贪图安逸，追逐名利；有的意志薄弱，在资产阶级政治观点、意识形态、生活方式的影响下，道德严重滑坡，丢失了共产党人和人民公仆的革命本色；有的成了金钱、美色的俘虏，政治上蜕化变质，经济上贪得无厌，生活上腐化堕落。虽然只是少数，但危害之大，影响之大，远远超过其人数。必须看到，我们要建立的社会主义市场经济体制，是同社会主义基本制度结合在一起的，是要使市场在社会主义国家的宏观调控下对资源配置起基础性作用。这是科学社会主义实践的一个伟大创造。共产党员要用党性来保证和促进这个新体制的建立，同时要用党性来抵制市场活动中的消极因素，使这一新的经济体制服务于建设有中国特色社会主义的根本目标。因此，强调党性修养，主要是为了抵御市场经济给党的建设带来的负面影响。

（一）加强党性修养是为了抵制权力市场化

权力，先于国家、政府而产生，但后来又成为国家和政府的内在支撑，成为一切时代政治体制的核心问题。古往今来，国运的兴衰、政治的变迁、社会的更替，无不从权力开始。社会主义和市场经济结合是历史上的第一次，市场经济是一个放荡不羁的"魔鬼"，建立真正的社会主义市场经济，必须牵着"魔鬼"的鼻子。社会主义和市场经济结合的权力掌控在党员干部手中，当把私利和市场经济结合时，权力就成了商品。因此，把权力当商品是权力市场化的集中表现。商品通过市场使经营者获得了最大利润，权力变为商品使权力的掌管者拥有最大资本。资本的本性又是要获取最大的利润。大革命失败后，朱德到北京找党，北京给他的主要印象是"一个弥漫着封建主义浓厚气味的幽灵政府，一个臭气熏天的粪坑，旧式的官僚和军阀在这里玩弄政权，大吃大喝，嫖妓女，抽鸦片，并且把中国待价而沽"。"待价而沽"是旧社会把权力当商品的真实写照。新中国成立后，随着公有制的建立，加之几次大的运动，使这种思想逐渐失去市场。但随着我国改革开放和社会主义市场经济体制的逐步建立，一些资产阶级腐朽思想和生活方式也随之侵入，商品拜物教，金钱拜物教腐蚀着人们的灵魂，侵蚀着党的肌体，把权力当商品的思想也泛滥开来。"国家权力部门化，部门权力个人化，个人权力商品化"。有的认为世界观虚无缥缈，人生观空洞乏味，价值观可有可无，只有钱才是实实在在的东西；有的把"一切向钱看"奉为人生的信条，宣扬"抬头向前看，低头向钱看；只有向钱看，才能向前看"，羡慕"先富阶层"，把赚钱多少作为衡量"自我价值"的尺度，把权力当成"快速致富"的捷径；有的以看透一切自居，"权力是公家的，金钱是自己的"，用暂时的权力购买永久的财富。权力可以买卖，买官卖官就不稀罕；权力可以赚钱，工程审批吃回扣就"属正常"；海关不把关，边防不设防，"打私办"变成"走私办"就不足为怪；大案、要案、窝案、串案，腐败分子前仆后继，腐败势头遏止不住也就不难理解。权力市场化，干扰和破坏社会主义市场经济的健康发展，败坏党风和社会风气，腐蚀我们的干部队伍。如不坚决反对，将给我们的精神文明和物质文明建设事业带来极大危害。权力市场化的深层原因，是坚持社会主义方向与发展市场经济的矛盾。市场经济是被看不见的手支配的，但却不能摆脱行政干预这只看得见的手。这两只手的协调就是权力介入。权力具有所有权和使用权双重属性。一方面，如《宪法》规定，"国家的一切权力属于人民"，说明了社会主义条件下权力的性质。另一方面，权力不是由人民直接掌握，而是授权国家行政系统和各单位的领导者去使用。权力的这种所有权和使用权的双重性决定了人民权力的直接性和间接性。党员干部如何使用权力，体现了党员干部自身的思想水平和政治觉悟。当权力与"公"字相结合，权力就是施展才能、为人民服务的舞台；当权力与"私"字相结合，与剥削阶级的腐朽思想作风相结合时，权力就提供了思想演变和堕落的土壤。权力的两重性与商品的两重性，市场的自发性、盲目性、趋利性与权力的伸张性（显示存在）、高压性（官大一级压死人）、谋利性（假公济私）决定了权力市场化的可能性。权力市场化既干扰了市场，也腐蚀了权力。因此，在使用权力的问题上，党员干部每时每刻都经历着重大的考验，时时处处都有一个怎样要求自己，不断评价自己的动机和主观世界的问题。只有不断加强自己的党性修养，才可能使权力成为事业成功的阶梯。实践证明，单靠制度法律无法遏止权力市场化，必须和党性修养结合起来，改造思想、提高觉悟，否则，再严厉的法律也无济于事。

（二）加强党性修养是为了抵制等价交换原则对党内政治生活的渗透

市场经济是高度发展的商品经济，商品等价交换的原则必然渗透到社会生活的方方面面。等价交换的原则一旦进入党内政治生活和政府的公务活动中，必然使党和政府的形象受到极大损害。等价交换的原则渗入党内政治生活的直接表现：一是使法权得以强化。法权是指在法律、制度允许的范围内干部得到的那一部分政治上经济上的待遇，"公仆"和人民看起来是平等的，实际上是不平等的，马克思把这称作"资产阶级法权"。以毛泽东为首的第一代中国共产党人，高度警惕商品交换的原则对党内政治生活的侵蚀，新中国成立前夕提出"两个务必"，新中国成立初期就着手解决共产党人特别是党员干部的掌权用权问题，像"三反"、"五反"，"四清"等，并明确提出了"限制资产阶级法权"问题，对于防止权力变异起到了较大的作用。改革开放以来，等价交换的原则渗入党内政治生活，党员干部凭借掌权用权的便利条件和强势地位，变着法子提高待遇，一度受到限制的"资产阶级法权"迅速强化，在这里等价交换表现为官职（权力）大小与待遇、利益的基本对等。我们虽然也搞了党内生活的若干准则等文件，但当商品交换的原则渗入党内后，准则就显得苍白无力了。二是特权得以扩大。特权是指在法律和制度之外的权力。党员干部手中的权力，是指党员干部职责范围内的支配力量，即职权。我党成为执政党后，党员干部实际上成为各级政权和各类单位的领导人，手中握有实权。实权是很容易变成特权的。这是因为，权力除了具有阶级压迫的功能外，还具有利益调节和资源配置的功能。这就为掌权者提供了以权力交换金钱、地位、利益、名誉的可能性。剥削阶级社会中，把权力作为商品以换取个人需要的行为几乎是一条天经地义的定律。我国正处于社会主义初级阶段，阶级斗争将在一定范围内长期存在，生产力水平低，资源匮乏，权力在发挥利益调节和资源配置功能时是导向社会、人民，还是导向小团体或自己，党员干部确实具有一定的机动性。当资源导向社会、人民时，党员干部则表现出无私奉献的精神，权力就成为为人民服务的工具；当资源导向小团体和自己时，党员干部则表现出唯利是图的市侩作风，权力就成为为个人换取名利、地位、金钱、享受的商品，走上"有权就有一切"的特权之路。官官交换，你提我儿子，我提你姑爷；岗位交换，你安排我女儿，我安排你儿媳；利益交换，你给我批个"项目"，我给你划块"地皮"……等价交换的原则渗透党内政治生活后，特权势必会无限制地扩大。三是使权钱交易加剧。目前职务犯罪案件比较突出，特别是在市（地）级和县（处）级领导干部违纪案件中涉及党政主要领导干部的案件比例较高，一些违反组织人事纪律特别是买官卖官的案件性质严重，金融、行政执法、司法领域的腐败问题仍是群众反映的热点，在一些企业的重组改制和破产、产权交易过程中国有资产流失严重，商业贿赂也大量存在。这些腐败案件的背后存在着大量的权钱交易。权钱交易既是腐败的表现，又是腐败的诱因。而权钱交易的加剧则与商品交换的原则对党内政治生活的渗透有密切的关系。这是因为，商品交换的原则强化了党员干部的金钱观念，荣辱观发生了错位和颠倒，把等价交换用于权力运行之中，以权换钱就没有了羞愧感。人，缺少了羞恶之心，胆子和手脚就放开了，权钱交易就成了通行的潜规则，花钱办事，办事给钱得到社会普遍认可。什么贪官清官，给我办了事就是好官；不收钱不办事，再清廉也不说好。不但衙门口朝南开，而且办事的门也朝南开，狮子大张口，天知地知，你知我知。有权的不愁没有钱，多大的权就能换来多少钱；有钱的不愁办不成事，多少钱就能办成多大的事。至于法律、纪律早已抛到了脑后。可见，市场经济条件下，要抵制等价交换原则对党内政治生活的渗透，必须加强党性修养，特别是党员干部的党性修养，牢固树立正确是非观、荣辱观，才能维护法纪的尊严。

（三）加强党性修养是为了抵制自私自利成为人生动力

人，从本质上讲是社会关系的总和。是社会的人，又是个体的人。有为公的一面，也有为私的一面。古往今来，"性善说"、"性恶说"、"祛私说"、"原罪说"都是统治阶级基于对人的认识而提出来的。"法治"也好，"德治"也好；改革经济体制也罢，改革政治体制也罢；都有一个把什么作为社会发展动力，靠什么调动人的积极性的问题。马克思分析了人在生产力与生产关系、经济基础与上层建筑两对矛盾中的特殊地位，得出了在阶级社会中，阶级斗争是社会发展的直接动力，人在改造客观世界的同时改造主观世界，就能实现生产力的高度发展，最终消灭阶级、消灭国家的结论。《共产党宣言》说，共产党人可以用一句话把自己的理论概括起来：消灭私有制。并提出了著名的"两个决裂"，即与传统的所有制观念、与私有制观念实行最彻底的决裂。资本主义推崇的是"个人主义为核心"的价值观。只讲个人利益和需要，不顾他人、集体和国家的利益和需要，甚至不择手段地损害他人和社会利益来满足个人的私欲，这就是极而言之的个人主义。资产阶级的政治家在标榜"私有财产神圣不可侵犯"，"个人主义至高无上"的同时，也承认"私"是万恶之源，于是，提倡信基督教，到教堂去忏悔，用《圣经》的"原罪说"限制私欲的恶性膨胀。新中国成立以后，我们经过对生产资料私有制的社会主义改造，建立了生产资料公有制为基础的计划经济，又经过不间断的政治教育，集体主义为核心的价值观基本确立。社会主义市场经济是建立在以公有制为主体多种经济成分共存，大力发展私有经济的基础上，这就为西方个人主义为核心的价值观提供了生存、繁殖的土壤。以个人主义调动积极性与市场经济求利性相结合势必对党员干部心理产生严重的腐蚀和影响，它纵容人的本能，刺激人的欲望。个人主义成为人生动力，在激发人的热情，促进生产力发展的同时，也放纵了人的自私和贪婪，严重地毒化人们的心灵，败坏社会风气，使见利忘义、见死不救、坑蒙拐骗的丑恶现象屡屡发生，市场经济的逐利性变成唯利是图的越轨行为，导致市场信息失真，公平竞争失效，秩序规则紊乱，生产经营扭曲。个人主义成为人生动力，信奉"只有永远的利益，没有永远的朋友"，"只认利，不认人，只讲利，不讲义"。把人世间多层次、多方面的关系，如父子关系、夫妻关系，以及个人与组织、个人与他人、个人与社会等等之间关系都统统扭曲为赤裸裸的利益关系，把个人的全部愿望、情感和活动都淹没在利己主义的冰水之中。陆游的秋思诗说的好：利禄驱人万火牛，江湖浪迹一沙鸥。日长似岁闲方觉，事大如天醉亦休。砧杵敲残深巷月，井梧摇落故园秋。欲舒老眼无高处，安得元龙百尺楼。说到底社会存在的腐败问题都是私欲横流、物欲横流、情欲横流的结果。一方面坚持社会主义意识形态，一方面用私字调动积极性是一对矛盾，他们之间的斗争是绝对的，统一是相对的，这种矛盾斗争的结果直接影响着社会主义市场经济的建立，进而影响着社会主义大厦的稳固。破私立公，是世界观改造的核心。私欲和无知，是贪污之母，是罪恶之源，是人生之苦。一些领导干部是新"五子登科"：讲话念稿子，工作摆架子，学习半瓶子，生活争面子，升迁找门子。一些同志"文化大革命"中受到不公正待遇时，仍然充满着对理想信念的执著追求，现在面对"个人主义"的诱惑却精神颓废，失去了追求。这个问题在中下层领导干部中尤为突出，许多人正在循着懒、馋、占、贪、变的路子走下去。过去讲修养、克服个人主义，是"照照镜子"、"过过电影"，解决"一闪念"问题；现在不是解决"一闪念"，而是解决私心"一大片"，私欲如"洪水野兽"，到处是"黄泛区"的问题。要紧紧抓住抵制自私自利作为人生动力这个关键，处理好个人利益同党和人民利益的关系。反对个人主义要严格划清马克思主义物质利益原则同个人主义的界限。我们承认物质利益，但要坚持为全体人民的物质利益而奋斗。每个人都应有自己的物质利益，但这绝不是提倡人人抛开国家、集体和他人专门为自己物质利益而奋斗，绝不是提倡人人都只想自己。要是这样，我们的国家就没有前途，我们的民族就难以自立于世界之林。我国人民之间，不只有物质利益关系，还有友好相处、扶危济困、敬老爱幼、舍己为人、见义勇为等伦理道德关系，所有这些都与个人主义作为人生动力格格不入。因为社会主义的基本制度要求人们的思想意识必须是爱国主义、社会主义和集体主义占主导地位。为个人、为家庭活着，人生动力是有限的；为他人、为国家、为社会活着，人生动力是无限的。有限的动力，可以使人奋斗一阵子；无限的动力，才能使人奋斗一辈子。孔子曰："吾日三省吾身"；孟子说，人要有"善恶之心"，一再强调"修身齐家治国平天下"。"物必自腐，而后虫生。"共产党员应带头实践弘扬社会主义道德，抵制私欲膨胀，抛弃利欲攀比，战胜物欲诱惑。老子说过"祸莫大于不知足，咎莫大于欲得"。对利益诱惑一定要保持清醒头脑和高度警惕，做到"富贵不能淫，贫贱不能移，威武不能屈"，保持高尚的人格追求和共产党员的浩然正气。做"一个有道德的人，一个纯粹的人，一个高尚的人，一个脱离了低级趣味的人，一个有益于人民的人"。用党性修养的新境界作为人生取之不竭的动力，理直气壮地抵制自私自利带来的一切诱惑。当享乐和权力结合、利益和利用联姻、捞好处和给好处穿一条裤子、收买和叛卖携手，利益的两极分化、一个集团占有另一个集团的劳动以及为了少数人的利益而推动的私有化进程就会顺理成章，什么远大的理想、崇高的信念、革命的原则只能停留在讲上了，产生新的资产阶级的土壤会越来越肥沃，革命队伍内部变质的面会越来越大。个人主义恶性膨胀，权力失去约束，利益变成恶魔，使一些好人变质，甚至上了断头台。毛泽东曾经指出"有个别干部被物质所诱惑，因而不忠实于共产主义的事业，完全腐化了；另有干部则起了霉，要在太阳底下晒一晒才能恢复健康。"邓小平也说过"风气如果坏下去，经济搞成功又有什么意义？会在另一方面变质，反过来影响整个经济变质，发展下去会形成贪污、盗窃、贿赂横行的世界。"所以，在发展社会主义市场经济的过程中，我们必须理直气壮地反对个人主义，着力营造引导人们健康向上的思想道德氛围，高奏爱国主义、集体主义、社会主义思想的主旋律，从而形成全社会统一的以集体主义道德体系为核心的社会主义精神支柱。

三、锻炼练什么

党性修养和锻炼的内容很多，针对目前的形势和党员道德素质的实际，主要有以下几个方面：

（一）要有坚定正确的政治方向

一个党，不从政治上正确处理问题，就会犯方向性、路线性的错误，就不能维持它的统治，因而也就不能完成自己的使命；一个党员，不从政治上思考认识问题，就会在日益复杂的斗争中迷失方向，就会最终失去自身的价值。没有正确的政治观点就等于没有灵魂。坚定正确政治方向是党性修养的重中之重。这些年来，虽然讲政治强调得很多，但真正进入思想、落实在行动上却不多。因为许多党员干部对政治的认识出现了偏差，有的认为，"政治是假、远、空，利益才是真、近、实"；也有的认为，"政治是用嘴讲的，做的才是心里想的，有没有政治观点无所谓"；还有的认为，"政治方向是中央的事、高层领导的事，与自己关系不大"。政治意识的淡化，政治方向的模糊，使一些领导干部胸怀越来越窄，思想道德急剧滑坡，成为资产阶级人生观的俘虏，甚至跌入犯罪的泥坑。越是道德高修养好的人，越是以天下为己任，有着强烈的社会责任感和政治参与意识。"政者，国之大事也"。"政者，民众之大事也"。中国共产党人讲党性修养，首先要有坚定正确的政治方向。每个人都与国家相关，任何人都不能开脱自己。干任何事情，都要方向明，信心足，意志坚，方法对，勇气大。把自己的生命投入到国家的事业上，你永远不会感到孤独；把自己的生命投入到为人民服务中，你永远不会感到后悔。失去了正确的政治方向就失去了人生动力，越干越觉得没意思，越活越觉得没劲头。自杀率、社会犯罪率、精神病率不断攀升，与一些人失去了坚定正确的政治方向有直接的关系。要永葆坚定正确的政治方向必须做到三个坚信：

一是坚信马列主义。马克思主义是指导我们思想的理论基础，是科学的世界观和方法论，是无产阶级和劳动人民改造世界的锐利思想武器。十月革命给我们送来了马列主义，产生了中国共产党；马克思主义的基本原理和中国革命的具体实际相结合，产生了中国化的马克思主义——毛泽东思想。中国人民在马列主义、毛泽东思想的指引下，战胜了国内外强大的敌人，夺取了政权，建立了新中国，并取得了社会主义革命和社会主义建设的伟大胜利，使中国改变了积贫积弱、一盘散沙的状况，成为自立于世界民族之林、有举足轻重地位的大国。没有马列主义、毛泽东思想的指导就没有中国革命的胜利，什么时候离开了马克思主义的指导，什么时候革命就要遭受挫折，马列主义、毛泽东思想永远是中国人民战无不胜的旗帜。这就是中国革命历史所做出的常识性结论。但是，自改革开放以来，马克思主义在意识形态领域里的指导地位不断动摇、日益边缘化，怀疑、否定马克思主义的自由化思潮，腐蚀着人们的灵魂，摧残着人们的精神支柱。马克思主义的声音弱化，真信、真学、真懂、真用的少了，主要表现在：不信马列拜鬼神，教堂、庙宇越建越多，香火越来越旺；出门选日子，盖房看风水；手机、车牌挑号，去灾、防病找老道；一些党员干部在成为腐败分子之前，已失去了信仰，思想变质、政治迷失方向；"六四"政治风波的发生、"法轮功"成为气候，都从反面说明马克思主义的思想阵地在缩小。面对严峻的形势，共产党员必须坚信马克思主义不动摇。基督教徒的别名叫"信耶稣"，共产党人就是"信马克思"。共产党的革命理论，坚定的党性立场，都源于马列主义、毛泽东思想。没有先进理论武装的共产党员，不可能发挥先进战士的作用；拒绝用先进理论武装的人，就不会具有真正的党性，就没有资格存在于工人阶级先锋队的行列之中。共产党员不信马克思主义就是徒有虚名，徒有虚名的共产党员白给也不要。要做到坚信马克思主义不动摇，就要坚信马克思主义是真理。马克思主义是在总结无产阶级斗争经验和人类自然科学、社会科学优秀成果的基础上产生的，它深刻揭示了客观世界特别是人类社会发展的普遍规律，是无产阶级进行革命和建设的科学思想体系。马克思主义之所以具有彻底的革命性，正在于它的严格和高度的科学性。世界上赞成马克思主义的人会多起来，因为马克思主义是科学。信马克思主义就是尊重科学、遵循真理。苏共垮台不是马克思主义的失败，是苏共违背了马克思主义，不信马克思主义的必然恶果。苏共垮台丝毫无损于真理的光辉，"因此，不要惊慌失措，不要认为马克思主义就消失了，没用了，失败了。哪有这回事！"马克思主义作为无产阶级的科学世界观和方法论，无论在中国还是在外国，无论在无产阶级革命时期还是在社会主义建设时期，都是普遍适用的。尽管马克思主义的个别结论有可能过时，但马克思主义的基本原理永远不会过时。要做到坚信马克思主义不动摇，就要坚信马克思主义关于阶级分析的方法。阶级性和实践性是马克思主义的两大特征。离开了阶级性就谈不上马克思主义。要时刻牢记阶级、阶级斗争仅仅与一定的生产发展阶段相联系；阶级斗争必然导致无产阶级专政，这是消灭剥削、消灭阶级的必要条件；只有承认阶级斗争同时又承认无产阶级专政的人才是真正的马克思主义者。坚信阶级分析是解决阶级社会一切错综复杂矛盾的金钥匙，是割除一切社会顽疾的锋利无比的手术刀才是真信马克思主义。讲阶级、阶级斗争能凝聚群众，分清大是大非，清除党自身的垃圾，抵制资产阶级思想的腐蚀，防止堕落为特权阶层和形成既得利益集团，使敌人越来越少；不讲阶级、不讲阶级斗争，混淆了敌我、是非界限，不知道依靠谁、团结谁、打击谁，欺骗了自己，麻痹了群众、离散了群众，资产阶级拉出去打进来的手段会百倍灵验，敌人钻进了共产党的心脏，当权者在攫取私利中加速自腐，敌人会越来越多，自己培养了自己的掘墓人。苏共放弃马克思主义是从放弃阶级和阶级分析开始的。正如《苏联解体亲历记》的作者小杰克所说，共产党只要抛弃了阶级斗争，搞什么主义已无关紧要了。因此，要做到坚信马克思主义不动摇，就要坚信马克思主义关于阶级和阶级斗争的理论。要做到坚信马克思主义不动摇，还要敢于和谬误作斗争。真理总是在和错误的斗争中发展的，我们的斗争需要马克思主义，在斗争中多学一点马克思主义，弄懂弄通什么是真正的马克思主义，掌握与假马克思主义、反马克思主义者作斗争的理论武器，与阉割、篡改，打着马克思主义的旗号反马克思主义的人作坚决的斗争。要认识斗争的长期性、复杂性。一切错误的思想一旦形成，就有其相对的独立性，不会自动退出历史舞台。扫帚不到灰尘不会自动跑掉。在现实中两种对立的思想并不是此长彼消的，有时甚至会出现此长彼也长的现象。资产阶级自由化思潮，是要从根本上否定和取消马克思主义，它随着形势的变化，时伏时起，甚至可能再次酿成事端。而我们有些同志，在纷纭复杂的社会现象面前，也产生了马克思主义还"灵不灵"，还适应不适应当代世界发展的要求，还能不能指导我国现代化建设的疑问。因此，我们不仅要与资产阶级自由化思想作长期的坚决的斗争，而且要坚持不懈地、理直气壮地进行马克思主义的宣传和教育，不断坚定党员和群众的马克思主义信念。还要和自己的实用主义思想作不懈的斗争。一些同志思想上的庸俗化往往是从对马克思主义采取实用主义态度开始的。有的人头脑中有马克思主义，也有自由主义；讲的是马克思主义，行的是自由主义；对人是马克思主义，对己是自由主义。因此，实用主义是马克思主义的大敌，应痛下决心加以克服。全体党员都坚信马克思主义，用马克思主义指导行动，全党才能步调一致，上有政策，下有对策的痼疾才能治愈。活在集体之外的人，必然感到孤独烦恼；活在错误之中的人，必然碰壁失败；活在真理之中的人，必然光明快乐。宗教是颠倒的真理，尚有无数虔诚的信徒；马克思主义是被无数事实证明了的真理，共产党人要坚信真理，为真理而斗争、而献身无上荣光！

二是坚信共产主义。理想就是目标，就是所要达到的目的。理想的内容是多种多样的，理想的层次有高低之分，范围有大小之别。阶级社会，每个人都在一定的阶级地位中生活，于是人的理想也有了阶级属性。人们的理想是由世界观决定的。立场不同，世界观、人生观不同，理想也就不同。有的崇高，有的卑微；有的正确，有的错误。不同的理想，指引人们走着不同的道路，对社会历史起着不同的作用。共产主义理想是马克思恩格斯在科学分析人类历史的基础上提出的未来社会发展的最终目标。从《共产党宣言》开始，共产党就把共产主义理想写在了自己的旗帜上。为实现共产主义诞生了共产党，党员要为共产主义奋斗终身。"团结起来到明天，英特纳雄耐尔就一定要实现"，成为动员无产阶级和劳动群众参加共产主义运动最有力的口号，成为共产党员人生的最大动力。为公就是为共产主义。共产主义理想是共产党区别于其他阶级一切政党的根本标志。共产主义理想指引革命的方向，共产党员坚信共产主义才有坚定正确的政治方向。苏联、东欧共产党垮台的教训告诉我们，共产党成为执政党后，党员能不能坚信共产主义，是能不能防止党变质垮台的深层根源。坚信共产主义在思想上必须明确：第一，共产主义理想是合乎社会发展规律的科学理想。马克思和恩格斯通过研究人类发展史，特别是资本主义生产方式的历史，发现了资本家剥削工人的秘密，创立了剩余价值学说和唯物史观，指出了由于资本主义生产社会化和生产资料私人占有之间的矛盾，导致各种固有的矛盾发展到空前尖锐的阶段，必然出现新的社会改革——无产阶级革命，最终发展到人类理想的共产主义社会。这是对社会发展历史的科学总结。它是依据社会现实提出的未来社会发展规律，因而是一种可以实现的理想，不是脱离实际的乌托邦。空想论、渺茫论都是错误的。当然，离开了消灭私有制建立公有制，去喊共产主义，共产主义就成了空的。第二，共产主义理想是无产阶级的阶级理想。科学社会主义认为，资本主义社会中的基本矛盾，决定了资本主义制度的必然灭亡和共产主义的必然胜利，但是，资产阶级绝不会自动退出历史舞台。一般情况下，无产阶级要通过暴力革命，打碎资产阶级国家机器，建立无产阶级领导的国家，才能达到自己的目的。人类社会发展的最高形态，是自有人类社会以来最理想、最进步、最合理的社会制度。共产主义社会是在自身基础上发展起来的，以生产资料公有制为基础。其主要特点是完全实现了社会平等，消除了脑力劳动与体力劳动的对立；劳动不再是谋生的手段，而是生活的第一需要；社会生产力高度发达，社会产品极大丰富；实行"各尽所能，按需分配"；彻底消灭了阶级，国家亦自行消亡。而且无产阶级取得政权以后，必须最大限度地发展生产力，充分发挥社会主义制度的优越性，逐步过渡到共产主义社会，最终消灭一切阶级和差别，实现全人类的彻底解放，从而实现无产阶级的解放。因此，共产主义理想是无产阶级翻身解放的思想武器，是劳苦大众追求幸福自由的指路灯。第三，共产主义理想是人类最高层次的理想。无产阶级政党的理想也是一个多层次的理想体系，它有初级、中级和高级等不同层次。民主革命时期，毛泽东提出了中国革命分两步走的纲领：第一步推翻三座大山的统治，建立以中国无产阶级为领导阶级的中国各革命阶级联合专政的新民主主义的社会；第二步在中国建立社会主义社会，进入社会主义以后，又可能划分为若干阶段。在每一个阶段中，都有其具体的奋斗目标。而实现共产主义是无产阶级的最终目标、最高理想，也是每个共产党员应终身为之奋斗的崇高目标和远大理想。尽管实现共产主义的道路很长，但是它犹如北斗星指引着方向，使一代又一代的共产党人坚定不移地奋进。战争年代，无数先烈读着《共产党宣言》参加革命，唱着《国际歌》从容就义，就是坚信共产主义一定能实现。方志敏在狱中写下了："敌人只能砍下我们的头颅，绝不能动摇我们的信仰"的铮铮誓言；李大钊在绞刑架下发出了"你们绞死了我，但绞不死共产主义"的豪言壮语。过去，革命先烈前仆后继，其根本动力是他们有坚定的理想；现在，腐败分子前仆后继，根本原因是共产主义理想没有在心中扎根。理想信念的动摇是根本的动摇。正反两个方面的事实告诉我们，共产主义理想，是党员的"灵魂"，如果丢掉了，在政治风浪面前就站不稳脚跟，失去前进动力，最终被历史淘汰。共产主义理想是共产党人寻求真理，保持方向的"罗盘仪"，是共产党员把自己放在革命这杆秤上称称有多重时的"定盘星"。无论是过去还是现在，心中有共产主义理想，就会指引自己走上为人民利益奋斗的光明之路。许许多多的共产党员在改革开放的复杂环境中保持共产主义理想信念，始终与党同心同德，坚持党的基本路线不动摇，经受住了政治风浪和酒、色、财、气的考验，保持了坚定正确的政治方向。

三是坚信社会主义。马克思主义的诞生，使社会主义从空想变成了科学。生产力和生产关系，经济基础和上层建筑运动发展的客观规律，资本主义基本矛盾的运动发展规律，决定了社会主义必然代替资本主义是社会发展不可逆转的客观趋势。这种趋势揭示：现代社会的发展，要通过社会主义革命实现取代资本主义，确立社会主义制度的统治地位，并通过建设社会主义，发展巩固社会主义来实现。社会主义作为一种社会形态是共产主义社会的低级阶段。社会主义革命是人类历史上最广泛、最深刻、最彻底的社会革命。是无产阶级顺应历史发展规律的自觉的、有组织、有计划、有领导、有目标的空前伟大的社会变革运动。社会主义革命的目的是要彻底消灭资本主义剥削制度和其他生产资料私有制，并同私有观念彻底决裂，建立生产资料公有制，解放全人类。社会主义虽然建立了生产资料公有制为基础的社会制度，但它是从旧社会之中脱胎出来的，依旧保留着旧社会的痕迹。坚信共产主义是理想，坚信社会主义是现实，不立足于现实，理想就成了空的。想共产主义，干社会主义是对共产党人的基本要求。坚信社会主义与坚信共产主义是一致的。怀疑、否定社会主义，却说相信共产主义那是骗人的鬼话。坚信社会主义要做到三个正确认识：正确认识社会主义的曲折。30年来，世界社会主义运动由高潮转入了低潮，特别是20世纪80年代末期以来，苏联解体，东欧剧变，社会主义运动在一些国家遭受严重挫折，西方敌对势力借此大肆宣扬"社会主义失败论"，并加紧推行"分化"、"西化"社会主义国家的图谋，我们一些同志也对社会主义的前途失去信心。我们必须用马克思列宁主义的观点，对社会主义的现状进行历史的本质的分析。要看到，苏东垮台不是社会主义的失败，而是赫鲁晓夫、戈尔巴乔夫假社会主义的破产。马克思、恩格斯根据人类社会发展的规律，提出了社会主义的科学设想：在社会化大生产的基础上，实行生产资料全社会共同占有；根据社会需要有计划地组织整个社会的生产；个人消费品实行按劳分配；用直接的社会生产和直接的分配代替商品交换，商品、货币将不复存在；经过长期的无产阶级专政，最终推进到没有阶级、没有国家，物质财富极大丰富、思想觉悟极大提高，各尽所能、按需分配的共产主义社会。在科学社会主义理论的指导下，苏联、中国等社会主义国家，在一段时间内取得了比资本主义国家高得多的经济发展速度。苏联仅用20年就实现了工业化，中国在完成社会主义改造后的不到20年时间，就在"一穷二白"的基础上造出了"两弹一星核潜艇"，建成了独立完整的工业体系。由于国情不同，社会主义制度在不同的国家和一个国家不同历史时期的具体形式不同，形成了各具特点的社会主义，但是社会主义制度的基本特征，如消灭剥削制度，实行生产资料公有；高速发展的生产力和劳动生产率；实行在公有制基础上的有计划的商品经济；个人消费品实行按劳分配；工人阶级和劳动人民当家做主；以马克思主义指导的高度的社会主义精神文明等是共同的。达不到时，说明是"不够格的社会主义"，要向着"够格的社会主义"去努力，就给人信心、希望和力量；相反，明明是"不够格的社会主义"，却说"已建成了发达的社会主义"，吹起来的"肥皂泡"只能破灭。社会主义的基本矛盾仍然是生产力和生产关系之间、经济基础和上层建筑之间的矛盾。这一基本矛盾具体表现为社会主义与市场经济的矛盾。社会主义社会是一个相当长的历史阶段，存在着阶级矛盾和阶级斗争，存在着资本主义复辟的危险性。苏联、东欧从渐变到剧变，最终复辟资本主义，是这些国家长期偏离科学社会主义方向，违背社会主义规律的恶果，决不是社会主义的失败。社会主义代替资本主义，这是社会历史发展不可逆转的客观趋势，这中间经历艰难曲折是很正常的事情。从一定意义上说，某种暂时复辟也是难以完全避免的规律性现象。历史的发展有它自己的逻辑。"一些国家出现严重曲折，社会主义好像被削弱了，但人民经受锻炼，从中吸取教训，将促使社会主义向着更加健康的方向发展。因此，不要惊慌失措，不要认为马克思主义就消失了，没用了，失败了。哪有这回事"！正确认识当代资本主义的繁荣。社会主义制度取代资本主义制度，人类社会最终实现共产主义，这是历史发展的总趋势和必然规律。但是，当今世界范围内，资本主义发生了很大的变化。以美国为领头羊的当代资本主义，不但垂而不死、腐而不朽，而且在度过了20世纪70年代的经济危机之后，经济发展一路上扬，国力不断提高，特别是在苏联垮台后，确实带来了资本主义的相对稳定和发展，出现了资本主义世界前所未有的盛世。崇美、恐美、学美成为一些人挥之不去的心结。其实，用历史唯物主义的观点来分析资本主义发生的一系列新变化，可以看到，不但资本主义是帝国主义的最高阶段没有变，而且美国独占鳌头的经济实力将是资本主义的最后繁荣，强权加霸权的单边主义必将走向最后的猖狂一跳。我们承认，"无论哪一个社会形态，在它所能容纳的全部生产力发挥出来以前，是绝不会灭亡的；而新的更高的生产关系，在它的物质存在条件在旧社会的胎胞里成熟之前，是绝不会出现的"。二三百年的资本主义制度确实创造了几千年奴隶制度和封建制度不曾有过的生产力。但作为社会形态，资本主义所能容纳的全部生产力正在发挥殆尽。从外部环境看，30多年来美国一只手拿着"橄榄枝"，推行全球经济一体化，实际上就是"美国化"、"资本主义化"，使发展中国家在开放中的弱势地位更加弱势，资本主义在用"一瓶液换一瓶血"中得到了前所未有的经济利益，特别是社会主义国家改革中的失误和苏联、东欧改革改向所导致的资本主义复辟，不知道让多少濒临灭亡的大资本家重振雄风；美国另一只手则拿着"精确制导炸弹"，把强大的军事势力当作直接的生产力，凭借霸主地位，在"想打谁就打谁"中攫取了巨大的经济效益。各国人民正在从美国的拙劣表演中认清其国际最大剥削者的面貌，反对强权政治的统一战线正在形成，以美国为一极和以伊斯兰为另一极的新的两极对抗将是不可避免的。美国到处压迫剥削人、捞取利益的同时，也把一条条绳索套在了自己的脖子上，一旦世界人民拉紧绳索，美国强大的生产力就会随风而去。"上帝让谁亡，必先让其狂"。以疯狂的美国为首的资本主义正在一步一步地走向坟墓。从内部环境看，由于马克思主义的传播，工人阶级的不断斗争，资产阶级的上层转换统治手段，学习社会主义的办法，加强了国家对市场经济的干预和调节，用"高工资、高福利、高消费"的政策极力化解无产阶级与资产阶级的矛盾，使资本主义世界相对平稳。但透过现象看本质，资本主义生产社会化同私人占有的基本矛盾没有变，无产阶级与资产阶级利益的根本对立没有变，经济危机和社会危机的根源没有消除。所以，不管资本主义宏观调控的力度有多大，国家干预调节的范围、程度、效应都受到生产资料由私人资本占有这一不可逾越的制度限制，不可能打破资本主义生产方式的框架；资本主义少数人的奢靡是建立在对多数人利益的剥夺上，无论怎么调整劳资关系、无论怎么乐行善施，都不会改变利益上的极大不平等，都不会改变资本家和雇佣劳动者之间的剥削与被剥削的关系，"即使资本的尽快增加如何改善了工人的物质生活状况，也不能消灭工人的利益和资产者即资本家的利益间的对立状态"；新技术革命只能使膨胀起来的巨大生产力同日趋相对缩小的市场发生更加尖锐的矛盾，造成更加严重的生产过剩，引起工人失业和经济危机。由此可见，资本主义制度无法从根本上消除它本身所固有的阶级矛盾，无产阶级作为生产力最先进的代表，作为资产阶级的掘墓人，必将打破资本主义生产关系的桎梏，消灭剥削和奴役，建立起社会主义社会。总之，马克思揭示的资本主义生产资料私人占有与社会化大生产的矛盾，是不可调和的矛盾，是推动资本主义走向灭亡的根本矛盾。尽管资本主义国家通过加强对经济的干预，并用最新科技成果和借助经济、科技、军事优势在世界市场上攫取巨额利润等方式，为生产力发展提供了新的空间，但都没有改变资本主义制度的性质及其走向灭亡的大趋势。2008 年美国爆发的金融危机证明着这一点，以后的经济危机还将继续证明。正确认识社会主义市场经济中的资本主义因素。经过 30 多年的改革开放，我们正在建立社会主义市场经济体制，与此相对应的是，资本主义国家正在实行市场经济加计划控制的新模式。社会主义有市场，资本主义有计划。市场经济的一些共同点，特别是作为根本区别的所有制结构都趋向多元化，以及在一部分人先富起来过程中拉大的贫富差距和两极分化，冲击着人们对社会主义的信心。使人们很容易混淆了社会主义与资本主义的界限，把垃圾当礼品、把毒药当美酒，甚至饮鸩止渴。必须看到，资本主义所有制结构的多元化没有超越资本主义的私有化，资本主义市场经济是以私有制为前提的；建立社会主义市场经济，所有制实行多元化，是以坚持生产资料公有制为主体这一根本前提的，私有经济的资本主义性质没有变也不会变。社会主义初级阶段为了发展生产力，生产关系退一步，利用资本主义的因素、短时期内发展私有经济是必要的。但绝不是一退再退，让私有经济长成参天大树，让公有经济叶落根枯。多种经济成分并存，有一个发生、发展、消亡的过程，补充不能侵吞主体，更不能变成主体。公有制是社会主义的命根子，共产党与社会主义、公有制的命运是连在一起的，共产党是不能领导资本主义和私有化的。初级阶段已过了 50 多年，要一步一步往前走，走向中级阶段、高级阶段，绝不能退回到 1956 年之前去，绝不能因为私有经济的存在和发展而不信社会主义。还要看到，社会主义与资本主义存在着多重关系。就社会制度而言，二者是否定和对立的；就人类共同文明而言，二者存在着互相借鉴和利用的关系。西方文化、生活方式及价值观念随着对外开放的扩大不断涌入，这里面有体现人类共同文明的东西，也有反动腐朽的东西，甚至有连资本主义国家都嗤之以鼻的东西。因此，在意识形态领域里坚持社会主义阵地的同时，不惧怕资本主义因素，敢于打开门窗进"新鲜空气"，又坚决消灭"苍蝇蚊子"，还常服"解毒散"，"排毒养颜"，善于强身壮体，化腐朽为神奇。学会运用马克思主义的世界观和方法论，观察社会，澄清是非，不被表面现象所迷惑，在正确认识借鉴利用资本主义因素中坚定社会主义信念。

（二）要有全心全意为人民服务的唯一宗旨

历史唯物主义认为，人民群众是社会物质财富和精神财富的创造者，是推动社会发展的基本动力。无产阶级革命事业，归根到底是人民群众的事业，人民群众是党的力量源泉和胜利之本。为人民服务的宗旨体现的是唯物史观。我们党从成立那天起就把唯物史观写在了宣言中，为人民利益不怕流血牺牲激励着每一个共产党员。1944 年，毛主席为纪念张思德发表了著名的演讲《为人民服务》，使我们党的宗旨更系统化、更理论化了。为人民服务的宗旨是共产党人的世界观、方法论，是我们党党性的根本体现，是共产党员终生修养的课题，是党性锻炼和修养的核心内容。能否全心全意为人民服务，是衡量一个党员有无党性和党性强弱的试金石。几十年来，一代又一代的共产党人，牢记全心全意为人民服务的唯一宗旨，以天下兴亡为己任，献身国家、献身人民，真正做到了"先天下之忧而忧，后天下之乐而乐"，"富贵不能淫、贫贱不能移、威武不能屈"，由普通的人成为特殊材料制成的人，成为人民群众心中的巍巍丰碑。也有少数人，组织上入了党，思想上没有入党，只想着一己私利，经不起威胁利诱成为革命的叛徒、人民的败类。无数事实说明，为人民服务得人心、得天下；为自己服务、为人民币服务就不得人心，就面临着丧权的危险。党的宗旨不是存在一会儿，坚持一时，而是唯一存在，需要一贯坚持。只有坚持唯一宗旨，才能"省身"有标准、"慎独"有参照、"取义"有力量，有很强约束力；忘记了，就会骄奢淫逸，利欲熏心，掉进钱眼中，甚至认贼作父，逼良为娼，鱼肉百姓，成为国家的罪人。坚持唯一宗旨，需要全面深刻地把握其精神实质。

相信群众。全心全意为人民服务的宗旨建立在相信群众的基础之上。我们应当相信群众，我们应当相信党，这是两条根本的原理。相信群众是个群众观念问题。群众观念是领导干部的基本观念，群众路线是做好工作的根本路线，群众利益是我们的根本立场，群众感情是我们的最高觉悟。相信群众就是要牢固树立"人民，只有人民，才是创造世界历史的动力"，"群众是真正的英雄，而我们自己则往往是幼稚可笑的"历史唯物主义的基本观点，克服英雄史观。英雄史观用"道教"、迷信去蛊惑人心，把群众当"群氓"、当"阿斗"，必然最终失去群众。相信党就是牢记党是伟大的，个人是渺小的，任何时候、任何情况下个人都要融入集体之中，克服个人英雄主义。相信群众、相信党就是对人民群众怀有深厚的感情，牢记人民养育之恩，把自己的全部活动和全部工作都纳入为人民服务之中；就是对党怀有深厚的感情，牢记党的培养教育之情，一心一意地为巩固党的团结和执政地位贡献力量。相信群众是个权力观念问题。在市场经济条件下，要强化宗旨观念，必须树立正确的权力观。共产党执政是人民的选择，我们的权力是人民给的，党的群众路线是党根本的政治路线和组织路线，党的一切路线政策都要受到人民群众实践的检验，党的一切组织和党员的工作都要受到人民的监督。人民在创造历史的过程中创造了党，党的一切都来源于人民，我们所做的一切都是为了人民。这种人民的"一元论"与剥削阶级的"民本主义"有着根本的区别。一些人抽象地承认权力是人民给的，具体地却把自己的进步和职务的晋升，看做是个人奋斗和上级提拔的结果，就势必不相信群众，只相信自己和个别人。全心全意为人民服务的宗旨也就放不在"唯一"的位置上了。纵观世界上一些执政党包括一些长期执政的党失去政权的过程，尽管情况不尽一样，原因十分复杂，但大都经历了不相信群众—脱离群众—镇压群众的三部曲。最后曲终人散，被历史所淘汰。对于一个执政党来说，不相信群众、怕群众，群众就不相信党、不跟党走，党就失去了力量源泉，就失去了自己生存与发展的基础，也就丧失了活力与生命。"得民心者得天下，失民心者失天下"。相信群众者得民心，不相信群众者失民心。

依靠群众。群众是真正的英雄是个理论问题，更是个实践问题、行为方式问题，也就是在领导工作的全过程中真心实意地依靠群众的问题。"因为我们是为人民服务的，所以如果有缺点就不怕别人指出，不管是什么人谁向我们指出都行，只要你说的对我们就改正，你说的办法对人民有好处，我们就照你的办。精兵简政这条意见就是党外人事李鼎明先生提出来的，他提的对，我们照他的办了。"毛泽东在《为人民服务》中的这一光辉论述告诉我们，依靠群众是落实宗旨的应有之意。领导的智慧再高也高不过群众，领导的经验再多也多不过群众，领导的能力再强也强不过群众。领导的智慧要在群众中吸取，领导的经验要在实践中积累，领导的才干要在向群众学习中提高，领导的觉悟要在群众斗争中升华。重大决策问计于群众，解决难题求教于群众，工作落实依靠于群众，有了成绩功归于群众。这是我们党近90年来实践经验的总结，也是党员围绕着宗旨进行党性修养的结晶。在战争年代，危险的客观形势和夺取政权的紧迫任务逼迫我们不得不采取一切形式，最大限度地联系和依靠群众，用自己联系和依靠群众的实际行动赢得人民群众的拥护和支持。在和平时期，由于我们党已经成为执政党，联系和依靠人民群众的紧迫性不像战争年代那么强烈了，一些党的组织和党员特别是党员领导干部在依靠谁的问题逐渐产生了动摇。特别是改革开放以来更加明显。有的领导认为群众是弱势群体，既没钱又没高科技知识，发展经济靠的是招商引资，靠的是社会精英，群众是"破桌子"、"破椅子"，不能靠了；也有的认为，当官靠的是有钱活动、有人说话，靠群众没用了。由过去的有困难依靠党、依靠群众，变成了依靠大款、依靠个别领导、依靠精英。"全心全意地依靠工人阶级"成了一句空洞的口号。依靠谁、团结谁、为了谁是实践党的宗旨的大是大非问题，依靠谁是第一位的，来不得半点含糊。立场、人格是共产党员做人的基本取向和处世态度。依靠群众，不忘本，不忘战争年代对人民群众的郑重承诺，才能得到群众的支持和拥护，才能具有号召力和凝聚力。经济的发展、社会的变迁，对共产党员的人格塑造产生了深刻影响，在新的时代背景下，共产党员如何始终不渝地坚持高尚的人格追求，是值得认真思考和研究的问题。理财，以养民为先；正人，以正己为先；练兵，以练将为先；治民，以治官为先；治外，以治内为先。把别人的知识集中到自己身上本事就大了，把群众的觉悟集中到自己身上境界就高了。任何时候不能把形势看偏了，把成绩看满了，把问题看浅了，把集体利益看轻了，把个人作用看重了，把群众作用看小了。一个人不能适应环境，就会被环境所淘汰；一个人不依靠群众，就会被群众所抛弃。任何伟大的事业都不是个人的马拉松，而是薪火相传的接力赛；任何伟大的成果都不是个人的功劳，而是群众的集体创造。时间是胜利的条件，效益是胜利的生命，纪律是胜利的保障，科技是胜利的支撑，人民是胜利的靠山。要建立党员联系群众、依靠群众的机制，主要是通过充分发扬民主，使党员干部特别是党员领导干部时时感受人民群众的巨大力量，真正把立足点放在群众基础之上。

为了群众。贯彻党的唯一宗旨说到底是一切为了群众，为了群众的一切。为了群众就要深入群众，关心群众疾苦，倾听群众的意见和呼声，反映群众的愿望和诉求，理顺群众情绪，化解矛盾，增进和群众的思想感情，当好联结党和群众的"桥梁"和"纽带"。人民的呼声要听得到，人民的痛苦要看得到，人民的要求要办得到。想人民所想，急人民所急，忧人民所忧，乐人民所乐，人生才有价值，党性修养才有意义。战争年代，战斗异常频繁，条件异常艰苦，党和军队不但从一切为了群众出发制定严格的纪律，如不拿群众一针一线、借东西要换、损坏东西要赔，而且还提出了"关心群众生活注意工作方法"的具体要求，对关乎群众利益的柴米油盐，上学看病，吃水走路都一一想到。处处可见红军路、红军桥、红军井。毛主席亲自带领红军在沙洲坝为老百姓打的井，是为群众做好事、办实事，解决群众现实生活中实际困难和问题的千古佳话。正是我们党一切为了群众，群众才拥护党、一切为了党，才有了群众宁可牺牲自己也要保护伤病员，才有了淮海战役的胜利是老百姓用小车推出来的奇迹。目前，党面临着长期执政、改革开放，特别是建立市场经济的考验，一些党员尤其是领导干部党员为人民服务的宗旨日益淡化，全心全意成了半心半意、无心无意，一切为了群众成了一切为了自己、一切为了金钱，像"干部出数字，数字出干部"的政绩工程、乱采乱伐的破坏性发展、豆腐渣路豆腐渣桥后边的腐败窝案，都严重破坏了党群关系、干群关系，由原来党群休戚与共的鱼水关系变成了油水关系、水火关系。党员特别是领导干部党员必须深刻认识到，一切为了群众是党的利益和群众利益的一致性决定的，是对上负责与对下负责的一致性决定的，你要真的一切为了党好，就要一切为了群众。搞形式主义，不是琢磨着把工作干好，而是揣摩领导心理，在弄清领导想什么、看什么、听什么、玩什么、要什么上动脑筋、想办法，工夫下在汇报上、招待上，一切围着领导转，只能误党、误国。为了群众和正确的政绩观是一致的，上级说你好是一时的，百姓说你好是永久的。"金杯银杯不如群众的口碑"。糊弄上级只能管你的升迁，不能管你的德才；糊弄百姓虽然管不了你的升迁，但能看到你的德才。立功有三：一是为国家立功；二是为社会立功；三是为民族立功。人生为群众服务才有意义，为群众造福才有价值。智慧用来为人民服务就是宝贵财富，为自己谋利就是可怕的包袱。一切为了群众，给予的越多，自己可能越富有。一切为了自己，得到的越多，自己可能越贫困。唯我的人，整天想着自己的私利，不但自己痛苦，周围的人也跟着痛苦；忘我的人，不但自己快乐，周围的人都跟着快乐。自私自利的害处不在于追求个人利益，而在于损害了别人的利益；不在于追求眼前利益，而在于损害了长远的利益；不在于追求小团体利益，而在于损害了国家利益。谋利益为人民，为国家，为长远，为全局，是公心；为自己，为亲朋，为眼前，为局部，是私心。不怕群众不满意，就怕领导不注意；不怕得罪群众，就怕得罪领导；不怕群众受损失，就怕领导不奖励；不怕影响群众利益，就怕影响个人利益。片面追求政绩，不怕花过头钱；过分夸大成绩，不怕说过头话。造成前一任领导是政绩，下一任领导是包袱；上一任受表扬，下一任受批评。领导越是自视高明，自己越愚蠢；越是摆架子，群众越不买账。领导应当把群众的情绪作为第一信号，把群众的需要作为第一选择，把群众的满意作为第一标准，把群众的赞扬作为第一荣誉；使政绩体现在服务上，威信建立在服务上。一定要把最广大人民的根本利益作为出发点和落脚点。要着眼于充分调动人民群众的积极性、主动性和创造性，着眼于满足人民群众的需要和促进人的全面发展，着眼于提高人民群众的生活质量和健康素质，切实为人民群众创造良好的生产生活环境，为中华民族的长远发展创造良好的条件。坚持权为民所用、情为民所系、利为民所谋，是认真落实科学发展观的题中应有之义。党以民为根，国以民为本，法以民为体，军以民为母。科学发展观的本质是以民为本，发展的目的为了人民，发展的智慧来自人民，发展的力量依靠人民，发展的成果造福人民，发展的环境保护人民。忧人民所忧，急人民所急；以人民之利为利，以人民之害为害，把人民的利益放在首位，把自己的利益放在最后，坚持一切从人民利益出发，坚持以人民满意为最高准则。

总之，践行党的唯一宗旨，就是要做到：相信群众、相信党；依靠群众、依靠党；为了群众、为了党。这是党员党性修养上层次的唯一标准。反动统治阶级夺权时需要群众，夺权后镇压群众，是因为把民心当工具；而共产党把民心当成命根子，为绝大多数人谋利益是党的最高准则，视群众高于自己，爱群众胜过自己，学群众提高自己，为群众不顾自己。知民情，谋民利，顺民心，得民意，立党为公，执政为民，党的利益和群众利益的一致性决定了我们的事业兴旺发达。

（三）要有艰苦奋斗的工作作风

艰苦奋斗是我党我军的政治本色，是革命成功的根本保证，是党员修养的重要内容。战争年代我们靠艰苦奋斗的精神克服了难以想象的困难，显示了共产党人崇高的品德。从不灰心，永不奢侈，是兴业的法宝。新中国成立前夕，毛泽东在党的七届二中全会上，针对全国胜利后成为执政党将要遇到的新情况，防止一些同志经不起糖衣炮弹的袭击，在不拿枪的敌人面前打败仗，要求全党务必保持谦虚谨慎不骄不躁的作风，务必保持艰苦奋斗的作风。这次党员先进性教育又把"两个务必"作为党员先进性6条标准之一,"以艰苦奋斗为荣,以奢侈为耻"成为"八荣八耻"之一。可以说,艰苦奋斗比以往任何时候都更有针对性。生活大提高,风气大糟糕。糟糕就糟糕在我们一些党员干部忘记了艰苦奋斗的作风,使奢靡之风、享乐之风、高消费之风愈演愈烈,败坏了社会风气,败坏了党的威信。一个没有艰苦奋斗精神作支撑的民族,是难以自强自立的;一个没有艰苦奋斗精神作支撑的国家,是难以发展进步的;一个没有艰苦奋斗精神作支撑的政党,是难以兴旺发达的。因此,党性修养坚持了艰苦奋斗的工作作风,就抓住了党风建设的重中之重。

工作出精品、生活低标准。靠关系吃饭,是个泥饭碗,随时可能打破;靠文凭吃饭,是个铁饭碗,随时可能生锈;靠本事吃饭,才是金饭碗,到什么地方都发光。"饭碗"在这里比作"工作"、"过日子",艰苦奋斗的能力是"真本事"。真的,没有人能够束缚你,美的,没有人能够攻破你,善的,没有人能够否定你,强的,没有人能够打败你。当年,斯诺在延安看到毛泽东等领导人睡土炕、吃小米、穿草鞋等艰苦奋斗的点滴小事,认为这是"东方魅力",是"兴国之光"。正是靠着"东方魅力",我党、我军保持了劳动人民的本色,做到了官兵一致、军民一致、军政一致,战胜了国内外的强大敌人,建立了新中国。艰苦奋斗是共产党的真本事。是党员吃饭的"金饭碗"。如今,革命党已变成了执政党,艰苦的条件已变成了歌舞升平的环境。现在一些单位、一些领导干部,奢侈摆阔,生活越好欲望越高,办公现代化,工作"低劣化";学习不刻苦,工作不艰苦,生活不吃苦,拈轻怕重;坐好车、喝好酒、穿名牌,把招待上档次看成是面子大，忘记了高消费带来浪费，会使"朱门酒肉臭，路有冻死骨"的古训重演。2005 年我国餐饮消费（不含未统计在内的内部消费），高达 8800 多亿元，人均餐饮消费 677 元；2006—2008 年餐饮业继续保持高速增长的势头，突破了 10000 亿元大关。少数人追求奢靡，甚至暴殄天物，一桌饭菜少则几千元、几万元，十几万元一桌的也很平常，甚至还有几十万一桌的。畸形的消费加速了物欲横流的泛滥和腐败。没有最贵只有更贵的豪宴奢席，不仅与建设节约型社会背道而驰，更破坏了艰苦奋斗的精神。刹吃喝风，36 个文件管不住一张嘴，有一个段子说，"党性分析材料：缺点——好喝酒，原因——喝酒好，教训——酒好喝，努力方向——喝好酒。"牙齿挖掘了坟墓，酒精麻醉了神经，纵欲摧垮了身体，金钱吞噬了灵魂。古往今来就有奢靡亡国之说。人的欲望不能过分满足，过分满足后就会产生精神的虚无感，让人萎靡不振、花天酒地。挥霍无度是一种麻醉剂和腐蚀剂，它的诱惑力使意志薄弱者失掉生活的动力，昏昏沉沉，蹉跎岁月，什么个人志向、民族兴衰，就连亡国之恨也会被忘得一干二净。三国时蜀国的开国皇帝刘备，由于重用诸葛亮等人才而受到后人的称赞。但他死后，他的儿子刘禅即位，蜀国很快就被魏国灭亡了，刘禅也做了俘虏，并被迫迁到洛阳。一天，魏主司马昭设宴款待这位俘虏，并命蜀国人为他表演蜀汉的歌舞。蜀国原来的官吏看了都很悲伤，唯有刘禅嬉笑自若，毫无亡国之感。过了几天，司马昭问刘禅："想不想蜀汉？"刘禅却回答说："闻此乐，不思蜀。"后来，"乐不思蜀"就成了比喻那些享乐忘本、奢侈丧志者的成语。新的历史条件下，虽然不需要我们的干部再去过穿补丁衣的清苦日子，不需要再用两条腿去为革命东奔西忙，但艰苦奋斗的精神不能变。办公条件好了，工作更要高标准，追求过得硬、出精品；有权有钱了，生活更要低标准，只求过得去、够营养，不要和群众形成明显反差。"工作上高标准，生活低标准"，是发扬艰苦奋斗精神首先要做到的。生活上保持"清贫"，反映了艰苦奋斗的精神。从古到今，人们把"清贫"视为立身做人的原则和道德规范加以追求。早在春秋时期就有"安贫乐道"的思想，主张一个人只有不图名、不争利、不贪享受，才会有远大的抱负和坚韧不拔的毅力。任劳任怨、克勤克俭方成大事。革命先行者孙中山坚持"尽瘁国事，不治家产"。一代伟人毛泽东，盖的毛巾被有 73 块补丁，穿的睡衣有 59 块补丁。1962 年夏，周总理到辽宁视察工作，刚住下，就从口袋里掏出一张纸，交给负责接待的同志说："做饭的时候，上边这些东西都不能做。"原来纸上开列着一二十种禁吃的菜名，凡是和鱼肉蛋沾边的都不能做。负责接待的同志感到为难。总理诚恳地说："为了同全国人民共同战胜困难，毛主席说他在中央带头，我在国务院带头。毛主席为我们作出了艰苦奋斗的榜样，我们就要坚定不移地照着去做。""文革"中，他每天工作 18 个小时以上，饿了就冲碗麦片粥。古巴领袖卡斯特罗，把家中 1.6 万公顷的土地分给了农民，革命成功后一直穿着军便服，过着粗茶淡饭的日子。他们为党和人民建立的丰功伟绩与他们在日常生活中艰苦朴素、甘于"清贫"是密不可分的。实践证明，一个人只有"生活上低标准"，守住"清贫"，才能心底无私天地宽；才能做到一尘不染，两袖清风，廉洁奉公；不想享乐想工作，才能高标准地履行好职责。富不忘俭，安不忘危，贵不忘谦，兴不忘衰。勤俭是持家之法宝，是治国之大道，是创业之利器，是修身之妙药。勤俭节约拒腐防变要贯彻到市场，贯彻到官场，贯彻到战场。任何人干成大事必须对集体有感情，才能有号召力；对工作有热情，才能有向心力；对同志有真情，才能有凝聚力。求福就要艰苦奋斗，求寿就要经常自省，求智就要广学多闻。要想成功，就要吃别人不愿吃的，干别人不愿干的，唱别人不愿唱的，学别人不愿学的，容别人不愿容的，忍别人不愿忍的。

不怕困难、不怕挫折。人类社会的发展之路是不平坦的，到处荆棘丛生、困难重重；人生也是曲折的，只有不怕困难，不怕艰苦，不怕挫折和牺牲，才能成就事业。发扬艰苦奋斗精神就要不怕困难、不怕挫折。任何人的生活不可能完全是苦难，也不可能完全是快乐，而是苦难中有快乐，快乐中有苦难，这才是人生的真实滋味。知识是通过拼搏掌握的，政绩是通过拼搏创造的，自己的价值是通过拼搏实现的，个人的才能是通过拼搏展现的。苦难是天才的一块垫脚石，是干才的一笔财富，是庸才的万丈深渊。人生本有数不清的困难、痛苦和迷惑，只有在克服困难中前进，在战胜痛苦中求乐，在突破迷惑中创业，才能有所作为，成为有益于社会和大众的人。人的一生是一场无休止的战斗，因为向无知斗才能变为有知；向困难斗才能取得胜利；向疾病斗才能换来健康；向私心斗才能变得高尚；向谬误斗才能发现真理。征服困难的精神是在逆境中培养的，卓越的成绩是在战斗中取得的，伟大的天才也是在艰难困苦中出现的。应对挫折，愈挫愈坚。有利的情况和主动的恢复往往在再坚持一下的努力之中。得意时勿牛气，谦虚谨慎待同志；失意时莫丧气，刚直不阿做汉子。流水遇到不平的地方，才能把它的活力激发出来；人才遇到困难的时候，才能把他的能力显示出来。人的一生中凡是吃苦多、压力大、挫折重的时候，就是进步快的时候；凡是生活轻松、压力小、顺利的时候，就是进步慢的时候。压力、动力和能力是成正比的。要珍惜自己的官位，无愧于人民的重托；珍惜自己的荣誉，无愧于组织的培养；珍惜自己的生命，无愧于父母的养育。在战场上只能死一次，在官场上可能死几次，在商场上可以死多次。遇到难处之事要坚强一些；遇到难处之人要宽厚一些；遇到焦急之事要稳重一些。贫穷并不可怕，可怕的是没有志气；挫折并不可怕，可怕的是没有知识；困难并不可怕，可怕的是没有才干；老并不可怕，可怕的是没有作为；死并不可怕，可怕的是没有贡献。面对困难要学习"愚公精神"。在党的七大上，毛泽东同志预料到抗日战争胜利后我党所遇到的困难，闭幕词中运用"愚公移山"这则寓言，极其生动和深刻地说明：只要发扬愚公藐视困难的英雄气概，首先使先锋队觉悟："下定决心，不怕牺牲，排除万难，去争取胜利"，"每天挖山不止"，就一定会"感动上帝"，即感动全中国的人民大众来同我们一起挖山。这样，帝国主义和封建主义这两座大山就一定能够挖掉。

　　生命不息、奋斗不止。一个国家、一个民族只有生生不息、奋斗不止才能不断地发展进步。一个人要一辈子艰苦奋斗，就要生命不息，奋斗不止，一贯保持奋发向上的精神状态。只要奋斗，就有出路；不奋斗，就无法生存。共产党员要争取自己到老到死永远是共产主义战士。这就是长期奋斗，而不是奋斗一阵子。"活到老，学到老，改造到老"，就是奋斗一辈子的真实写照。朱德在旧军队中高官厚禄，但他不求个人享受，追求改造中国与世界，费尽周折找到党后，一生艰苦奋斗，直到逝世前夕还写下了"革命到底"四个大字。一个人奋斗一阵子容易，奋斗一辈子难；没有地位时奋斗容易，有了地位后奋斗难；生活条件差时奋斗容易，生活条件好了后奋斗难；年轻时奋斗容易，年龄大了奋斗难。因此，生命不息，奋斗不止，体现的是共产党员"为共产主义奋斗终身"的根本要求，也是保持艰苦奋斗精神的最高境界。一个党员特别是干部党员真正做到了为党和人民的事业生命不息，奋斗不止，那么，他就会不断追求，勇于创造，永远进步，既能跟上时代的步伐，又能反对错误的潮流；就能胜不骄、败不馁，经得起各种考验，既不会因形势好而冲昏了头脑，又不会因社会主义处于低谷而动摇了信仰；就能不被名利所拖累、权欲所左右、疾病所吓倒；既不会因各种诱惑而分不清大是大非，也不会因个人得失而混淆了荣辱界限。马克思曾把幸福理解为"斗争"，把为全人类的解放而斗争当作最大的快乐；毛泽东的名言是"与天斗其乐无穷，与地斗其乐无穷，与人斗其乐无穷"。社会发展需要奋斗，人生进步需要奋斗，不奋斗就要亡党、亡国。每一代人都应这样想：我们这一辈子和这一个时代的人多付出一点代价，是为后代更好地享受社会主义幸福，把社会主义推向前进。社会主义是奋斗得来的，人生因奋斗而快乐、而幸福，共产党人为理想而奋斗是永远快乐、幸福的！

　　总之，面对新的形势、新的任务，党员在艰苦奋斗问题上要更加清醒、更加坚定、更加努力。清醒，就是要认识到社会主义现代化建设取得的成绩，是我们党在领导全面建设小康社会中迈出的第一步，今后的路更长、更艰苦，对于执政者来说，要牢记真正兴旺发达是艰辛的攀登，是痛苦的求索；而在虚假的繁荣之中走向衰败则可以舒舒服服，是安乐死。"由俭变奢容易，由奢变俭难"，"生于忧患，死于安乐"。一个没有忧患意识的政党注定是要失败的，一个没有忧患意识的军队注定是要被消灭的，一个没有忧患意识的人注定是要被淘汰的。艰苦奋斗，革命兴；骄奢淫逸，革命亡。坚定，就是要坚定不移地走社会主义道路，靠艰苦奋斗、自力更生去发展、创新，当不畏艰苦勇往直前的英雄好汉，不当害怕艰难困苦的懦夫软蛋。努力，就是要提高艰苦奋斗的本领，刚健自强，百折不挠，勤奋工作，兢兢业业，努力创造一流的业绩。

四、锻炼有方法

加强党性修养党员是主体，强调的是自主意识，而决不是脱离实际的闭门思过，更不是和尚道士"万事皆空"式的修炼，而是把理论和实际紧密结合起来，在改造客观世界的同时改造自己的主观世界，在正确对待社会、正确对待别人中提高自己，在总结认识事物的变化规律中超越自己。

实践是最好的课堂。实践出真知。党性修养出的是真知，贵在坚持，贵在实践，贵在从"小"处做起，贵在脚踏实地。党员要在各自的工作岗位上以实际行动，从我做起、从现在做起、从每一件事情做起。我们党历来重视在实践中加强党员的党性修养。毛岸英在苏联参加过卫国战争，攻克柏林时任苏军的坦克连长，回到延安后，毛泽东让他到基层去、到实践中去，在火热的生活中锻炼，使毛岸英在深入实际中了解了中国革命，学到了中国化的马克思主义，增强了党性觉悟，后来他主动要求去朝鲜参战，与他在实践中的党性锻炼是分不开的。共产党人大公无私的高尚品质，是工人阶级的历史地位和阶级性质决定的。它建立在现实的基础上，是在消灭私有制的过程中，人们改造自然界和社会的同时也改造自己本身的产物，而不是小农社会中脱离实际做省身功夫的结果。社会主义社会人人需要改造。改造，最好的课堂是实践。理论和实践的关系问题是认识论或实践论的基本问题，是知和行的统一。理论来源于实践，又作用和指导于实践，在实践中发展，并接受实践的检验；实践是理论生成和发展的沃土，为理论提供现实的和历史的支撑，又接受理论的"滋养"和指导。党性修养是党员接受马克思主义的理论，用理论指导实践，在实践中进一步认识理论的正确性，形成正确的理念。形成正确理念的实践过程就是在改造客观中改造主观的过程，是知行统一观。在南征北战中，找到自己的心灵；在东打西拼中，找到自己的绿洲；在古往今来中，找到自己的位置；在上下求索中，找到自己的智慧；在比较鉴别中，找到自己的差距。"人的正确思想只能从社会实践中来"。毛泽东要求共产党人在革命和建设的实践中，发扬人的主观能动性，不断使主观符合客观，用正确的思想战胜错误的思想，通过批评和自我批评，抛掉错误的东西，树立起正确的世界观。党性修养是一个学习与教育的过程，更是一个实践锻炼的过程。共产党员加强党性修养需要从读书学习中吸取科学理论和各种知识的营养，更需要改造客观世界的实践中去经受锻炼。实践是党员干部党性修养的主战场。实践是一座熔炉，能够锤炼广大党员干部的意志、品格和能力；实践是一所学校，能够教给广大党员干部许多书本上学不到的真才实学；实践是一片沃土，能够教给广大党员干部真正的本领。离开实践，党性修养都是虚的。"要在革命的实践中修养和锻炼，而这种修养和锻炼的唯一目的又是为了人民，为了革命的实践。"党性修养的成效关键在于实践。坚强的党性不是"想出来"的，而是"干出来"的。说得到，做得到，全心全意为了人民立功劳，老百姓就说好；说一套，做一套，一心一意为了自己捞好处，老百姓就不说好。广大党员干部要自觉地在实践中经受多方面的磨炼，要到改革开放的大潮中经受锻炼，在各种各样的"关口"中锻炼，到环境艰苦困难的地方经受锻炼，到基层到群众最需要的地方经受锻炼，要从小处着眼，从点滴做起，"勿以善小而不为，勿以恶小而为之"，像张思德、雷锋等先进党员那样，在伟大的实践中，坚持党性，弘扬党性，锻炼党性，从而使自己的党性不断增强，不断升华。

群众是最好的老师。人们的社会存在决定人们的思想，社会生活的多样化决定了实践的多样性。在新的形势下，对于党员特别是党员干部来说，面对纷繁复杂的社会环境，"酒绿灯红"的侵蚀诱惑。要耐得寂寞，淡泊名利，坚定理想信念，坚定革命意志，保持共产党人的高尚情操，必须把个人的实践融入千百万群众的实践之中。离开了大的实践观，看到"酒绿灯红"的场所越盖越多，就认为追求享乐是合情合法的；看到腐败分子越来越多，就认为腐败是正常的必然的；看到招商引资靠的是大款大腕，就认为两极分化有理有利。以少数人的实践画线，实事求是就成了"实事求非"。智慧有它的偏见性，感觉有它的规律性，实践最有权威性。权威性在于绝大多数人的社会实践。毛泽东说过"任何英雄豪杰，他的思想、意见、计划、办法，只能是客观世界的反映，其原料或者半成品只能来自人民群众的实践中，或者自己的科学实验中，他的头脑只能作为一个加工工厂而起制成完成品的作用，否则是一点用处也没有的。人脑制成的这种完成品，究竟合用不合用，正确不正确，还得交由人民群众去考验。"群众中蕴藏着无尽的知识，群众中蕴藏着无穷的真理，群众中蕴藏着无畏的力量，群众中蕴藏着无惧的勇气。正是从这个意义上说，共产党员进行党性修养群众是最好的老师。深入群众向群众学习，空虚的头脑变实了，看看群众的干劲，听听群众的呼声，品品群众的生活，污染的心灵净化了。马克思主义、共产主义、社会主义的根子深扎在群众之中，我们的信心和信念也在群众之中。信心和信念的坚定说到底来自对马克思主义的信仰，消除信仰危机靠在灌输历史唯物主义和辩证唯物主义的基本理论中克服唯心论和形而上学，靠在深入社会、深入群众中端正思想路线。拜群众为师是医治理想信念动摇、道德滑坡的良方；是医治官僚主义、教条主义、经验主义的良药。坚持从群众中来到群众中去的工作路线，不但是解决群众反映强烈的突出问题，更重要的是在向群众的学习中增强党性，克服私心杂念，提高思想道德素质，改进工作方法。改造世界观，离不开群众实践这个广阔天地，离不开艰苦工作和生活的磨炼。许多同志有这样的体会，每到基层蹲一次点、当一次兵、代一次职，都能经受一次思想的洗礼、心灵的净化；每送一次老兵，都会掉一次眼泪，受一次教育；每完成一次急难险重任务，都能从官兵忘我拼搏的精神中受到感染；每下部队搞一次调查，都能从官兵身上学到很多东西。官兵是最好的老师，基层是最明亮的镜子。领导干部改造世界观，就是要老老实实向官兵学习，用官兵的优良品格和创新精神充实自己、教育自己、鞭策自己；就是要以实践为课堂，在深入调查研究、指导部队改革与建设的过程中，不断洗刷头脑中的"唯心"精神；就是要经常以基层为镜子，透过问题反思自身，大量地、经常地经受现实生活中各种"关卡"的考验。领导干部要做到四个普通：一是和机关干部研究问题时，以普通干部的身份参加，谁说的对就按谁的办；二是下去调查研究时，要以普通公民的身份，当好群众的小学生；三是参加组织生活时以普通党员的身份，认真汇报思想，虚心听取评议；四是在生活待遇上不争高低，有一颗平民心，愿意与群众同甘共苦。结合实际，向书本学习，向实践学习，向群众学习，就能学有所得，学有所悟，学有所成，不断提高境界，增长领导才干。伟大的真理往往隐藏在平凡之中，平凡的真理往往被广大群众所接受。领导在向群众学习中获得真理，在宣传真理中率领群众，从而推进党的事业不断走向成功。

　　教训是最好的教材。错误和挫折教训了我们，使我们比较地聪明起来。加强党性修养，促进自我改造，教训是最好的教材。教训包括别人的教训和自己的教训。聪明的人把别人的教训当作自己的教训，不去重蹈覆辙；愚蠢的人把别人的教训当笑话，哈哈一笑就忘了，别人怎么翻车他也怎么翻车。聪明的人把自己的教训刻骨铭心，不但哪儿跌倒哪儿爬起来，而且举一反三，跌一次跤增长多方面的智慧；愚蠢的人把自己的教训当过眼烟云，好了疮疤忘了疼，相似的跤摔了一次又一次。事业始于深思熟虑，成于求真务实，失于骄傲自满。真正的智慧不仅是对前人经验的应用，而且是自己的创新。不但要从自己经验中学习，更要从别人经验中学习；需要从成功的经验中学习，更要从失败的教训中学习，吃一堑长一智。不犯错误的人是没有的，犯了错误不改的人是常有的；掩盖错误，把一切错误归于别人，把一切功劳归于自己的人也是有的。死人、泥菩萨、胎儿才不犯错误。任何人不怕有错误，就怕不正视错误；不怕有教训，就怕不接受教训；应追求无错，但更要追求改错，因为无错是不可能的，改错才是可敬的。改错有几种方法：从事上改，就事论事；从态度上改，真心实意；从心理上改，接受教训是根本。知道自己的错误容易，但改正起来难；说清楚道理容易，但实践起来难。改正过失者勇气大，掩盖过失者欠磊落，坚持过失者铸大错。改过不但有利于提高自己的威信，也有利于净化自己灵魂。不喝几口水怎么能学会游泳？不摔几次跤怎么能学会走路？不经过苦难怎么能体会到幸福？不经历失败怎么能知道胜利的喜悦。经常反省过去，才是不断觉悟的人生；注重干好现在，才是有所作为的人生；着眼未来发展，才是伟大的人生。党性修养就是要善于转化，把烦恼转化为智慧，把痛苦转化为痛快，把上一次的教训转化为下一次的经验。毛泽东在总结自己的一生时说，一生干了两件大事，一件是把蒋介石赶到了台湾建立了新中国，另一件是发动了"文化大革命"。前一件拥护的人多，反对的人少；后一件拥护的人少，反对的人多。这两件事都没有完。我们正是从总结"文革"的教训开始了改革，从总结发展的问题中提出了科学发展观。也正是从总结经验教训的角度讲，历史让人明理，常讲常新，是一个永远发掘不完的富

矿。1931年夏天，时任连长的杨得志枪走火误伤民工。他
不吭声，也就悄然过去了。但他立即向上级报告，并主动
作检讨，受到留党察看和行政记过处分。不久，又撤销了
处分。有的同志说，就不必再在档案里填写了。而杨得志
同志认为，"处分是可以撤销的，但教训是不能够忘记的。
犯错误、受处分当然不是好事，但人生一世很难保证不犯
错误，重要的是从错误中吸取教训，引以为戒，以后少犯
错误或不犯大的错误。而且，让组织上和同志们了解自己
犯过的错误，则是一件好事"。所以，每次填登记表，他都
写上这个已被撤销了的处分决定。真正把教训当作最好的
教材，要做到：追求真理、追求上进；怕党、怕群众、怕
下级；自重、自省、自责、自励；慎初、慎独、慎微、慎
友。酒者毒肠之药，色者刮骨之刀，财者陷身之井，气者
损身之硝。物欲损身，权欲伤身，爱欲烧身。有意志者永
远支配习惯，而不被习惯支配；永远是习惯的主人，而不
是习惯的奴隶。贪钱能使人无恶不作，贪爱能使人粉身碎
骨。思想修养要做到七防：思想上防变，经济上防贪，工
作上防懒，学习上防浅，生活上防奢，交友上防乱，纪律
上防松。这些都是从思想道德修养的角度总结出的经验教
训，是最好的教材。

　　党性修养，智是进德之基，理论是世界观的基石。有
了较高的理论修养和知识素养，视野才能开阔，头脑才能
充实，精神境界才能不断升华。共产党员爱不爱学习理论、
是不是真学真信马克思主义，不单纯是个知识积累问题，
而是一个严肃的政治问题，是够不够党员资格的大问题。
一个党员连共产党是怎么来的都不知道，连《共产党宣言》
都没读过，连马克思主义的基本原理都说不上，还怎么谈

得上党性修养! 党员的一生, 是不断追求为共产主义奋斗的一生, 不断用革命理论武装自己、在实践升华自己的一生。要下决心排除干扰, 静下心来, 把更多的时间和精力用在读书学习上, 用在理论和实践的结合上, 要紧密联系形势和任务变化, 自觉用马克思主义洞察社会、明辨是非、审视人生。努力做到: 把党性修养的过程作为自我解剖的过程, 下工夫运用马克思主义基本观点、基本方法分析解决一些大是大非问题; 把修养的过程作为自我反思的过程, 敢于在思想深处进行剖析, 不断进行心灵的"吐故纳新"; 把修养的过程作为自我超越的过程, 勇于摒弃那些剥削阶级的、陈旧的、落后的东西, 确立起与时代要求相适应的思想道德。党员要通过党性修养切实汲取先进的思想理论成果和丰富的知识营养, 在不断的自我改造中, 使自己的思维层次和道德修养水平有一个新的提高, 当一个人生的成功者。

专 论

一、回答好"三个想一想"，做真正的共产党员

"德"是素质之"基"，是为官之"魂"。当好官首先要做好人，做"有为之官"首先要做"有德之人"。多年实践反复证明，干部有德无才干不成事，有才无德干坏事，德才兼备才能干大事。"德"的问题解决好了，才能走正路、树正气、干正事，始终保持领导干部应有的政治风范。要求各级领导下大力端正思想作风、学风和工作作风，说到底是要从世界观上解决问题；正在进行的党员先进性教育，从深层次上讲，也是要引导大家从世界观上解决问题，在政治上、思想上、工作上、作风上体现先进性。

我们党对加强领导干部思想作风建设、树立良好形象历来十分重视。这些年党中央从党的生死存亡的政治高度，对这个问题予以极大关注，提出许多重要思想。多次强调加强党的建设，号召领导干部带头讲学习、讲政治、讲正气，告诫大家经常想一想"当官做什么、参加革命为什么、身后留什么"，为我们加强世界观改造提供了根本依据。

（一）为什么人的问题是领导干部必须解决好的首要问题

大家经常讲，做人讲人品，做官讲官品，有什么样的人品就有什么样的官品。衡量人品官品的标准，只能从"为什么人"这个根本问题上找答案。"三个想一想"的重要意义，就在于引导我们正确回答这一根本问题。"参加革命为什么"，讲的是革命初衷；"当官做什么"，讲的是现实作为；"身后留什么"，讲的是历史评价。贯穿"三个想一想"的主线，是全心全意为人民服务。我们党从诞生那天起，特别是从延安整风以来，就把"全心全意为人民服务"写到自己的旗帜上。这就决定了我们在为什么人问题的选择上，只能把为人民服务作为为人处事、当官用权、思考身前身后的根本出发点和落脚点。实践一再告诉我们，谁在这个问题上想得深、解决得好，思想根子扎得牢，谁就能在生与死、得与失、荣与辱的考验面前站稳脚跟；谁对这个问题疏于思考、解决不好，就会淡忘党的宗旨，背离革命初衷，以至丧失党性和人格。有个师职干部在走向犯罪道路后，留下了这样的忏悔："过去总把全心全意为人民服务当作一个口号喊，现在在牢房里听到看到这样的字眼，则倍感惭愧，可惜的是悔之已晚。"类似的教训我们应该牢牢记取。

（二）加强世界观改造是经受考验、迎接挑战的迫切需要

这些年来，面对社会变革和转折的考验，面对权力金钱的考验，面对"酒绿灯红"消极影响的考验，绝大多数

领导干部在保持政治坚定和思想道德纯洁方面做得是好的，自身形象也是好的。但也要清醒地看到，我们在思想作风和道德修养上还存在一些突出问题。一是部分同志理想信念有所动摇。主要是政治观念有所淡化，思想深处存有疑虑，追求品位不够高尚，革命斗志有所减退。部队同志反映，"有些领导干部在理想信念上，表态与心态不一致，理论认可与实践认同不一致，顺境时与逆境时不一致。有的甚至会上讲真理、会下讲歪理，讲道理时比谁讲得都好听，做起来却大打折扣，人前人后两副面孔。""两面人"直接影响着教育效果。不少同志对马克思主义理论缺乏系统学习，对我党我军的优良传统缺乏深刻体验，也缺少严格的党内生活锻炼，理想信念的根基不很牢固。特别在遇到复杂矛盾、困难和挫折时，对一些重大是非界限容易模糊，有时甚至产生这样那样的思想疑虑。二是追名逐利、跑官要官的现象较为突出。有一些领导干部对个人的职务晋升看得过重，期望值过高，要起来理直气壮，跑起来脸不红心不跳，甚至"送礼求官"、"曲线要官"、"许愿给官"，在部队造成很坏影响。政治机关作为干部管理的"第一关口"，理应在选人用人上为党委领导把好关、当好参谋。但有些单位却存在着人情重于党性、感情重于原则、关系重于政策的问题，常常是经不住跑、经不住找。有些单位明知有的干部不符合提升条件，也一个劲地推荐上报，这不是一般的工作方法问题，而是一个严肃的党性原则问题。三是享乐主义、奢侈之风有所抬头。这些年，比阔气、讲排场的现象在各级各部门都有表现。特别是有些年轻同志，没有把心思和精力用到部队建设上，学习不刻苦，工作不勤奋，常常是出门就坐车，下去怕艰苦。大家经常议论的那种"富贵病"，我看相当一部分就是因为忙于应酬"吃"出来的，泡在酒桌上"喝"出来的，无所用心"懒"出来的，玩乐无度"疯"出来的。四是自由主义有所滋长。有的同志讲得好，"当领导的可以没有架子，但绝不能没有样子。"这个"样子"，很重要的方面表现在"慎言"上。有些领导干部在这方面把握不住自己，口无遮拦，说三道四，品头论足，什么话都敢讲，什么人都敢议论。有的甚至捕风捉影，动不动就写诬告信，个别单位到了"提谁告谁"的程度，干扰了领导精力，败坏了内部风气。五是工作作风不够深入扎实。有些机关作风漂浮、深不下去，对基层的情况不了解，对官兵的思想动态不掌握，对解决问题提不出好的建议。致使许多问题长期得不到解决。有的旅团机关和营连仅有几步之遥、一墙之隔，有些情况本来可以面对面问一问、讲一讲、抓一抓，也搞了许多文来文往、会来会去，这是有些工作落实不到位的重要原因。有的单位接连出现隐情不报、弄虚作假问题，结果"聪明反被聪明误"，自己砸了自己的牌子。部队工作出大问题可怕，隐情不报则是更可怕、更严重的错误。透过这些问题，可以清楚地看到，"三个想一想"，切中了当前领导干部思想道德和作风建设的要害，具有很强的现实针对性和指导意义。我们讲加强世界观改造，回答和解决"三个想一想"，就是要抓住这些问题，认真加以解决。

（三）"三个想一想"是共产党人世界观的生动体现

围绕落实"三个想一想"要求，各级都采取了一些有效措施，积极进行探索实践。要把"强化集体领导功能、增强党委领导效能"，作为党委落实"三个想一想"要求的重要切入点。"三个想一想"的主旨，是要求领导干部回答好"当一个什么样的官和怎样当官"的问题。"想一想"的过程，就是要以党的宗旨为镜子，自觉从政治素质、思想境界、党性修养等具体问题入手，在为人做官上追求新境界，树好新形象。正风气才能鼓士气，良好形象是无形的力量、有形的导向。人格形象好，就能更好地发挥真理的说服力、决策的号召力、原则的战斗力、感情的凝聚力。有位领导讲得非常形象："一个领导走上台，多少双眼睛投过来。下边看我们和我们看下边一个样，都是听其言、察其迹、观其行，都是通过领导干部的人格这个窗口来审读党的形象的。"有个资料把领导干部的人格形象分为三种境界：一种是"叫人怕"，另一种是"叫人敬"，再一种是"叫人爱"。可敬可爱，靠的就是良好的人格形象。领导干部，要自觉回答"三个想一想"，切实在落实先进性要求、树好先进性形象上有一个新的起点，使党的根本指导思想进入自己的头脑，内化为自觉意识，作为最高行为准则。

（四）回答好"三个想一想"，一定要联系实际、切实解决问题

"三个想一想"，实质上是一个自觉加强党性锻炼、改造主观世界的过程。这就要求我们注重联系实际，把突出问题解决好，在一些根本问题上作出正确回答。

第一，树立正确的理想信念，跟党走不变心。透视一些人犯错误的深刻教训，无非两条轨迹：一条是从政治上被打开缺口；另一条是从经济、生活上被打开缺口。两条轨迹的交汇点，就是理想信念发生动摇，必然带来政治上

的变质、道德上的堕落、生活上的腐化。确立坚定正确的理想信念，不是件容易的事，往往要经受严峻的考验。考验越严峻，越能显示出一个人的政治本色，越能检验出理想信念的根基牢不牢。有一位离休干部，是 1930 年参加革命的老同志，立过许多战功。他在几十年的革命生涯中，不仅经受过枪林弹雨的生死考验，遭受过"文革"期间不公正对待的考验，也经受过"法轮功"邪教和各种错误思潮的考验。不管遇到多少风雨和坎坷，从来没有动摇过对党的信念，没有在革命气节上丢过分。他把自己的毕生感悟概括为三句话："勤于学马列，一辈子跟党不糊涂；坚持讲科学，一辈子跟党不信邪；传好接力棒，一辈子跟党不变心。"这种孜孜追求、堂堂正气、铮铮风骨，对我们新一代领导干部坚定理想信念，是一部活生生的教材。年轻干部，经受政治风浪的考验少一些，怎样才能在新的考验面前，保持坚定正确的理想信念？我看就是要像老同志那样"勤于学马列"，以深厚的理论根底作为理想信念的基石；就要像他那样"坚持讲科学"，自觉强化科学观念、弘扬科学精神、树立科学态度、掌握科学方法；就要像他那样"跟党不变心"，不断强化"军魂"意识，自觉坚持党对军队的绝对领导。面对复杂的情况，要求我们始终保持坚定的政治立场、鲜明的政治态度和严格的政治纪律，在坚持党对军队绝对领导这个重大原则问题上，不能有丝毫含糊和动摇。

第二，正确使用手中权力，办事出以公心。能不能过好权力关，这是检验各级领导干部党性强弱的试金石。正确对待和使用权力，一要保持公仆之心，二要常怀畏惧之心，三要事事出于公心。对权力怎么看，部队有些领导同志认识是很深刻的。有个军分区司令员讲："一分权力、十分责任，权力越大、责任越重。"有个师政委讲："讲原则才能树权威，领导干部就是要视党性为政治生命。"有个政治部主任讲："领导干部最容易失去威信的是用权不公，最容易树立威信的是秉公用权，用权不公会使许多人心中流泪。"这些话对启发我们堂堂正正做人、清清白白做官、兢兢业业奉献都是很有教益的。权力能使人高尚，也能使人堕落。正因为如此，许多哲人把"权力"同"金钱、美色"，比喻为做官的"三大陷阱"，甚至称为"三大魔鬼"，提醒人们防范和警觉，个中道理发人深省。如果在用权上到了为自己什么都不怕的程度，那是非常危险的。

　　第三，正确对待职位名利，保持平常心。应该说，对职位问题一点不想是不现实的，关键是要以积极的心态去想，以应有的精神境界去想，以基本的党性觉悟去想。现在有两种很不好的现象：一种是，有些同志对待职位的出发点不端正，经常盘算着哪里可能空出个位置，想尽办法往上挤，就是有些素质相当好的同志也感到不跑不踏实；另一种是，每当提升一个干部，首先议论和猜测的是跑没跑、送没送、有没有背景。这两种现象都要理直气壮地反对。总体上看，走上各级领导岗位的绝大多数同志，是靠德才、靠政绩、靠扎扎实实干出来的。对用人上存在的不正之风，已经引起了各级的高度关注，从军委、总部到军区、部队，都采取了一些对策和措施，各级也在实践中探索了一些好的办法，这对正确选拔使用干部起到很好的导向和规范作用。随着制度的不断创新和完善，选人用人上的不正之风一定会得到有效遏制，部队上下将进一步形成靠素质立身、靠政绩进步的良好氛围。一个人职务的晋升，是由主观条件和客观机遇两个因素决定的。不少同志虽然素质不错，但由于位置受限，一时提不起来。看待职位名利，一定要有一种客观、积极、平常的心态，始终做到正确看待自己、正确看待组织。看自己要清醒一点，看别人要谦虚一点，看组织要知恩图报，这是一种基本的觉悟和应有的胸怀。这就要求我们看待名利职位，应与党和人民的事业紧紧连在一起。把这个问题思考清楚了，才能真正做到视名利淡如水、看事业重如山。更何况，人的欲望是没有尽头的，官当多大才算大，名有多高才算高，生活待遇多好才算好？如果刻意追求，心里就很难有平衡的时候。一个寺院门前有副对子："晨钟暮鼓警醒世上名利客，经声佛号唤起人间梦迷人。"某军区政治部一位老同志也写过这样一副对联：上联是"比上我不如人"，下联是"比下人不如我"，横批是"知足常乐。"这些话启示我们，任何时候都不能被名利所惑，要努力做到宠辱不惊、去留无意，得之淡然、失之泰然，始终在事业上保持进取心，在名利上保持平常心。

第四，保持健康的生活情趣，要有高尚的心。生活中的辩证法告诉我们，政治立场与生活情趣、"大节"与"小节"是很难分开的。对领导干部来讲，一言一行可能是官兵关注的焦点。有些人把交往庸俗、生活奢侈、吃喝玩乐当成生活小事而放纵自己，结果自毁了前程。国外领导人有这样的感叹："政治家没有私生话可言，一举一动都有政治。"部队中有些同志讲得也非常好，"生活中有政治、情趣上看形象，小节不保、大节难守，过好'政治关'离不开过好'生活关'"。过好"生活关"，根本的是要自觉保持艰苦奋斗的政治本色，这是抗住各种诱惑和腐蚀的法宝。

不管地位怎样变化、生活水平怎样提高，不论在"工作圈"还是"生活圈"、"社交圈"，都要想到自己是一个带兵人，想到政治干部的责任和要求，始终坚持以俭养德，时刻检点自己，保持健康向上的生活情趣，不能玩物丧志，不能为低级趣味所诱，有些事情普通百姓干了，只是一般的道德问题，而我们领导干部做了，就是党纪军规不容，这一点，我们一定要有清醒的认识。

第五，真心服务群众，要有公仆心。代表人民群众根本利益，对党来说是最大的政治，对党员领导干部来讲是根本的"德"。实践党的宗旨、回答"三个想一想"，都应把出发点和落脚点放在这里。一个领导干部只要心系群众、心系军营，始终与广大群众保持血肉联系，做人为官也就不会离"谱"出"格"。为什么有些同志身在群众之中，心里想的却不是群众的疾苦和痛痒，而是上级领导关注什么、喜好什么；为什么有的对上级领导机关交办的私事很认真，对群众的意见和呼声不当回事；为什么有的抓工作对能不能出名挂号、产生轰动效应想得很多，而对官兵需要不需要、部队建设有没有用则考虑较少，甚至干了一些上级表扬、官兵"骂娘"的事；为什么有的迎来送往大手大脚，花多少钱都不心疼，而为基层办实事、解难题的时候，则往往叫苦喊穷，我看症结就在于思想和感情疏远了基层，脱离了官兵，忘了本、丢了根，这是最危险、最致命的错误。强化群众观念，就要把官兵呼声和意愿作为工作指导的"第一任务"。想问题、作决策要认真倾听群众的意见，用干部、看政绩要注重群众公论。强化群众观念，就要把服务基层、服务官兵作为我们的重要职责。对基层的"这难那难"，不能喊在嘴上，而要真正挂在心上，拿出切实可行的解决措施；对涉及官兵切身利益的问题，要敢于从本级抓起，痛下决心，狠刹插手的歪风，不能喊得凶、抓得松。强化群众观念，就要把群众的评价作为衡量工作政绩的重要尺度。"政声人去后，功过自有评"，我们在一个单位工作，哪是政绩、哪是"败絮"，几分功劳、几分失误，基层看得最清楚，官兵评价最公道。

（五）解决好"三个想一想"问题，关键是要注重经常

改造世界观，回答"三个想一想"，贵在自觉、重在经常、成在实践。自觉才能有动力，经常才能促养成，实践才能见成效。具体讲有这样几点：

第一，要靠自身修养。当前值得注意的是，一些领导同志包括政治干部对学习马克思主义基本理论，表现出一种浮躁、肤浅和厌倦的情绪，有的甚至带着功利主义态度去学习，这样的学习效果可想而知。我们负有抓学习、抓教育的责任，个人爱不爱学习、是不是真学真信马克思主义，不单纯是个知识积累问题，而是严肃的政治问题，是够不够资格的大问题。不能有效地学习，就不可能实施有效的领导。要确实把学习作为自己的第一需要、第一责任、第一任务，始终保持不竭的学习动力。学习这些重要理论，一般地读读议议不行，关键是要挤出时间、深入钻研、善于总结、注重运用。

第二，要躬身实践。改造世界观，不单纯是思维过程。改造世界观，离不开日常工作和生活实践的磨炼。要经得起矛盾和困难的磨炼，困难是人生的"磨刀石"，越是困难越能锤炼我们的意志；要经得起失误和挫折的磨炼，善于

把教训当作财富，从一定意义上说，教训比经验更可贵；要经得起各种误会的磨炼，一个成熟的领导干部，既要"任劳"更要"任怨"，容人容事才能干大事；要经得起成绩和荣誉的磨炼，成绩要多往别人身上记，问题要多从自己身上找，这是一个领导干部应有的品格；还要经得起艰苦环境的磨炼，旅团主任身处一线，一定要经常蹲下去、蹲得住，自觉与官兵实行"五同"、打成一片。这样，我们的世界观改造就有了广阔而深厚的群众基础和实践基础。同时，各级党委要有意识地给下边交任务、压担子、搭舞台，激励大家创一流工作，在实践中锻炼成长。

第三，要自警自律。许多教训告诉我们，认识自我是最聪明的，战胜自我是最强大的。管住自己，才能干出成绩。一个管不好自己的领导干部，是没有资格教育别人、带领部队的。团以上领导干部大都受党教育十几年、几十年，对一些是非界限、政策界限、法律界限是清楚的。谁不知道收受礼物、跑官要官、插手敏感问题是错误的，谁不知道参与赌博、出入不健康娱乐场所是明令禁止的，之所以会出现明知故犯、知错犯错的问题，重要原因是经不起种种诱惑。一般来说，一个人在众目睽睽之下、在监督环境严格的情况下，大都注意检点自己，但在缺少监督的情况下，则容易自我放松。加强党性修养要把标准建立在自觉自律基础之上。提升有望时要自警自律，提升无望时也要严格要求，不能被"补偿"心理所左右；资历浅、任职时间短的同志要自警自律，资历深、任职时间长的同志也要严格要求，不能居功自傲、忘乎所以；8小时之内要自警自律，8小时以外也要严格要求。确实做到稳得住神、管得住身、抗得住诱惑，牢牢守住党性原则的防线、思想道德的防线和法规纪律的防线。做到这一点，才能显示出道德修养的高境界、真水平。

第四，要组织监督。自律和他律是密不可分的。对一个人世界观的形成来说，自律是内因、他律是外因；对整个党的建设来说，教育是基础、制度是保证、监督是关键。这就要求各级党委要进一步加大监督力度，每个领导同志要不断增强接受监督的自觉性。

世界观的转变是个根本的转变，改造世界观是一个终身课题，回答和解决"三个想一想"需要长期不懈的努力。要积极适应新的形势，勇于迎接新的挑战，不断加强学习和实践，努力做一名德才兼备、有所作为的新时期政治工作领导干部。各级党委要把加强领导干部思想作风和道德建设作为一件大事紧紧抓住不放，切实通过经常性的学习教育和党性锻炼，确保广大领导干部政治坚定和思想道德纯洁，真正成为实践党的宗旨的模范。

二、从解决"三个想一想"入手，增强党性锻炼的自觉性

"参加革命是为什么？现在当干部应该做什么？将来身后应该留点什么？"是新的历史条件和党的建设现状提出的严肃政治课题，也是领导干部党性锻炼需要终生思考和回答的重大问题。

（一）充分认识"三个想一想"的极端重要性，切实解决好"为什么想"的问题

贯穿"三个想一想"的主线是全心全意为人民服务、

加强世界观改造。必须全面把握其丰富的内涵，充分认清深刻的时代背景和现实针对性。首先认识这是形势的要求。苏联解体、东欧剧变，世界社会主义处于低潮，西方敌对势力加紧对我推行"西化"、"分化"战略；我国深刻的社会变革引发一些深层次矛盾和问题；各种错误思潮和腐朽思想文化侵蚀干扰，党内存在的腐败现象等，这些都对我们党员领导干部的理想信念、价值取向、道德观念、行为方式带来不同程度的冲击和影响，一些同志经受不住考验，犯了错误、栽了跟头。"三个想一想"正是顺应形势发展要求，确保我们党不断提高领导水平和执政能力、拒腐防变和抵御各种风险的能力，而提出的一个必须回答的重大现实课题。其次是个人的需要。虽然我们革命的初衷没改变，但对发展前进中的一些问题也有过疑虑和困惑；多年来在为党兢兢业业工作，但有时标准还不够高；党的宗旨始终没有忘记，但也有群众观念淡化的问题；始终注意了加强党性锻炼，但有时执行政策规定要求还不那么严格，等等，这都对我们加强世界观改造敲响了警钟。"三个想一想"，既是对领导干部的一种警示和提醒，也是政治上的最大关心和爱护；既是我们的为官之本，也是不断进取的动力之源。第三是群众的期盼。人心向背决定着一个政党的命运和政权的兴衰。当前，官兵最关注的是党风问题，最希望的是领导干部能够秉公用权、为兵服务，最佩服的是具有高尚人品官德的领导干部。"三个想一想"的主旨，是要求领导干部"立党为公、用权为民"，这就从根本上体现和反映了群众的意愿。领导干部在一定意义上讲是党的形象的化身、先进性的代表，回答和解决好了"三个想一想"，就能提高党的声誉和威望，做工作就有说服力，解决问题就有战斗力，团结群众就有凝聚力。

（二）紧密联系思想和工作实际，着力解决好"想什么"

落实"三个想一想"不能空泛议论，作一般性表态，必须注重联系实际，回答和解决好一些带根本性的问题。一是抓住坚定理想信念这个核心问题。联系近年来军内外一些党员领导干部发生的重大违法违纪问题，深感这些人之所以犯错误，主要是理想信念出现了偏差。革命的理想信念是领导干部的强大精神支柱，必须作为"三个想一想"的核心来解决。当前尤其要进一步强化"军魂"意识，把高举旗帜、维护权威、服从指挥作为第一位的政治要求，确保党对军队绝对领导的原则和制度在部队贯彻落实。要深化理想信念教育，认真总结和运用这几年的经验做法，切实把理想信念教育与形势任务和部队各项工作、活动有机结合起来，确保教育的经常化和有效性。打好思想政治上的主动仗，对各种政治笑话和自由主义言论，及时组织官兵进行有力的批驳，不断澄清各种模糊认识。二是抓住谋"打赢"的问题。军队领导干部落实"三个想一想"，当前最重要、最迫切的就是要想"打赢"、谋"打赢"，这是宗旨所系、职能所在。要把方方面面的力量向"打得赢"上"聚焦"，把现有装备特别是新装备成建制、成系统形成作战能力作为重要环节来抓；大力推进"人才培养系列工程"，尽快建立一支与部队现代化建设和现实军事斗争准备相适应的高素质人才队伍。通过扎实有效的工作，努力实现军委领导提出的"战必用我、用我必胜"和"一锤定音"的要求。三是抓住正确使用手中权力问题。用权为公还是以权谋私，是每个领导干部必须回答的一个关键问题。面对利益的诱惑、"人情风"的干扰、各种歪理和腐朽思想的侵蚀，尤其需要经常想一想"权力是谁给的？用权干什么？"时刻保持公仆之心，常怀畏惧之心，事事出于公心，慎重用权，正确用人。继续建立和完善领导干部正确用权的监督约束机制，抓好各项制度规定落实，在官兵中树立起良好形象。四是抓住改进领导作风问题。各级在改进领导作风方面，做了不少工作，但离新的形势任务和党中央的要求还有不小差距，尤其是一些领导和机关中还不同程度存在着官僚主义、形式主义的现象，不仅损害党和领导干部的形象，也对部队建设带来一定的影响，必须把改进领导作风作为"三个想一想"的重要内容来抓。在思想作风上要更加求实。坚持解放思想，更新观念，勇于创新，把落实上级指示与本单位实际结合起来，创造性地抓好工作落实，防止和克服照抄照转、说大话套话和空表态的现象；要敢于揭短求实，大力支持那些讲原则、讲真话、报实情的人，对个别单位存在的治军不严和弄虚作假、报喜藏忧等问题，要严肃查处并追究有关领导责任。在工作作风上要更加扎实。坚持深入基层，调查研究，扎扎实实为基层办实事、解难题。不仅要从物资经费保障上搞好服务，而且还要树立"大服务"观念，在政策规范、理论指导、理清工作思路、搞好典型宣传、加强人才培养等方面搞好全方位服务。在学风上要更加务实。坚持理论联系实际，知行统一，说做一致，防止学用脱节。团以上党委中心组理论学习、集中轮训和个人自学，都要突出重点，解决好个人思想和部队建设中的现实问题。团以上各级党委每年结合召开民主生活会，党委成员都要把运用所学理论解决问题的情况作为述学的重要内容。始终以党的事业为重，在名利上保持平常之心，在工作上保持进取之心，在生活情趣保持慎独之心，真正给后人留财富，不留包袱；留经验，不留遗憾；留风范，不留骂名；留贡献，不留麻烦。

（三）自觉加强党性修养和实践锻炼，真正解决好"怎么想"的问题

"三个想一想"实质是个加强党性修养、不断改造主观世界的过程，贵在自觉，重在经常，成在实践。解决好"怎么想"的问题，关键做到以下几点：一是要结合学习想，夯实世界观改造的理论基础。"三个想一想"只有建立在牢固的理论基础之上，才能想得深、想得准。尽管这些年理论学习一直没有放松，但不懂不通的东西仍然不少，必须把加强学习作为自己的第一需要、第一责任、第一任务，始终保持不竭的学习动力。自觉用马克思主义的立场、观点、方法和党的理论创新成果观察社会、明辨是非、审视人生，真正把学习的过程变成自我解剖、自我反思、自我超越的过程，不断提高思维层次和思想水平。二是紧贴工作实际想，努力提高精神境界和领导水平。正确的认识来源于实践，世界观的改造更离不开实践。要像姜立升那样"视战士高于自己、学战士提高自己"，自觉用官兵的优良品格充实自己、教育鞭策自己。要深入实际调查研究，倾听官兵的呼声，了解基层的疾苦，集中群众的智慧，使领导决策更加符合基层实际和官兵愿望。要经常透过基层的问题，反思领导机关的责任，不断改进工作，提高决策水平。三是要发动群众帮着想，自觉接受官兵监督。进一步拓宽民主监督渠道，完善监督机制。军区每年结合常委

民主生活会和党委全会，分别召开机关部门和部队领导、基层代表座谈会，广泛听取意见建议。军以下党委常委要结合民主生活会搞好述职，发动群众进行民主评议。领导干部要严格落实过双重组织生活制度，虚心接受党内外群众的批评和监督。四是联系自身思想变化想，不断强化自律意识。高级领导干部与普通干部相比，往往听到的赞扬话多听到的批评话少；管别人的时候多，被别人管的时候少：面对的诱惑多，来自外在的约束少，自律尤为重要。高级领导干部，虽然参加革命的时间比较长、资历比较老，但自律意识和自我改造绝不能有丝毫放松；人人都有个年龄到杠、职务到顶的问题，但言行上不能过杠、工作上不能封顶；在位工作时间有限，但为党的事业奉献无限。应自觉按照"自重、自省、自警、自励"的要求，严于律己，保持气节，牢牢守住党性原则的防线、思想道德的防线和法规纪律的防线。

三、大力弘扬共产党人的浩然正气

讲正气，是马克思主义理论的基本内容，是中华民族和我们党的优良传统，是每个共产党员应具备的基本品格。因为讲正气，马克思主义才能在人民群众心中扎根，中华民族才能逐步兴旺和发展起来，中国共产党才能由小到大、由弱到强，成为领导亿万群众的有号召力的党，赢得广大人民群众的信赖和支持。也正是因为有了这个浩然正气，中国共产党领导全国人民在夺取革命胜利和建设社会主义的伟大斗争和实践中，逐步形成了伟大的井冈山精神、长征精神、延安精神、抗洪精神，哺育了一代又一代像张思德、雷锋、焦裕禄、孔繁森式的优秀共产党人。可以说，讲正气是我们党最大的政治优势。但是，在改革开放和发展社会主义市场经济的过程中，由于种种原因，党的全心全意为人民服务的宗旨和艰苦奋斗的好传统、好作风在一部分党员和干部中淡忘了，有的热衷于吃喝玩乐，请客送礼，拉关系、串门子，跑官要官；有的习惯于搞形式主义，做表面文章，只图虚名，不干实事；有的奢侈浪费，讲排场，比阔气，肆意挥霍公款；有的以权谋私，搞权钱交易；还有的贪污受贿，腐败堕落。这些虽然是少数人所为，但严重败坏了党的声誉，严重影响社会风气，如果不坚决加以治理，"后果将不堪设想，就有亡党亡国的危险"。

领导干部讲正气，应从以下三个方面努力：

（一）要加强自我修养

这是讲正气的根本。作为党员，加强党性修养，就是要扎深全心全意为人民服务的思想根子，不断清除形形色色的个人主义；扎深艰苦奋斗的思想根子，不断清除形形色色的享乐主义；扎深密切联系群众的思想根子，不断清除形形色色的官僚主义；扎深求真务实的思想根子，不断清除形形色色的形式主义。不管形势和任务怎么变，全心全意为人民服务的宗旨不能变，密切联系群众的作风不能变，从群众中来、到群众中去的工作路线不能变。离开和背离了这些，我们党就丧失了生存的基础和条件，就丧失了生命力和战斗力。作为领导干部，加强党性修养，一是要用好权力，不能以权谋私。二是要选好用好干部，不能任人唯亲。三是要搞好决策，不要主观武断。古人讲，不谋全局者不足以谋一域，不谋万事者不足以谋一事。要始终持从群众中来、到群众中去的工作路线，使我们的每一项决策既符合上级指示精神，又反映群众的意愿，无论任何时候都经得起历史的检验，经得起上级的检查，经得起群众的监督。四是要做好样子，不能说做不一。领导干部，特别是高级干部必须以身作则，言传身教。

（二）要积极开展批评与自我批评

这是讲正气的动力。批评与自我批评是解决党内矛盾和问题的法宝。正气与歪风是矛盾的对立统一体，同时并存，相伴而生。讲正气必须抵制歪风，抵制歪风才能讲正气。我们一些单位之所以风气正，上下团结一致，一个很重要的原因就是批评与自我批评开展得好，党内民主生活正常，使一些不良倾向及时得到了遏制；有一些单位之所以正气讲不起来，歪风盛行，其根本原因就在于党内生活不正常，批评与自我批评开展不起来，致使小问题成了大问题，个别问题发展成了倾向性问题。批评与自我批评开展不起来，主要根子是好人主义，有私心杂念。批评上级怕打击报复，批评下级怕丢掉选票，批评同级怕搞僵关系，自我批评怕影响个人形象，有的自身有问题，怕批评别人会引火烧身，还有的错误地认为把班子的矛盾和问题公开化，会把班子搞散。凡此种种，导致的结果往往是明哲保身，以息事宁人的态度对待班子内的问题，求得一团和气。即使开展批评也是隔靴搔痒，以提希望代替摆缺点，以讲面上的情况代替讲具体人的问题，甚至把批评与自我批评搞成了表扬与自我表扬。开展批评与自我批评，解决批评难的问题，首先要从提高认识入手，站在党性的高度来认识批评与自我批评对于维护党的纯洁性、增强党的战斗力的极端重要性，要认识到自我批评是觉悟，互相批评是帮助，下级批评是信任，领导批评是爱护，以整风精神开展批评与自我批评，自觉同各种错误思想和行为作斗争。其次，开展批评一定要从自己开刀，正、副书记要带头，要实事求是地讲自己的问题，深刻分析产生问题的原因及教训，同时以虚怀若谷的态度接受大家的批评。批评难，自我开刀就不难，书记带头就不难。再就是，要注意讲究方法。要讲原则、讲政治，不要纠缠小事；要摆事实讲道理，不要就事论事；要以解决问题为出发点，不要秋后算总账。只要我们按照毛主席所讲的那样，为人民的利益坚持好的，为人民的利益改正错的，批评难的问题就一定可以解决，批评与自我批评就一定可以开展起来，我们这个队伍就一定会兴旺起来。

（三）要自觉接受监督

这是讲正气的保证。毛泽东同志讲过，共产党是为民族、为人民谋利益的政党，它本身决无私利可图。它应该接受人民的监督，而决不应违背人民的旨意。它的党员应该站在民众之中，而决不应该站在民众之上。各级党组织对领导干部要严格要求、严格管理、严格监督。现在有的干部职务升了，权利大了，对自己的要求却放松了；权利一大，直接监督他的人就少了，利用他、为他抬轿子的人就多了。如果自己不警惕，组织上又不及时教育和监督，就容易出问题，甚至出大问题。失去监督的组织是一个腐败的组织，失去监督的个人终究要犯错误。古往今来，这样的典型数不胜数。因此，每个党员干部特别领导干部一定要自觉接受来自各个方面的监督。一是要自觉接受组织监督。要认真坚持双重组织生活制度，特别是要经常参加党小组生活，经常向党支部汇报思想，不断增强党性观念，不当特殊党员；二是要接受制度监督。要模范遵守党章、党的各项纪律和规章制度，凡是有违党纪党规的事情，坚绝不能办。坐车要按标准配发，住房要按标准，使用公勤人员要按编制，人际交往要讲党性。凡不该去的地方坚决不能去，凡不该要的东西坚决不能要，凡不该插手的事情坚决不能插手。三是要接受群众监督。要利用多种渠道，采取多种方法，主动听取群众意见，接受群众的批评。要经常与部属谈心，既了解情况，又增进感情，始终把自己根植于群众之中。四是要自觉接受舆论监督。经常学习先进典型的事迹，对照他们找差距；对于反面典型，也要经常进行反思，引以为戒，逐步使自己成熟起来，像毛主席教导我们的那样，努力做一个高尚的人，一个纯粹的人，一个有道德的人，一个脱离了低级趣味的人，一个有益于人民的人。

四、适应市场经济要求确立新的思想观念

我国围绕建立社会主义市场经济体制进行深化改革已进入关键时期，许多与发展市场经济相配套的重大改革措施已经或正在陆续出台，其中特别是劳动人事、价格、工资、住房、医疗、招生以及分配等制度的深化改革，使各种利益关系的调整变为直接现实问题；同时，随着改革的深化，社会上各种消极因素也正不断地向部队渗透，致使官兵的人生观、价值观遇到了新的挑战，部队的思想政治工作面临的情况更加复杂。如何做好深化改革中的政治工

作，是摆在各级领导和政治机关面前的一个重大课题。在这种形势下，部队的政治工作，一方面要正视变化，处变不惊；另一方面要研究这些变化，适应这些变化，用新脑筋、新思想来寻找对策和办法。

（一）对涉及官兵切身利益的改革政策和措施，应引导大家转变观念，积极适应

现在国家出台的一些改革措施，都是从适应建立社会主义市场经济体制的要求，从解放和发展生产力的需要，从全国人民的根本利益出发提出来的。这些新的改革措施，是对旧体制、旧政策的否定。有些改革，就个人来讲不一定马上能得到实惠，甚至还可能会使个人利益暂时受到一些损失。这是正常的。对这些问题，要教育大家自觉站在全局上，从长远利益出发来认识，用新观念、新思路来看待。如果我们的思想还是停留在以往的认识上，势必会这也不理解，那也不适应，甚至会产生抵触情绪。就拿大家普遍关心的军队转业干部安置问题来说，都希望党中央能给予更好的政策，这种心情是可以理解的。但就我们个人来讲，更重要的是要使自己的思想适应发展的形式，用新的眼光来看待这个问题。要看到，市场经济的发展，本身就要求人才必须走向市场。从未来趋势看，军队转业干部的安置也必然要与人才市场接轨，采取多条腿走路的办法。如果我们还是抱着一些老观念不放，就必然会在市场经济的大潮中陷入被动。所以，对国家出台的一些新的改革措施，理解它的最好办法，就是自觉地更新思想，顺应改革和形势发展的需要。只要真正确立起新的思想、新的观念，就能遇事想得开、想得通，也就能够真心实意地拥护改革、

支持改革。

（二）对官兵在人生观、价值观方面反映出的问题，要坚持先进思想理论的灌输，讲牺牲、讲奉献

市场经济运行的是等价交换和利益驱动原则，这与我军历来提倡的全心全意为人民服务和无私奉献精神，确实存在着矛盾。对这个问题应当怎么看？发展市场经济，讲求物质利益原则是必要的，但这种原则只能通行于经济领域，而不能侵蚀到政治领域和党内生活中来，更不能因此改变我们军人的价值观、道德观。我国的市场经济之所以是"社会主义"的，其中的关键也在这里。资本主义发展市场经济，往往是以道德沦丧为代价的。我们绝不能再走这条路。我们党提出在发展社会主义市场经济中要大力加强社会主义精神文明建设，提出以"八荣八耻"为主要内容的社会主义荣辱观和社会主义核心价值观就表明了这一点。我军作为党领导下的人民军队，本身的性质决定了它必须要有先进的思想。因为军人的事业是奉献的事业，不要说在战场上要经受血与火的考验，就是在平时，也要随时准备执行急难险重的任务，这些都是无法用金钱来衡量的。所以，在市场经济大潮冲击面前，还是要理直气壮地讲理想、讲牺牲、讲奉献，还是要坚持用先进的思想和理论灌输部队。没有这一条，很多问题就讲不通，不但无法凝聚军心，而且也就很难保持人民军队的性质。要"以科学的理论武装人，以正确的舆论引导人，以高尚的精神塑造人，以优秀的作品鼓舞人"，就一定要大力加强部队的思想政治教育，坚决反对和抵制拜金主义、享乐主义和极端个人主义，引导官兵弘扬主旋律，树立远大的理想追求、

高尚的道德情操和无私的奉献精神。

（三）对地方改革的经验既要学习，又不能照抄照搬

大量事实告诉我们，地方改革开放和社会主义市场经济的发展，给部队政治工作提供了许多值得借鉴的经验。他山之石，可以攻玉。把这些经验引进来，对增强政治工作的活力是很有益处的。在这方面我们应打开思路，开阔视野，注意学习和借鉴。但是，军队借鉴地方的经验，必须从"特殊武装集团"这个实际出发，不能盲目照搬。实践证明，在现实生活中，有些东西允许在地方存在，并不都允许在部队存在；在地方是可行的，在部队则是不行的。比如，运用罚款等经济手段进行管理，在地方是可行的，在部队则是不允许的。所以，学习地方的改革经验，必须要有鉴别、有选择地加以利用，切不可盲目、盲从。还应当看到，当前社会上确实存在不少消极腐败现象，对这些问题，应贯彻疏堵结合的原则，该堵的就要坚决地堵住，绝不能让那些消极腐朽的东西在部队蔓延。同时，还要认真做好疏导的工作，坚持用健康向上的军营文化占领部队的思想阵地，经常不断地抓好拒腐防变的教育，从根本上增强官兵抵制腐朽思想侵蚀的免疫力。

五、改革开放条件下要始终保持我军政治本色

我军的优良传统和作风，是我军的传家宝。时代变了，体现我军性质、宗旨的优良传统永远不能变，越是改革开放，越是要发扬我军的优良传统。

（一）建设中国特色社会主义的理论是当代中国的马克思主义，必须把它作为改革开放条件下指导我军建设的思想武器，强化坚定的政治信念

马克思主义是我军坚定政治信念的强大精神支柱，没有这种强大的精神支柱，就没有南昌起义、秋收起义，就没有抗日战争、解放战争和新民主主义革命的胜利。伟大的信念产生伟大的精神，伟大的精神孕育伟大的军队；伟大的军队创造伟大的奇迹。新时期发扬坚定信念的光荣传统，我们的事业就永远充满着勃勃生机。

当前，在信念上总的说来是坚定的，也存在着一些思想偏差。分析其原因，主要是对建设有中国特色社会主义的理论领会不深，对判断姓"资"姓"社"的标准模糊不清，对党的基本路线与部队建设的关系认识不高。因此，要更加自觉地坚定政治信念，就要认真学习党的方针、政策，学习建设有中国特色社会主义的理论，真正使每一个干部、战士自觉做到：形势好时政治信念坚定，形势发生变化时，政治信念同样不动摇；顺利发展时政治信念坚定，出现逆境时，政治信念同样不动摇；给个人带来实惠时政治信念坚定，自己的利益受到损失时，政治信念同样不动摇。

（二）"党指挥枪"是我军的建设原则，必须把它作为改革开放条件下我军建设要始终不渝坚持的重大课题，强化"听党话"的观念

我们这支军队，是党缔造的、执行革命政治任务的武装集团。军队的性质和宗旨决定了我军必须听党的话。坚

持党的绝对领导，这是我军建军的根本原则，也是我军优良传统的核心内容。坚持这条原则，我军就从胜利走向胜利，放弃这条原则，我军就走弯路，这是历史的经验教训反复证明了的一条真理。在新形势下，我们作为"听党指挥"的传人，作为人民民主专政的坚强柱石和保卫社会主义祖国的钢铁长城，只有更加自觉地听党的话，坚持党对军队的绝对领导，才能担负起党和国家赋予我们的神圣使命。

在坚持党对军队的绝对领导方面，目前部队的整体情况是好的，但还存在不少薄弱环节，还不适应改革开放的新形势。各级党组织、广大党员都应当在思想上引起高度重视，认真加以解决。一是要有清醒的政治头脑，一切以党的利益为利益，一切以人民的利益为利益，不搞非组织原则的活动。二是要有敏锐的洞察力，从政治合格、部队稳定、履行职能的高度，实施党的绝对领导。三是要严格执行和维护党的"个人服从组织，少数服从多数，下级服从上级，全党服从中央"的铁的纪律。

（三）团结就是力量就是胜利，必须把它作为改革开放条件下我军建设要齐心协力维护的生命线，强化"五湖四海"的思想

团结是军队出凝聚力、战斗力、创造力的主要源泉和胜利的基础。我军多年的历史经验反复证明，什么时候我们内外团结搞得好，我们的队伍就兴旺，革命和建设事业就蓬勃发展。相反，当团结受到损失时，我们的力量就会受到削弱，我们的事业就受到挫折。我军所以能不断发展壮大，从根本上说，一个是靠马列主义信念和党的正确领

导，一个就是靠牢固的军民团结和官兵团结。军队的基础在士兵，官兵团结，才能把来自"五湖四海"的战友拧成一股绳，最大限度地调动广大官兵的积极性、创造性，顺利完成各项任务。

在新的历史条件下，我们有些单位在团结方面还存在一些问题。有的干部还程度不同地存在着离兵现象；有的"班子"还存在着扯皮、内耗现象；有的单位与当地群众还有些摩擦。这些问题不解决，直接影响着部队的凝聚力和稳定。加强官兵团结，干部要有一个很高的认识，切实把团结当作部队建设的生命来抓；各级领导班子要和衷共济，同心同德，坚持民主与集中的统一，不搞个人说了算；要一心为公，树立全局观念；要坚持"以兵为本"，端正对战士的根本态度；要坚持"五湖四海"，自觉维护和搞好上下左右之间的团结；要加强修养，互相学习，取长补短；要互相关心、爱护、帮助，不要互相拆台、闹无原则的纠纷。在军民关系上，按照"同呼吸、共命运、心连心"的要求，积极支持和参加地方的经济建设。

（四）全心全意为人民服务是我军的唯一宗旨，必须把它作为改革开放条件下我军建设的根本目的和要求，强化甘愿奉献的精神

坚持全心全意为人民服务的唯一宗旨，就是军队的一切都要以人民的利益为最高利益和根本目的。无论何时何地，为了这个利益和目的，是刀山敢上，火海敢闯，逆流敢顶；哪怕是献出自己的宝贵生命，也在所不惜！这是我军区别于其他一切军队的显著标志，也是我军的优良传统。

在改革开放的新形势下，人民利益的目标发生了转变，

已不再是战争年代的那种推翻压迫和剥削，而是带领人民群众摆脱贫困、奔向"小康"。正是伴着这种转变，部分官兵为人民服务的奉献精神也开始有些松动了，价值观也在悄悄发生着变化。在这种情况下，如果忽视我军的宗旨教育，就会使部分官兵在利益关系调整面前心理失衡，甚至不安心部队工作。因此，当前抓好宗旨教育，仍然是我们政治工作的一个重要问题。一是要进行军人职业教育，强化奉献精神。军人的职业，就是一种奉献的职业。越是改革开放，越是要强调为人民服务的宗旨；越是发展市场经济，越是要提倡奉献精神。二是顾全大局、讲忍耐，摆正整体利益与个人利益的关系、国家利益与军队利益的关系，积极参加社会主义革命和实践。三是用身边的典型教育部队，激发官兵的奉献精神。

（五）艰苦奋斗是我军的政治本色，必须把它作为改革开放条件下我军建设立于不败之地的根本措施，强化吃苦创业的意识

艰苦奋斗体现了无产阶级军队最能吃苦、最彻底革命的精神，正是因为有了这种精神，才为我军培养了一代又一代新人。改革开放，给我国的经济建设带来了勃勃生机，使人们的思想观念发生了重大变化。同时艰苦奋斗的传统也遇到新的挑战。有的人认为"时代不同了，艰苦奋斗过时了"，在军营里程度不同地滋长了的奢侈之风。因此，在改革开放的新形势下仍然要教育部队发扬艰苦奋斗的精神。

要教育部队懂得，艰苦奋斗作为一种精神永远不会过时，在改革开放发展市场经济的大潮中仍然具有现实意义。提倡艰苦奋斗，不是否定改革成果，而是利益调整的需要；

不是降低人们的期望值，让人去做"苦行僧"，而是在本职岗位上做出第一流成绩的需要；不是降低军人对物质利益的正当要求，而是军人这种职业的特殊性质的需要。要大力提倡忘我工作的拼搏精神，真正把艰苦奋斗的传统继承下来，永葆军队的政治本色。

六、着眼履行新世纪新阶段我军肩负的历史使命，努力为建设小康社会作贡献

建设小康社会，关系到最广大人民的根本利益，关系到巩固党执政的社会基础、实现党执政的历史任务。要建设小康社会的各项要求，贯彻到军事、政治、后勤、装备各项建设和工作中去，促进部队全面建设的协调发展和整体推进，不断提高我军的革命化、正规化、现代化建设水平。

（一）要牢固树立大局观念，坚持国防建设与经济建设协调发展

一是要正确处理国防建设与经济建设的关系。国防建设是国家总体建设的重要组成部分，军队建设是建设小康社会的重要基础。党的十六大提出的国防建设与经济建设协调发展的方针，是我们党对国防建设和经济建设内在规律的科学总结，既是强国之策，也是强军之道。集中精力把经济建设搞上去，不断增强经济实力，是解决包括国防和军队建设在内的所有问题的重要前提和物质基础。只有经济发展了，国防和军队现代化建设才能不断发展。我们要正确处理好改善军人待遇与强化牺牲奉献精神的关系，

始终保持人民军队的性质、本色和作风，自觉体谅国家的难处，自觉为党为国分忧，正确对待利益调整，坚决拥护和支持国家和军队深化改革的政策措施，把为建设小康社会作贡献的强烈愿望，落实到服从大局、支持改革的实际行动上，落实到甘于吃苦、乐于奉献的实际行动上。

二是要正确处理国防资源与经济资源的关系。经过改革开放30年的发展，我国的经济实力上了一个大台阶。新世纪新阶段我国经济的不断发展，必将为国防和军队现代化建设创造更加有利的条件。作为军队后勤建设来讲，就是要强化"大保障"观念，积极借鉴社会经济的管理模式、管理方式、管理机制，不断提高军事经济效益；就是要强化"拿来主义"的观念，积极借鉴、引进和消化先进的民用技术，不断提高军用技术的自主创新能力；就是要强化"人才共享"的观念，不断完善"但为我所用、不为我所有"的人才引进模式，不断提高后勤人才队伍的整体素质。总之，我们要打破计划经济时代的思维方式，运用市场经济的思维方式统筹好后勤各项建设，不断提高后勤保障能力。

三是要正确处理国防需求与国家投入的关系。从我军的实际看，近年军费虽然增长了，但要保障好230万军队，始终存在着突出的供需矛盾。正确处理国防需求过大与国家投入不足的矛盾，对整个军队来讲，就是要运用集成的方法，对军队建设的各种要素进行系统整合，防止和克服条块分割、重复建设的问题，确保以最小的投入取得最大的产出。对军队后勤来讲，就是要坚持勤俭建军的方针，立足于国家给的军费，保障军队现代化建设和军事斗争准备。特别要大力弘扬艰苦奋斗的精神，坚决反对大手大脚、铺张浪费、盲目攀比的风气，真正把有限的经费用在刀刃上。

（二）要忠实履行历史使命，切实为建设小康社会提供坚强的安全保障

我军在新世纪新阶段的历史使命，即"三个提供、一个发挥"，就是为党巩固执政地位提供重要的力量保证，为维护国家发展的重要战略机遇期提供坚强的安全保障，为国家利益的拓展提供有力的支撑，为维护世界和平与促进共同发展发挥重要作用。我们要切实增强忧患意识，密切关注世界战略格局的发展，关注台海局势的走向，关注社会各种不稳定因素的影响，为建设小康社会创造稳定的社会环境和良好的国际环境。

一是要始终坚持党对军队的绝对领导。中国的和谐发展，需要可靠的政治保证和组织保证。没有共产党的领导，国家就要出大乱子，就会处在四分五裂的状态，就没有和谐发展可言。坚持党的领导，是实现社会和谐的根本保证。我们要不断强化军魂意识，始终坚持党对军队绝对领导的一系列根本原则和制度，更加紧密地团结在党中央周围，确保在任何时候、任何情况下，都坚决听从党中央、中央军委指挥；要时刻保持政治上的高度警觉性，坚决抵制西方敌对势力的"西化"、"分化"图谋，抵制"军队非党化、非政治化"和"军队国家化"等错误思潮的影响，确保党从思想上、政治上、组织上牢牢掌握部队；要始终坚持与党同心同德，对那些敢向党叫板、与党的政策主张唱对台戏的人，要坚决予以打击，决不手软。

二是要加紧做好军事斗争后勤准备。十届人大三次会

议通过的《反分裂国家法》，对采取非和平方式解决台湾问题作出了明确规定，对我军履行好新世纪新阶段肩负的历史使命，提出了很高的要求。我们要切实把新时期军事斗争后勤准备作为最重要、最现实、最紧迫的战略任务来抓，做到重视、重视、再重视，落实、落实、再落实，以临战的姿态和实战的标准，确保各项工作准备到位，确保党中央、中央军委一声令下，我们能够有效地履行保障打得赢的神圣使命。

三是要积极推进中国特色军事后勤变革。我们要实现和平发展，要维护国家安全和利益，要维护世界和平与促进共同发展，必须有强大的军事实力作后盾。我们必须切实拓展我们的安全战略和军事战略视野，不仅关注和维护国家生存利益，还要关注和维护国家发展利益；不仅关注和维护领土、领海、领空安全，还要关注和维护海洋、太空和电磁空间安全以及其他方面的国家安全。对整个军队来讲，要保证中国和谐发展，需要建设一支与我国地位相称和我国发展利益相适应的军事力量，提高应对危机、维护和平、遏制战争、打赢战争的能力。对军队后勤来讲，我们要积极推进中国特色军事后勤变革，努力实现指挥自动化、保障社会化、供应标准化、管理法制化，坚定地朝着"建设信息化后勤、保障打赢信息化战争"的目标迈进，不断提高后勤现代化建设水平。

（三）要积极创建和谐军营，努力在建设小康社会中走在前列

军队历来是我们党的路线方针政策的坚定维护者、积极宣传者和忠实执行者，在建设小康社会中要继续走在全

社会的前列，不仅要在维护和谐中当柱石，也要在创建和谐中作先锋。我们一定要坚持以马列主义毛泽东思想为指导，深入贯彻科学发展观，按照党中央关于建设小康社会的部署要求，紧密结合部队建设实际，以提高部队战斗力、保障力为目的，以促进官兵全面发展为核心，以融洽内部关系为内容，以官兵广泛参与为载体，大力创建富有时代气息和我军特色的和谐军营，努力形成部队建设整体推进、内部关系和谐融洽、创新活力竞相迸发、官兵得到全面发展的生动局面。

一是要牢固树立"以人为本"的思想。要牢固确立基层至上、士兵第一的观点，坚持把基层官兵赞成不赞成、拥护不拥护、高兴不高兴、满意不满意作为建设和谐军营的重要标准，做到在推进部队建设中促进官兵的全面发展，用增强官兵素质中提升部队建设水平，实现官兵全面发展与部队整体发展。要端正对官兵的根本态度，既要坚持教育人、引导人、鼓舞人、鞭策人，又要做到尊重人、理解人、关心人、帮助人，使官兵的人格得到切实维护、个人价值得到真正体现，积极鼓励官兵干事业，大力支持官兵干成事业，热心帮助官兵干好事业，激励广大官兵在部队建设中贡献聪明才智。要千方百计解决官兵的实际问题，重视官兵正当的利益需求，体察官兵的疾苦，时刻把官兵的冷暖挂在心上，真心实意地为官兵办实事、解难事、做好事。

二是要牢固树立"协调发展"的思想。要始终坚持和落实科学发展观，认真落实"五句话"总要求，正确处理"固强"与"补弱"的关系，始终坚持军事、政治、后勤、装备等各项建设协调发展，既要突出重点工作，又要兼顾一般工作，既要重视硬件建设，又要重视软件建设，既要抓好基层建设，又要抓好机关建设，既要实现局部跃升，又要带动整体推进，确保部队建设的协调发展、全面提高。要大力发展良好和谐的内部关系，建立和谐的官兵关系、上下关系、同志关系，保持部队强大的凝聚力和战斗力。

三是要牢固树立"领导带头"的思想。领导的模范形象和表率作用，是创建和谐军营的根本保证。各级领导要自觉做维护团结的模范，要以共产党人的博大胸怀，正确看待自己、正确评价他人，主动维护领导班子的内部和谐，以党委班子的团结带动整个部队的团结；要自觉做维护公正的模范，坚持对人对事出以公心、摒弃私心、防止偏心，敢于坚持原则和正义，切实在部队形成权利公平、机会公平、规则公平、奖惩公平的良好机制；要自觉做廉洁自律的模范，不仅说的要让人信服，做的更要让人佩服，坚持常修为官之德，常思贪欲之害，常怀律己之心，切实筑牢拒腐防变的思想防线，促进部队内部关系的纯洁和谐。

总后记

在本套文丛付梓之际，总结过去，我发现我这一生不敢有半点懈怠之感，不敢有半点马虎之意，不敢有半点懒惰之心，每天都要读一点书、思考一点问题，写一点东西，日积月累也就汇集成了别人常说的所谓"著作"。可以说，从军半个多世纪，我经过各级领导岗位的磨砺和考验，也经过各种院校的培训和熏陶，还经历过国内外大量的实地调研和考察，特别是经过各级老首长教育和帮带，所以这套文丛的字里行间，表达的思想、总结的经验、凝聚的心血都是干出来的，而不是想出来的，是悟出来的，而不是憋出来的！在老前辈、老首长、老战友、老专家们的鼓励之下，编辑出版此文丛，以为祖国富强，民族振兴，人民富裕，国防强大，尽一点普通干部、普通党员、普通战士的微薄之心。

必须强调的是这套文丛是群众经验的升华，是集体智慧的结晶！这些思想和方法的来源既有老领导的口传心授，又有班子成员的经验积累，还有官兵的聪明才智，更有社会广大群众及各界有识之士给予的真诚帮助。因此，在文丛即将出版之时，回顾过去，忘不了老首长们对我的关心鼓励，忘不了同事们对我的帮助启发，忘不了官兵们对我的鼎力支持，忘不了广大人民群众的真知灼见，忘不了朋友们对我的真诚关怀，忘不了家人对我的包容理解，忘不了身边工作人员的日夜操劳。在此，向他们一并表示感谢：刘华清、张震、张万年、迟浩田、姜春云、杨汝岱、周克玉、曲格平、赵维臣、李美林、文怀沙等老前辈、老首长、老领导、老专家都曾为作者的论著或题写书名或题词祝贺或作序鼓励；程宝山、高建国、张贡献、杨玉文、南兵军、张建华、于明松、李振领、王瑞成、梁本源、董玉麟、杨鸿问等老部下、老朋友给予了大力的支持和帮助；李鹏青、马清江、王志刚、薛惠锋、吴昀国、马芳亭、郭萍、黄承梁、李璜、许政、温和、秦清运、李庆田、张西立、苏作霖、孟凡刚、刘敬群、郭媛媛等同志为文丛的问世出谋划策做了不少工作；曾经和现在的身边工作人员刘华亭、范斌、李晓东、刘泉、谢永飞、于钦亮等同志也参与了大量的打印、整理、编辑、校对等工作。此外，还有许多领导师长、出版单位、专家学者、同志同仁以及我夫人闫桂香，女儿张晖、张洁也都付出了辛勤汗水和大量心血，在此就不一一列举，一并致以诚挚的谢意！

二〇一三年国庆节于北京

总编后

这套七卷本的文丛是从张文台上将近500万字的著述中精挑细选出来的佳作上品。本套文丛涉猎领域广泛，思想内涵深刻，人生体会颇佳，条理清晰明了，语言通俗易懂。在编辑这套文丛的过程中，编者的心头始终存有一种敬仰、一种钦佩、一种激情、一种收获，可以说是既诚惶诚恐，又如获至宝；既感慨万千，又唏嘘岁月。

在编辑这套文丛、接近作者本人的过程中，编者对作者的感觉是既亲切又敬畏。亲切不必多说，所有有幸接近作者的晚生后辈，都能感受到那种让人如沐春风的关爱，有循循善诱的师长形象。寻找编者对作者产生敬畏感的深层原因更有价值，他退出总后政委岗位之后，到全国人大环境与资源保护委员会之前，给军委首长写信表示："退而不休，发挥余热；老而不懈，严于律己；学而不厌，更新知识；为而不求，奉献社会。"这就告诉我们，一个人，不管他是将军还是士兵，不管他是官员还是平民，不管他是富贵还是贫穷，只要有这种忘我的精神，你能不敬畏他吗？这就不难理解为什么作者到全国人大环资委工作之后，竟能撰写出《生态文明十论》这样为各级政府和决策者提供理论高度和可操作性均为上乘的参考专著；不难理解作者何故"自带水杯，分文不取"，到国家行政学院、北京大学、清华大学、光大银行、招商银行、兰花集团、索普集团等党政机关、著名学府、大型国企，讲领导艺术，讲人才培养，讲企业管理，讲企业文化，讲道德修养，讲养生健康；也不难理解作者近千首诗所抒发的情怀，这种情怀与风花雪月无关、与无病呻吟无涉。这些诗呈现的是大志、是大气，是大爱，是大美！

可以说，这套文丛集中呈现了作者的抱负、使命、境界、情怀、智慧和才华。让世人透过这些文字认识到共和国上将所达到的那份无私情怀和治学精神。从文明史的角度看，这套文丛还让我们看到作者对老一代革命家思想与方法的传承，看到了中华文明中的优秀文化传统在一位当代中国高级将领身上的活力绽放。

由于编者水平所限，编辑工作难免疏漏，敬希读者批评指正！

本书编委会
二〇一四年元旦